中野武営

渋沢栄一と双璧と呼ばれた男

中野武営

渋沢栄一と双璧と呼ばれた男

Buyei Nakano

石井裕晶

岩波書店

はじめに

一九一八(大正七)年一〇月初め、地に重い振動を響かせ、チンチンと警鐘を鳴らしながら動く東京市電の外濠線は、神田川に沿った御茶ノ水駅と水道橋駅の間の本郷元町停留所付近で徐行し始め、しばらく静寂が続いた。外堀通りに面した邸宅で九月末から病床に伏していた中野武営《なかのぶえい》に配慮して、騒音を立てないように徐行運転したからである。

明治天皇の御不例《ごふれい》(御病気)が発表された後、皇居前を通る市電が音を立てないように線路に静音措置を施した例はあるが、このようなことはめったにあることではなかった。

中野武営(以下、武営)は、渋沢栄一(以下、渋沢)の後継者として第二代東京商業会議所(現・東京商工会議所、以下、東商)会頭に就任し、渋沢と「実業界の双璧」と称された人物である。

武営は幕末の一八四八(嘉永元)年に讃岐国の高松藩の勘定奉行の家に生まれ、愛媛県会議長となって当時愛媛県に併合されていた香川県の独立に大きく貢献した後、高松市から衆議院議員に選出された。さらに、関西《かんせい》鉄道株式会社社長や東京馬車鉄道株式会社(以下、東京馬車鉄道)取締役、東京株式取引所(現・東京証券取引所、以下、東株)理事長など実業家として活躍し、一九〇五(明治三八)年に東商会頭に就任した。そして、日露戦争末期から大正半ば頃までの十二年間、東商を基盤にして全国の商工業者の意見をまとめ政治に反映させるとともに、渋沢とともに実業界の発展に尽くした。晩年は東京市会議長にも在任した。

さて、異例にも市電が徐行運転した経緯について『東京朝日新聞』(18・10・07)は、東京市が、市会議長の武営の「重体を慮り同邸前は特に電車を徐行せしめ居れり」と伝えている。

しかし、それだけが理由ではなかった。

東京市電の前身は、文明開化を象徴する馬車鉄道を運営していた東京馬車鉄道であった。倒産の危機に瀕していた同社の支援を依頼された武営は士魂商才を発揮し、衆議院議員でありながらも日夜現場に立ち、短期間のうちに同社を優良な株式会社へとV字回復させた。この功績は、市電の現場の隅々にまで徹していたと思われる。

病床でこの話を耳にした武営は、「一個人のために公共の事を妨げるのは悪い」(『七十年』)と、徐行をやめさせた。「私」よりも「公」を優先すべきとの断固たる気迫は最期まで変わらなかった。

薬石の効なく一〇月八日一三時五五分、武営は家族とその場に駆けつけた松平《まつだいら》頼寿《よりなが》(後の貴族院議長)に見守られながら七十年の生涯を終えた。

頼寿は、武営が若い頃仕えた高松藩松平家(以下、高松松平家)の当主であった。続いて渋沢と大隈重信(以下、大隈)が一足遅れて到着し、枕元で武営の死を悼んだ。大隈とは「明治十四年の政変」で、大隈が下野して結党した立憲改進党(以下、改進党)に加わって以来の親交があった。

この三人がほぼ同時に現れたのは偶然ではなかった。いずれも、午前中に開催されていた早稲田大学での維持員会が終わってから駆けつけたからである。

この日の維持員会は、大学の講堂が占拠され、学生や教授陣が二派に分かれ激しく対立した「早稲田騒動」という未曽有の学園紛争が終結した後、初めて開催されたものだった。騒動の収拾に向けて、この席に不在であった武営が、思慮周密で公平、情実を入れず、いったん正しいと確信したら断固として譲らない剛直さをもって関係者の調整に貢献したことを誰もが知っていた。

現役の東京市会議長が没したことにより、東京市会は副議長の鳩山一郎(後の首相)が武営に対する哀悼文を決議し、一〇月一二日に青山葬儀所で葬儀が執り行われた。

葬儀委員長に渋沢が就任し、友人総代は大隈と渋沢、田尻稲次郎《たじりいなじろう》東京市長、親戚総代は小田知周《おだともちか》(武営の従弟で高松市長や衆議院議員など歴任、以下、小田)であった。

祭壇には大正天皇の常侍輔弼《じょうじほひつ》として摂政役を務めた伏見宮貞愛《ふしみのみやさだなる》親王殿下からの真榊《まさかき》が供えられた。

柩車が葬儀所に到着すると、儀仗兵が哀のラッパを吹奏し、銃を一斉に捧げ迎えた。大隈、松平頼寿、阪谷芳郎、牧野伸顕《まきののぶあき》、高橋是清、山本達雄、大倉喜八郎をはじめ朝野の要人二千人が参列した。そして、田尻東京市長、藤山雷太《ふじやまらいた》東京商会頭、平沼淑郎《ひらぬまよしろう》早稲田大学学長からの弔辞があった。

最後に葬儀委員長の渋沢が、武営の霊柩に向かって告別の辞を述べた。渋沢は、

居士と私との関係は、明治二十〔一八八七〕年頃からであります。始めはさほど親密というほどでもなく、有り体に申すならば、居士は私を何でも政府に媚る御用商人の如く思われたらしく、私もまた居士は能く議論を好む一個の論客として目《もく》したのであります。しかるにその後交情を重ねますに従い、互に理解し合いまして次第に共鳴を感じ遂に今日の親交を結ぶに至ったのであります。(「故

中野武営氏」）

と語り始め、仕事を通じてお互いの信頼関係を深め、思いを一致させて国家や公共のために尽力していったことを一時間にわたって述べた。そして、「常にこういう、人々を指導される人が亡くなられましたのは実に、実に……」と感極まり、「静寂水の如き場内に欷歔《すすり》なき交々《こもごも》」となったと伝えられている（『東朝』18・10・13）。

渋沢は徳川慶喜の葬儀委員長を務めたことはあるが、親しい実業家が多いなかで自ら葬儀委員長を引き受けたことは珍しい。

大隈も直ちに次のような追悼文を発表した。

中野氏とは四十年来親しく交際して、その人格も手腕もよく知っているが、一言《いちごん》に約《つづ》めていえば、永く実業界にいてもどこか古武士の風格を備えた人であった。（中略）生涯を終始して、高潔なる武士的の気魄を失わず、鞏固《きょうこ》なる意志の力を有する一面温情掬《きく》すべき情味を蓄え、自持すること厳に、他を待つこと頗《すこぶ》る寛容、しかも不義不正に対しては一歩も仮借せざるの操守を保ち、加うるに高潔なる人物の陥り易き圭角《けいかく》も苛察《かさつ》もなく社交界の紳士として、飽くまで自他の融合調和を忘れなかった（後略）。（「噫　中野武営君」）

実業之日本社社長の増田義一は、武営が「公共の為、他人の為には有《あ》らゆる犠牲を忍んで奔走尽力するも、私利を図るの念がなかった」（『実業之日本』18・10）と追悼した。

さらに、幼馴染みであり、武営の人柄を知り抜いた旧高松藩士の片山高義は「善いと思うたら徹頭徹尾遂行せねば歇《や》まぬ(中略)終生国家の為めに尽すと共に愛郷心に富んでいる(中略)なかんずく本県今日の発展の発祥とも目すべき明治二十一年の分県問題には寝食を忘れ東奔西走遂に初期の目的を貫徹されしは効績《〔ママ〕》の最も大なるものの一つである」(『香川』18・10・12)と、端的に武営を評しつつ、香川県を愛媛県から独立させた功について念を押すことを忘れなかった。

武営という実業界の「巨星が隕《お》ちた」ことを深く悼む人たちがいた一方、その存在を警戒し続けていた人物もいた。

それは陸軍の元帥で、時の最高権力者であった元老山県有朋(以下、山県)と、衆議院の最大政党であった立憲政友会(以下、政友会)の領袖で、初めての本格的な政党内閣を樹立したことで著名な、原敬(以下、原)であった。

山県にとって、東商会頭という全国の実業界を代表する立場で、公然と軍事予算の削減を訴え、陸軍の大陸進出を批判し続けていた武営は目障りな存在であった。原にとって武営は、政友会の対抗勢力である大隈の流れを引き、党勢拡大の観点から決して気を許すことができない相手であった。

ここまで述べても「渋沢と双璧の実業家」とのイメージは湧きにくいかもしれない。

渋沢は一八七三年に第一国立銀行の総監役に就任して以来、生涯に約五百もの企業の育成や約六百の社会公共事業などに関わり、近代日本経済の礎を築いた実業家である。

渋沢と双璧といわれるのであれば、武営は一体、どのような実業家だったのか。

残念ながら、武営は東京馬車鉄道や東株など、その時代には著名な会社の経営者ではあったが、財閥を築き上げたような実業家ではなかった。

「東商人物一〇〇年史 4」の中で武営が会頭の時代は「建白の時代」と評されているように、武営が本領を発揮したのは、渋沢が退いた後の東商会頭として実業界の意見をとりまとめ、それを政治に反映させていったことであった。

その様子について、武営が代表した全国商業会議所連合会(現・日本商工会議所、以下、商議所連合会。以下、商業会議所(現・商工会議所)を商議所という)の歴史を記録した『日本商業会議所之過去及現在』は、武営が東商会頭を務めていた日露戦争後は、「各大臣をはじめ貴衆両院、各政党政派にも親しくその意見を開陳し(中略)連合会が甚だ活躍したる時代なりとす」と記している。また、日本経済団体連合会の『経済団体連合会前史』はこの時期が「実に商業会議所の活動がその頂点に達した時代と言ってよいであろう」と評している。

武営のような実業界の指導者が近代日本経済の発展に果たした役割に注目した土屋《つちや》喬雄《たかお》は、日本資本主義史上の指導者として「岩崎弥太郎・安田善次郎・大倉喜八郎等を推すであろう。しかし、これらの人々は実業家として企業家として偉大であったに相違はないが、指導者としての風格においては渋沢栄一に遥かに及ばないのは勿論、五代友厚にも、亦《また》中野武営・和田豊治等の人々にも及ばないであろう」(『日本資本主義史上の指導者たち』)と指摘している。

ただし、武営が力を発揮したのは実業界の意見を政治に反映させることだけではなかった。

特に晩年、渋沢と密接に協力し合い、国家的、公共的プロジェクトの実現や社会的問題の解決などのため、それぞれが異なる持ち味を発揮して好一対となって活躍したことから、二人は「実業界の双璧」

(『財界物故傑物伝』)と呼ばれ、内外の信望を集めた。

そして、後世に、東商は「実業界の第一人たる渋沢青淵〔栄一〕翁が会頭であり、其後中野武営君が之れを相続したが、其頃迄は帝都商工業代表たるの権威を落さなかったものだ」(『青淵回顧録』)と評されたのである。

ところが武営は、その後の歴史の記憶から失われてしまった。

武営は近代史に大きな足跡をいくつも残しているが、例えば香川県の独立に大きく貢献した功が「香川県独立の父」として地元で再認識されるようになったのは、つい最近のことである。

この、忘れ去られてきた武営という人物を紹介することが本書の目的である。

武営が忘れられた理由の一つは、活動の舞台が政治家と実業家、香川と東京と広がり、多岐多彩な活動をしていたので、ひと言で何をした人物か伝えられにくかったことにある。また、渋沢とともに多くの活動を行ったので、その姿が見えにくかったこともある。

そこで本書では、武営の生涯を大きく次の五章に分けてたどってみたい。

第一章では、幕末に高松藩勘定奉行の家に生まれ、武士として鍛えられて藩士になった後、廃藩置県で設置された高松県(現・香川県)を振り出しとして、地租改正などを担当し、農商務省高官に登用され、辞するまでの官吏の時代を見る。

第二章では、政治家として活躍した時代を見る。官界を辞して改進党の活動に加わり、愛媛県会議長に選出されてから、愛媛県に併合されていた香川県の独立に貢献する。続いて帝国議会開会とともに衆議院議員に選出され、初期議会において財政通の論客として力を発揮する。

第三章では、実業家として活躍した時代を見る。倒産に瀕した東京馬車鉄道の再建を実現して実業家として頭角を現しながら、東商の活動にも積極的に参加し、やがて実業界の重鎮として認められるようになり、東株理事長に就任する。

第四章では、日露戦争終結前に、渋沢の後任として第二代東商会頭に就任した後、博覧会の推進や三悪税廃止、財政整理、増税反対などについて実業界の意見をとりまとめ、政治に反映させようとした時代を見る。増税の阻止ができなかったことから、実業界の意見を直接議会に反映させるべく衆議院議員に復帰し戊申倶楽部を結成する。さらに米国の実業家を日本に招待するなど民間経済外交を主導し、日露戦争後悪化した両国関係の緊張緩和に貢献する。

第五章では、実業界において大正デモクラシーの気運を高めた時代を見る。渡米実業団として米国を訪問し、日米関係の改善に貢献した後、明治末期から大正初期に、陸軍二個師団増師反対、営業税廃税運動を展開し政局にも影響を与え、営業税の三割減などの減税を実現する。

第六章では、第二次大隈内閣が発足してから没するまで、渋沢や大隈と協力して幅広い分野での業績を残した時代を見る。第一次世界大戦が勃発した後、化学や鉄鋼業の育成や理化学研究所設立など重工業の発展に尽力する一方、東京市会に進出し、議長となって市政に貢献したほか、明治神宮造営や田園都市株式会社の設立、実業界で起こる紛争の解決などに貢献する。

このように武営を通して見る近代日本の歴史は、案外身近な光景として目に映るかもしれない。

凡例

一　年号は、原則として明治以前は旧暦とし、「西暦(和暦)年」と記載した。
二　年齢は、満年齢を記載した。
三　現存する組織の呼称は、原則として(現・○○)と記載した。
四　出典からの引用は、原則として新字・新かなづかいにして記載した。
五　武営の論考等を引用する場合は、本文中にアラビア数字の引用番号を入れ、巻末の「引用した中野武営の論考一覧」に一括して記載した。
六　他の引用は、原則として巻末の「参考文献一覧」に一括して掲載したが、一部のものは本文中に出典を簡略化して記載し、照合しやすいようにした。
七　新聞や雑誌から記事を引用する場合は、原則として本文中に『新聞名』(年・月・日)、『雑誌名』(年・月・日)と記載した。
八　筆者による説明は〔　〕として記載した。
九　原文を活かしつつ内容を要約する場合は〈　〉として記載した。
十　今日では不適切と思われる表現もあるが、歴史の著述上、原文のまま記載した。

目　次

第一章

生い立ちから中央へ

高松城天守閣から屋島方向(1882年)

開国を断行した大老井伊直弼が尊王攘夷思想を持つ水戸浪士によって殺害された桜田門外の変は、幕府の終焉と明治維新を導く大きな転機となった。奇しくも攘夷と開国という巨大な力の間で窮地に追い込まれたのが水戸藩主徳川斉昭を叔父に持ち、井伊直弼の娘の弥千代を正妻とした第十一代高松藩主松平頼聰《まつだいらよりとし》であった。藩内が大きく揺れるなか、最終的に高松藩は「鳥羽伏見の戦い」で幕府側に付き、朝敵の烙印を押されることになる。

高松藩勘定奉行の家に生まれた武営は、こうした幕末維新の艱難の中で士魂を鍛錬され、維新後、廃藩置県により設置されたばかりの高松県の地方官吏として出発する――。

1　出生から高松藩士へ

剛健の士風

武営は一八四八(嘉永元)年一月三日、高松藩の勘定奉行、中野次郎兵衛・武憲《たけのり》(晩年、可一と改名)の長男として生まれた。

「武営」は正式には「たけなか」と読むが、生涯にわたり通称「ぶえい」として通した。

高松藩の藩祖は松平頼重《まつだいらよりしげ》であった。頼重は、徳川御三家の一つの水戸藩の初代藩主、頼房の長男であり、第二代水戸藩主の徳川光圀の兄であった。しかし、兄を差し置いて水戸藩主となった光圀は、自らの子である頼常を頼重の後継の第二代高松藩主とする一方、自らの後継に兄の頼重の子である綱条《つなえだ》を第三代水戸藩主として迎えた。その次の代からも両藩主は、それぞれ互いの子どもを交差させながら藩を継承させていった。

水戸藩と血縁上のつながりがある親藩の高松松平家は、西国諸藩の動静を監視する役割を担い、会津松平家、彦根井伊家などとともに、江戸城での詰所が御三家に継ぐ席次の黒書院溜間詰《たまりのまづめ》の大名として、将軍から直接、諮問を受ける要職にあった。

さらに、江戸時代末期の十代藩主の松平頼胤《よりたね》の時代は、徳川家斉の娘を正妻として迎え、将軍家の縁戚となり、息子の第十一代藩主の頼聰は正妻として井伊直弼の次女弥千代を迎えるなど、高松松平家は幕府の中枢にあって重きをなしていた。

写真 1-1　中野武営直筆の石碑(若一王子神社境内)

武営が生まれた頃は、藩政がまだ安泰な時代であった。しかし、五歳の時に米国のペリー提督が軍艦を率いて浦賀に来航して以降、幕末維新の動乱が始まる。武営は、この幕末の厳しい時期に多感な青年時代を過ごし、明治維新を迎えた時に二十歳を迎える。

中野家の祖先は、初代高松藩主の松平頼重が江戸時代初期に高松に入封する前に、仕官の望みを持って備前(岡山県)から讃岐に渡ってきた浪士であった。願いはなかなか叶《かな》えられず、高松の城下、西端の鉄砲町に借家住まいをして代々道具屋を営んでいた。そして、武営の父に当たる七代目の武憲になって初めて念願の高松藩への仕官を果たした。

武士でありながら道具屋を営んでいたことから商売や金銭についての鋭い感覚を持っていたのであろう、武憲は藩の財政を担当する、いわば大蔵大臣である勘定奉行を二十年余り務めた。

勘定奉行はお金を扱う部署であったので私腹を肥やす者も多かったが、決してそのようなことはせず、清廉潔白で通した。また、藩内が佐幕派と勤王派に分かれて激しく対立した時も、衝突が起こらないように双方の調整をすることができる力量があったという。

武営の生家は高松の鉄砲町(現・高松市扇町)で、若一王子《にゃくいちおうじ》神社(王子権現)の西隣の辺りにあった。武家屋敷が並ぶ所ではなく職人などが多く住んでいたところである。

武営の幼名は「権之助」、後に改めて「作二」とした。友達と遊ぶ前にまず近くの若一王子神社に詣でたといわれ、後に同社境内に「神降鑑人致敬」と書いた直筆の石碑を残している。

やがて武憲は、藩主から武家屋敷を賜り、一家は城中の七番町の中野天満神社（天神）前に転居した。ここで武営は年中行事の祭礼で、城下の士族の子弟が町中を歩き回り激しくぶつかり合う獅子舞に加わり、天神組の頭目の一人として号令役を任されるなど、リーダーとしての片鱗を見せた。

武憲は武営に対し、「倹約はしなくてはならぬ、凡そ、物は妄りに消費するな、私の家では、家族が井戸水を汲むにも、一杯汲むと、井戸の傍に笊を備えて豆を一つ入れる、それで日に何杯の井戸水を使ったかと計算する、井戸水が無尽蔵なようでも、粗末に滴《したた》してはならぬ」（『七十年』）と諭したという。武営が後に、政府に財政節減を訴え、自身も生涯貧乏武士のように質素倹約を貫いていたのは幼い頃の父の教えがしみ込んでいたからである。

武憲は禅が好きで、近くの法泉寺に通っていた。また、茶を趣味として、隠居後は自宅に友人を招いて茶会をするなど、茶事については高松藩で第一人者といわれるほどであった。ただし質素倹約を旨として、茶器にお金を費やすことは邪道であると戒めていたという。

家厳《かげん》の四教訓

幼い頃、武営は、夕食が終わると父から処世上の心得を聞かされていた。その中で、特に次のような教訓を「家厳の四教訓」として、始終胸に刻んでいた。(1)

義憤のほかは怒ってはならない　〔武営の家は、裏隣が町家の裏店《うらだな》で、垣一重で裏店の井戸端会議が聞こえた。夫婦喧嘩や親子喧嘩が始まり膳椀を壊す音も聞こえる騒ぎになるが、すぐに人が仲裁すると暫くして笑い声が聞こえるというような有様であった。これに対して〕人間は腹立てる気性がなくてはならない。けれども一時の情に駆られて動くようではいけない。君父の仇《あだ》とか、国家の利害など道理によってやむを得ない場合は激しく怒るべきだが、人の仲裁で元に戻るような軽々しいことであれば、最初から腹を立ててはならない。

一段の低位に身を置け 世に処して身を立てようとする場合、第一の不心得は我が身の分を知らず、自分の真の価値よりも高く売りたいという了見を持つことである。一段二段低い地位に身を置いて絶えず実力を養うことを心掛けていけ。情実や縁故のために若い者を分不相応なところに置くな、それこそその人に羨《うらや》まれるもとだ。

進んで難事に当たれ 仕事に従事する場合には、人々が面倒くさいと思うことを進んでやるという心がけがなければならない。困難面倒を嫌がるようでは決して大事に当たることはできない。

志いたずらに高きの弊 決して現在の立場を忘れてはならない。例えば四畳敷の一間の一室を当てがわれていれば、まずその範囲の仕事を一生懸命やることが肝要である。現在の立場に十分に忠実でなければ、あの男は四畳の仕事さえ十分できないのにどうして八畳の仕事ができるものかと相手にされない。秀吉も初めは草履取りの職に安んじてこれを正直に忠実に働いた人である。

武道に励んで恨みをはらす

学齢に達した武営は高松藩校の講道館に入り、文武両道で最高の教育を受けた。

講道館では十三歳までに所定の学科を修める必要があった。「四書五経」をあらんかぎりの声を上げて素読し、それが終わると「小学」と『十八史略』の講義を聞かせる詰め込み式であった。後に武営は幼い身にとってこれは「馬に念仏」だったと追想している。

武営は父を継いで文官になることをめざしていたが、学課課程の修了後、ひょんなきっかけから、猛然と武術に打ち込むようになる。

それは五、六歳上の青年から執拗に襲われそうになったことだった(2)。

武士の世界は女人禁制であったため「男色が武士の花」といわれ、武芸に達者な者が少年に害を加えることが横行していたという。

子どもでも武士は一刀を帯び、無礼者には手元の動きが見えないほど速く刀を抜くのが武士の意地といわれていた。気性が激しかった武営は武芸を磨き「一撃の下に彼を懲らしむる」と肝に銘じ、一心不乱に剣術、槍術、小具足術などの修行に励んだ。

恨みは心魂に徹し、稽古に力を入れた。寒稽古では激寒の午前二時ごろ道場に出て汗を流し、数稽古としてひと月に竹刀を一万本振ることもあり、爪は破れ、また破れた爪は分厚くなり、その後も手の皺《しわ》は膠着して動かないままとなった(3)。

槍術と剣術については、佐分利流の宮脇新太郎を師範とし、一刀流の免許皆伝を受けた。切腹の際の介錯や、討ち取った敵の首を検分する首実検《くびじっけん》の技なども修得した。

柔道は自宅前にあった大護寺の実樹和尚から護身法を授かり、馬術(大坪流)は数年間、厩舎に出入りして秘伝を授けられる域に達したという。このほか、小脇差を用いた柔術である小具足術(竹内流)や水泳(水府流水任游泳術)、砲術(荻野流)、弓術、着具など、武士が修得すべき一通りの武術を修めた(『香川』19・04・12)。

さらに朝早く起きて家の掃除や飯炊きもし、家族だけではなく他の家にも主から預かった玄米をひきにいき、強靭な体に鍛えたのである。

こうした激しい修練を積み、自分を辱めた男よりもはるかに腕を上げた。すると男は途上で会うと逃げ出すようになり、その恨みを果たしたという。

また、青年時代から気位が高かったのであろう、槍術の稽古の時に古参者が語らって、わざと武営の素小手のところを突いて痛手を与え欠席させようと意地悪をしたことがあった。ところが武営は翌日、痛いところを包んで明るく出席し、いつもと変わらず稽古に励んだのでその忍耐力と勤勉さに驚かされたという逸話も残っている。

書巻を懐にしながら漢籍を修める

このように武道に熱中したが、文官をめざしていたので、「四書五経」の素読が終わった後、漢学に打ち込んだ。武道を行う時にも常に書巻を懐にしながら漢籍を修め『十八史略』の試験では優秀な成績で及第し、藩の賞詞を授けられた。また、葛西省斎に詩を、友安十郎に和歌を習った。

高松藩は水戸藩の連枝であり、水戸藩には藩校の弘道館が、高松藩には講道館が置かれ両者の気風や学風には近いものがあった。

この頃武営が『貞観政要』など漢学を学んだ牧野唯助(黙庵)は水戸学派と通じ、尊王攘夷を説く徳川斉昭と藤田東湖が謹慎させられた時、老中阿部正弘の師であった門田樸斎《もんでんぼくさい》を説得して二人の謹慎を解くことに貢献している。

ちなみに、牧野唯助の孫の牧野謙次郎は、藩儒の藤沢南岳(讃岐出身で大坂の泊園書院を継承した儒者)に学び、大隈に登用されて早稲田大学で教えた漢学者である。

水戸学に通じ、忠君愛国の念が強い謙次郎は、明治末期に南朝の正統性を主張する南北朝正閏問題を提起したり、大正時代後期のいわゆる「宮中某重大事件」では、裕仁皇太子(昭和天皇)と久邇宮良子女王(香淳皇后)の婚約の解消を迫った元老山県を批判した主要人物の一人である。武営が国家を重視し、皇室を崇敬する気持ちが強かったのは、こうした学風がある講道館で学んだからであろう。

なお、後に仕事を共にした渋沢も、若い頃尊王攘夷論に傾倒した後、一橋家に出仕し水戸徳川家出身の徳川慶喜や昭武に仕えた。二人とも水戸藩に関わりの深い環境で青年時代を過ごしていたこともあり、価値観には共通するところがあったと思われる。

ところで、新渡戸稲造は『武士道』の中で、武士の主要な教科書は『論語』と『孟子』であったと指摘している。

そのうち、渋沢は静かで日常の処世に応用しうる孔子の『論語』を愛読した。そして「論語と算盤《そろばん》」と表現したように、論語の教えに依りながら、道徳と経済の合一説による私益と公益の両立を訴え、実業家が私利私欲の追求だけに走ることを戒め、実業界の品位を高めることに力を注いだ。

これに対し武営は、『孟子』と、天下国家を治める道を説く『大学』と『中庸』の影響を受け、この頃学んだ『孟子』の「富貴も淫する能《あた》わず、貧賤も移す能わず、威武も屈する能わず。此れを之れ大丈夫と謂《い》う」を座右の銘にした。

孟子は「民を貴しと為し、社稷之に次ぎ、君を軽しと為す」と主張したように、君主よりも人民が最も大切であり、君主は領土や軍事力の拡大ではなく、人民の心を得ることによって天下を取るべきであると、力強く民主的な政治思想を説いた。このため長い間、危険思想とみなされ禁書になっていたが、吉田松陰が傾頭したように、「この賢人の言は武士の心に永遠に寓《やど》った」(『武士道』)と言われたものであった。

武営は欧米に留学して学問を学んだことはなかったが、驚くほど民主主義的、自由主義的、平和主義的な思想を持っていた。そのような強い理念が何を起源としているか必ずしも明らかではないが、孟子の影響があったことは間違いなさそうである。

さらに藤沢南岳の影響を受け、一四歳の時、高松藩の友達二人とともに父が出入りしていた臨済宗の法泉寺で禅の悟りを開いたと伝わる。後に「肉体は器物で、精神はその中につつまれた明玉であるが、吾々はこの明玉に瑕をつけないことに心掛け、一生大切にこれを包蔵して行くことに努めなければならない」と述べている(4)。

名前からして「士魂商才」

武営という名前は、紀元前に編纂された『詩経』の「大雅」にある「江漢湯湯　武夫洸洸　経営四方告成于王」という文章から命名されたという(『東京名古屋現代人物誌』)。武士がたけだけしく、国の隅々までしっかり治まっているという意味である。ここに「経営」という言葉があるが、おそらく現在用いられている「経営」という言葉の語源に近いと思われる。

道具屋として商売の経験もあり、勘定奉行として藩の財政を担った武憲は、武営が武士の精神の上に、しっかりした経済感覚を併せ持った「士魂商才」のある人物となることを期待してこのような名前を付けたのであろう。

同時代に活躍した実業家を見ると、武営ほど本格的な武士の教育を受けた者はあまりいない。

大阪商法会議所初代会頭の五代友厚は薩摩藩士であったが、明治時代に財閥を築いたような人物を見ると、岩崎弥太郎は下級武士出身であり、渋沢や安田善次郎、大倉喜八郎、浅野総一郎、古河市兵衛、藤田伝三郎は農民や商人など、武士以外の出身であった。

ただし、渋沢の家は農家で藍の商売に携わり、武営の家は武家でありながら道具屋をしていたように、これら実業界で大成した人物は、必ずしも固定した身分では捉えきれない背景を持っていたようだ（『企業家たちの挑戦』）。

朝敵となった高松藩

幕府との強いつながりを誇った高松藩は、ペリー提督の来航を機とした国家的動乱が始まると、一転、厳しい状況に追い込まれていった。第十一代当主頼聰にとって叔父に当たる水戸藩主の徳川斉昭が尊王攘夷の急先鋒になる一方、義父で開国に踏み切った井伊直弼が水戸浪士に桜田門外で殺害されるという、奇しくも幕末の凄まじい政治対立の板挟みとなった。

幕末に薩長による倒幕運動が加速し、旧幕勢力と新政府軍の間で鳥羽伏見の戦いが勃発したことから頼聰は、藩内の意見が分かれるなか、最終的に旧幕側に立って高松藩兵を参戦させた。情勢を見て直ちに撤退したが、朝廷は高松藩に「朝敵」の烙印を押し、頼聰の官位を剝奪した。

そこで頼聰は御赦免の嘆願書を上奏し、指揮をとった重臣を切腹させるとともに自ら浄願寺に謹慎し、金十二万両（十二万石相当）の献金と関東出兵を嘆願して赦免を求め、直ちに八万両を献納したことにより謹慎が解かれ官位を復された。

このような危機的な状況で、高松藩が朝廷に献金するための巨額な資金を一度に揃えられたのは、勘定奉行の武憲の功労によるところが大きいといわれる。資金を得るため武憲は、藩主松平家が累代買い集めていた書画骨董品を藩民たちに売却して現金をかき集めたという。代々道具屋をしていた経験も活かしたのだろう。

高松藩士となった武営は、選抜されて藩主の命を受け、西洋砲術を研究すると同時に陸軍御用掛を命じられ、農兵の訓練を担当した。そして、一八六八(明治元)年一二月、武憲とともに京都に上り、各藩との連絡調整を行う公用方を一年ほど務めた。

この翌年の一八六九年九月、旧高松藩士が、時の執政松崎渋右衛門を城内で暗殺するという事件が起こった。

松崎は幕末、水戸の徳川斉昭に近い勤王派として力を振るい、井伊大老の暗殺後、松平頼聰とその正室であった井伊直弼の娘の弥千代の離縁を実現させた。さらに松崎は「禁門の変」で高松藩が京都を守護した時、逃走する長州藩兵を見逃したといわれた。こうしたことから藩内の佐幕派から敵視され投獄されてしまった。ところが維新とともに出獄し、新政府に近かったことから要職に復帰していたのである。

この事件について高松藩は松崎が発狂自殺したと発表した。しかし「謀殺」であるとの噂が流れたことから、嫡子らが政府の弾正台に内密に直訴した。そこで弾正台が数多くの高松藩士を取り調べた結果、「故殺」と認定し、藩知事松平頼聰に閉門四十日、八十六人に対して、死刑を含め厳しい判決を下した。

この時の取り調べに対して、藩士が一致団結して口を割らなかったことから「高松人警戒すべし」(『香川県民血涙史』)との感を新政府に抱かせたという。

確認はできないが、武営も松崎の謀殺に加わろうとしたが、父に「しばらく形勢を観た上でなくては、妄に動いていかぬ」(『七十年』)と一喝されて思いとどまったという逸話が残っている。

朝敵事件に加え松崎渋右衛門事件もあり、高松藩に対する新政府の眼差しは厳しくなった。その結果、高松県庁はもとより、新政府への官吏や軍人への登用門が閉ざされてしまい「旧高松藩士といえば人中《ひとなか》に出でては何となく肩身の狭く、影の薄きを感ずる」ようになった（『現代富豪論』）と言われる。

その後、政府が各藩から藩士を呼び寄せて東京警護を行わせることになり、武営は藩の守官（警察官）となって二小隊の藩士を率いて東京に在番した。深川の浄心寺に本営を構え、日々藩士を巡回させ藩士の捕らえてきた強盗や窃盗を取り調べて東京府に差し出すという、いかにも武士らしい警察関係の役回りであった。在京一年後の七一年に高松に戻り、家督を相続した。

2　官吏の時代

ふり出しは地方官吏

一八七一（明治四）年七月、廃藩置県により高松藩が廃止され高松県が設置されると武営は、史生《ししょう》（官吏の職位）として出仕し、官吏としてのふり出しに立った。二十三歳の時であった。

すると、出仕してから早々に「東讃蓑笠《とうさんみのかさ》事件」という大暴動が起こった。

旧藩主松平頼聰が東京に移住させられることになり、二百年以上続いた藩主との関係が断たれてしまうことを惜しむ農民が小舟を並べ、東京に向けて船出しようとした旧藩主の出航を阻止したのである。この時、蓑笠姿で鍬鋤鎌《くわすきかま》などを持った大勢の農民が城下に押し寄せた。藩主の移住という、時代の変化を象徴するできごとに社会不安も高まり、高松以外でも農民などが暴徒と化し、庄屋などの邸宅を打ち壊し、放火をし始める事態に発展した。

写真 1-2 「百姓一揆に命を投げ出した中野武営」(八幡白帆画)

そこで、下級官吏でありながらも一刻も早く軍隊を出して群衆を追い払うべきと主張し、切腹を覚悟して優柔不断な県庁の幹部に対し決断を迫った。この気迫に動かされ、県庁は夜中の間に、城内に兵隊を入れた。軍を動かす前に、まず頼聴が群衆の前に出て説諭したが、農民たちは動かず事態が膠着してしまった。このような情勢で群衆の中から歯向かうものが現れたので、これを武営が武術で相手にしたところ、折しも豪雨が降り始めたことを機に軍隊が出動して群衆を城外に追い出し、旧藩主は無事に東京に出発することができたという。

この事件について武営は、「維新当時では若いものでなくては役に立たぬ」と言われていたので、それだけの騒動でも先頭に立つことができたと回顧している。[5]

地租改正で地方を巡る

一八七三年五月、香川県(一八七一年一一月に設置)から愛媛県に異動し、租税担当の課長に就任し、宇和島で地租の評価に当たった。

ちょうど旱魃の年であったので、農民は旧来の物納の時代のように収穫の多寡に応じて役人から手心を加えてもらうことを期待していた。ところが、制定されたばかりの地租改正条例に基づき情状酌量なしに査定したため、これに激しく反発した農民たちが、竹槍で武営を刺し殺そうとする騒ぎになった。

事態を憂慮した知事から引き上げるように指示されたが、予め大蔵省に方針を確認した上で対応しており「免職させられるなら知らぬこと、職務を了《お》えるまでは、断じて引上げることはしない」と断り、農民に対しては「殺されるまでは職分を尽くさなければならない、災難を恐れて目の前に媚びるようなことはできない」と言ってやり遂げたという。[6]

その実力が中央にも届いたのであろう、武営は、七四年一〇月、国の地租改正事務局に抜擢された。同局総裁が内務卿(大臣)大久保利通で、松方正義(以下、松方)が局長に就任し、武営の上司となった。

ここで山形県、佐賀県、三潴《みずま》県(現・福岡県)、長崎県に出張を申し付けられ、地租改正事務に携わった。三潴県の柳河(柳川)では若い役人ながら、地主と小作人の争いを仲裁している。

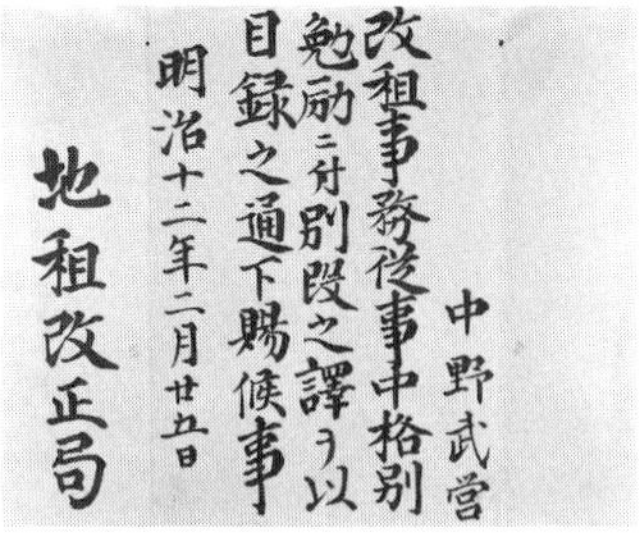
中野武営
改租事務後事中格別
勉励ニ付別段之譯ヲ以
目録之通下賜候事
明治十二年二月廿五日
地租改正局

写真 1-3　地租改正事務への貢献に対する下賜

近代の情報戦で奮闘

九州で地租改正作業に取り組んでいる時、九州では不平士族の乱である「秋月の乱」や「神風連の乱」が起こり、一八七七年二月に西南戦争が勃発した。武営は諜報担当として臨時熊本県官を兼ね、南関、高瀬、木葉などの戦地に向かい、開戦前から現地で見聞した薩摩兵の動静と戦況について分析し、松方あてに直接報告した。[7]

今でも西南戦争で政府軍が死守する熊本城が出火した原因は謎とされているが、この報告の中では「熊本鎮台軍、議籠城ニ決シ此日天守ヲ自焼ス」「台兵市坊ヲ黙々放火ス」と、天守閣や市内に放火したのが鎮台軍であったことが明記されている。

西南戦争での活躍ぶりが高く評価され、同年六月、武営は長州閥の本拠地である山口県の県庁に赴任した。租税担当の内務一等属を任じられ、県庁の中では県令の関口隆吉、少書記官の進十六《しんそろく》に続いて第三の地位に就いた。

後に、「山口県官を兼任して、その地に行って。すっかり改革し遂げるまでに二年余りかかって、二十歳の暮に東京に帰って来た[8]」と振り返っているように、武営の課では出張や人事異動が激しく、猛然と仕事に取り組んでいた様子がうかがえる。

写真1-4　中野武営（30歳頃）

ここで注目されることは、山口県の地価評価が旧法に基づいて実施されたままで他の地域に比べ軽減されているため、再評価をすべきと具申したが、政府に拒絶されたことである（「山口県地租改正再査之儀」）。後に帝国議会が始まると、これを地価修正問題として採り上げていく。

本省に登用される

地租改正事務局での奮闘ぶりが松方に評価されたのであろう、山口県の仕事を終えた一八七八年末、武営は本省の内務省に登用され、山林局を担当する内務省准奏任《じゅんそうにん》御用掛に昇任した。続いて、八一年二月、内務卿の松方の下で内務権少書記官《ごんのしょうしょきかん》に任命され、地租改正の功により正七位の叙位を受けた。着任した時の山林局の課題は、地租改正の仕上げと、幕末以降荒廃した山林を保護し、乱伐を防ぐための法制度を整備することであった。

武営は、初代山林局長として著名な桜井勉の信頼を得た。桜井の下で林学協会の幹事長に就任し『林学協会雑誌』に「森林法律ノ特設セザルベカラザル所以ヲ論ス[9]」などの論文を発表していたように、草創期の林野行政の整備に力を入れた。

この頃、父の武憲が他界した。武営は父の大患を聞き、弟の次郎とともに急いで帰郷して病床に向かった。やつれた顔で眠っていた父が武営らの声を聞いて衰眼を開き「汝らは何用あって帰ったか、父は所労であるが、看護は婦《おんな》の手で足る。汝らは、速やかに東京に帰って御奉公を怠るな」と注意したという。

開庁とともに農商務省へ

さて、西南戦争後のインフレーションと不況により、国は財政危機に直面した。このため参議大隈と参議伊藤博文が、産業の振興は政府の直接介入によるのではなく民間に任せ、政府は農業や商工業を全体として誘導する政策に転換すべきとの「農商務省創設ノ建議」をした。これを受け政府は、官営工場や官営鉱山などの払い下げを実施すると同時に、各省に分かれた農商工業に関する所掌事務を統一し、一八八一年四月に新たに農商務省を設置した。そして、幹部には農商務卿に河野敏鎌《こうのとがま》(以下、河野)が、農商務少輔(次官)には長州出身の品川弥二郎が着任した。

写真 1-5　河野敏鎌

土佐出身の河野は、坂本竜馬とともに土佐勤王党に加わった尊王派であったため、明治維新まで六年間投獄されたが、佐賀の乱の首謀者の江藤新平を追討、断罪した後、元老院議官や副議長を経て文部卿に就任していた。大隈と関係が深く、後に枢密顧問官として憲法の審議に当たり、内務大臣や司法大臣、文部大臣に任命されるなど政府で重用された人物である。

武営は内務省から設置されたばかりの農商務省に異動し、権少書記官に任じられた。山林局を担当しながらも書記局で大臣秘書官のような任に当たった。

新しく設置された農商務省には国士風の気骨ある人物が集まり、各自が自由闊達に議論を闘わす風潮があり、河野はそのような中で同僚や上司と火花を散らして議論していた武営の才能を見出したという。

「明治十四年の政変」で下野

農商務省に異動してしばらくすると、政府が破格の値段で北海道開拓使官有物を薩摩出身の五代友厚と長州出身の中野悟一の経営する会社に払い下げる決定をしたことに対して、『東京横浜毎日新聞』と『郵便報知新聞』が激しい攻撃を始めた。

この問題に対応するため、大隈の建議により官有物財産管理法取調委員会が設置された。そして、大隈に登用され、会計検査院の一等書記官を務めていた小野梓《おのあずさ》が中心となって調査を始めた。武営も農商務省で同委員会委員に任命され、この問題を担当した。

ちょうどその頃、河野が役所を不在にしている間、松下村塾出身で気性の激しい品川少輔が武営に対して書類を提出しろと命じたが、河野が帰るまでは渡せないと拒絶し、二人が激突する事件が起こった。

おそらく、北海道開拓使官有物関係の資料をめぐってのことだったと思われる。

この背後には、政権内部で憲法制定をめぐり議院内閣制をめざす大隈と、これを急進的と見る長州出身の伊藤博文の間の激しい確執があった。

北海道開拓使官有物払下げ問題に対する政府内外からの批判により窮地に追い込まれた薩長閥は、一〇月一二日、大隈を依願免官させると同時に、官有物払下げの中止、憲法の制定と九年後の国会の開設を発表した。これがいわゆる「明治十四年の政変」である。

大隈が罷免されたことから、農商務省から河野、駅逓総官の前島密《まえじまひそか》、大隈の同郷の肥前（佐賀県）出身で大書記官の牟田口元学《むたぐちげんがく》（以下、牟田口）が、また、大審院判事の北畠治房《きたばたけはるふさ》（以下、北畠）に加え、大隈の推薦により政府に入っていた島田三郎（文部権大書記官）、尾崎行雄（統計院権少書記官）、犬養毅（同）、矢野文雄（統計院幹事兼太政官大書記官）、小野梓が辞任した。武営も薩長藩閥専制政治に憤慨し、河野を追って辞職するのである。

武営は県庁の下級役人から出発し、それぞれのポストで頭角を現し中央省庁の奏任官クラスまで登用されたが、ここで十年間の役人生活に終止符を打った。三十四歳のことであった。

第二章

政党政治をめざし、香川県の独立に東奔西走

憲政初期の戦士(改進党)
中列：左から３人目が中野武営，前列：左から２人目が尾崎行雄，
５人目が犬養毅，後列：左から３人目が田中正造

一八八九年に発布された大日本帝国憲法はアジア初の近代的憲法といわれ、帝国議会を設け、不十分ながらも民意を反映する立憲政体を生み出した。そして憲法制定と前後し、内閣制度や地方制度などが確立され、国の大きな骨格が固まっていく。

下野した武営は国会開設に備え、大隈による改進党の結党に参加し、世論に基づく政治を実現するための民権運動に加わる。そして、帝国議会開会が近づくと愛媛県会議員となり議長に選出される――。

1　民権運動の闘士として

立憲改進党結党に参加

明治十四年の政変の際に国会開設の詔勅が発せられたことから、一八八一年一〇月、板垣退助を総理とする自由党が結党され、翌年の四月に大隈を総理とする改進党が結党された。ルソーの自由・平等・博愛を理論的支柱にして急進的であった自由党に対して、改進党は英国流の立憲君主制による穏健な漸進的進歩主義を標榜した。

八二年四月の結党に際し、改進党は明治会堂で政談大演説会を開催した。武営も地元に戻り、高松藩主の菩提寺である浄願寺において次のような演説を行ったところ、旧藩士を中心とした聴衆から拍手喝采を受けたと伝えられている。

今日「薩長にあらざれば人にあらず」の暴状がある。参議大隈重信の下野は、藩閥政府の横暴を端的に暴露したものである。わが高松藩は、維新の際に薩長に味方をしなかったために、朝敵と見なされたが、しかし、我らは果して朝敵であったであろうか？　しかして、薩長のみが正義の使徒であったであろうか？　いな、今日、藩閥政府の飽くなき横暴を見れば、彼らは幕府専制に代わるに、薩長専制を実現したに他ならぬのである。我らはこの際、民権を主張し、藩閥の弊を除かんとするものである。諸君、奮起して、我らと事を共にせよ！（『日本英雄伝』）

改進党結党の準備は矢野文雄と小野梓が中心となったが、「三大老」といわれた党幹部には政府高官であった河野、前島密、北畠が就任した。

改進党には、『郵便報知新聞』に関係した矢野文雄、藤田茂吉、尾崎行雄、犬養毅ら「報知系」と、『東京横浜毎日新聞』に関係した沼間守一《ぬまもりかず》、島田三郎、肥塚竜《こいづかりゅう》らの「毎日系」という二つの新聞社系に加え、小野梓とつながっていた高田早苗、天野為之、市島謙吉ら東京大学出身者などの「鷗渡会《おうとかい》」という学者系のグループがあった。

武営や河野、北畠、春木義彰《はるきよしあき》（前・長崎上等裁判所検事）ら元政府高官七人は修進社という法律事務所を設立していたので「修進社系」といわれた。

この中で矢野、小野、尾崎、犬養、島田は政府に在職したが、わずかな期間だけであり、武営のように若い頃から役人として叩き上げられてきた人物はほかにいなかった。

演説が得意な尾崎や犬養に対し、武営は党内の調整や資金調達など、党運営の実務面で中心的な役割を果たした。その様子について高田早苗は、個性の強い報知系と毎日系の両派が対立することが多く、老練な武営と最年少の自分が両者を斡旋する役割を担ったと述べている（『半峰昔ものがたり』）。

しかし、政党活動が高揚するにつれ、政府は集会条例を改正するなど、取締りを強化した。武営はこの頃の様子について「政府は此政党を視ること蛇蠍《だかつ》の如くみなした（中略）ほとんど自分等の家は監督人が付いて、始終出入りするものでも見撿《みあらた》められるという有様であった」と振り返っている(10)。

政党の苗は大木とするまで培養する

全国的に燃え盛った自由民権運動も、政府の激しい弾圧によって転機を迎えた。「福島事件」や「加波山事件」、「秩父事件」を起こし、過激化した急進派を抑えきれなくなった自由党は、一八八四年一〇月に解党した。

これを受け、改進党においても河野が解党論を提起したが、尾崎行雄らがこれに反対し、党内で意見が分かれた。そこで大隈が脱党すると言い出し、河野や小野梓、牟田口、春木義彰らが大隈とともに脱党した。大隈が脱党したのは、解党を防ぎつつ、いずれ自分や河野が政府に復帰する可能性があると考えていたからだと見られる。

大隈らが脱党した後、八五年二月、改進党は、公選による七人の事務委員を執行部として活動を継続することを決定し、その事務委員に毎日系から沼間守一、島田三郎、角田《つのだ》真平《しんぺい》、報知系から藤田茂吉、尾崎行雄、箕浦勝人《みのうらかつんど》、修進社系から武営が選出された。

この時、武営は「大隈諸氏の脱党は徹頭徹尾理解できない挙動である。年一年に国会開設の期が近づき、あたかも今日は政党の苗を培養するときなのに、大隈諸氏は苗を引き抜くものと言わねばならない。われらはせっかく政党の苗を植えたのだから、大木とするまではあくまでも培養するつもりである」「政府が、党設立の頃よりも封建政治となる傾向があり、政党の必要性はむしろ高まっている。わが党は公然と政治の改良を進めようとするものであって、法律を恐れる必要はまったくない。もし党員として困難にたえられないのであれば脱党すればよい。多数の弱兵を得るよりは、むしろ少数でも強兵を得ることを望む」と断固として党活動を継続すべきと主張した（『自由民権運動と立憲改進党』）。

これに続き、足尾鉱毒事件で有名な田中正造は、「通常、人は民間にあって民権を唱え、政府にあっては官権に変わるのに、大隈・河野両氏はさきに政府にあったとき「民権家の風」があり、今日民間にあっては民権を厭う風がある。実に稀な英雄だ」と嘆息した。

大隈や河野などの有力者が脱党してしまった結果、改進党の勢いは衰えたが、武営は党活動を支えた。

代言人となって世界を広げる

政党活動に力を注ぐと同時に、前述のように河野や北畠らと、訴訟鑑定・仲裁・代言弁護紹介の業務を行う「修進社」を開設し、日本銀行近くの常盤橋に事務所を構えた。

弁護士は「代言人」と呼ばれ、当時は社会的に決して地位の高いものとして見られていなかったが、修進社は大審院や政府の元高官をずらりと揃え、堂々たる法律事務所として発足した。これは、日本の法律事務所のさきがけといわれる。武営は正規の法律学校に通ったわけではないが、官吏になってから欧米の翻訳書を読んで法学を研究したという。

修進社では、小作人が高松松平家の家令を相手に訴えた生島塩田訴訟や、相撲界の高砂浦五郎と雷《いかずち》権太夫《ごんだゆう》の仲裁など、様々な案件を担当したが、後述(第三章3)のとおり武営の人生を最も大きく変えたことは、活動を通じて東株と出会い、初めて実業界に入ったことである。

趣味は謡曲

ここで私生活に目を向けてみたい。

武営は、高松藩の藩儒の大島紋次の娘の種《たね》と結婚し、一八七一年一月、種との間に長男の岩太《いわた》が誕生した。ところが、八二年に種に先立たれ、八四年一月に旧高松藩士の下津永行の妹の仙《せん》を後妻に迎えた。下津永行は長男の揆一(後の高松商議所会頭)とともに高松で、士族授産によるマッチ産業を発展させたことで有名である。

八四年一二月に仙との間に次男の武二が、八六年三月に三男の営三が誕生した。その後、九三年一〇月に長女の芳が誕生し、武営は三男一女に恵まれた。

なお、後に高松市長などを歴任する小田は、武営の従弟に当たった。父武憲の弟で小田家に養子に入った辰之助の継嗣として、十河家から養子に入り小田家を継いでいた。

東京に転居してから一家は麹町の下六番町(現・番町小学校の前)や上六番町(現・三番町)などに転居した後、九七年、最終的に外堀通り沿いの本郷元町一丁目五番地(現・順天堂大学付近)に二階建ての家を新築して生涯を過ごした。

武営が生涯の趣味としたのが謡曲であった。

修進社に勤め始めた頃に河野からしきりに謡曲を勧められ、いやいやながら始めたという。宝生流の松林鶴叟《まつばやしかくそう》に、松林の没後は命尾寿鹿《めいおじゅろく》に師事した。

声は低いしゃがれ声であり、当初は論語の素読をしているような口調であったという。師匠も首をひねり、しばしば匙《さじ》を投げようとしたといわれるが、下六番町に住んでいた頃に「謡を謡う家といえば早解りした」(『謡曲名家列伝』)といわれたほど稽古に熱中し、暇さえあれば謡曲の本を取り出すのが癖であったという。

そして「声音はよくなかったが、其の芸は堂に入った」(『春城代酔録』)と評された。

謡曲を始めた頃、大隈邸で謡会があり、武営が俊寛のシテを謡うのを聞いた大隈から「俊寛という謡は秘伝もので、人に聞かさぬ所に妙があるのか、今日の中野の謡は、力は入っているようであったが声は始から終りまで一切聞えなんだ」と冷やかされ「中野の聞えぬ俊寛」という笑い話が広がった(11)。一生懸命稽古し過ぎて、本番では声が出なくなっていたのである。

武営は、謡曲は心で謡うものであり「本を当てにすれば、文句を間違えやしないかと思うて、それで心を配る。そうして元来力が乏しいのを更に力をその方へ分けるから一層いけない。(中略)字や節は一つ二つ違っても差し支えない。だいたいは気分を謡うので、(中略)自分がその俊寛になり切る事が肝要」(『七十年』)との思いから百五十曲の謡曲を記憶し、いかなる時も台本なし(無本主義)で謡ったという(『文墨余談』)。

謡曲は気分転換の方法であった。日曜日には謡曲に没頭し万事を忘れ、天野為之など気の置けない同好者を自宅に招く謡曲会も開催していた。たとえ渋沢から電話があっても「今日は日も暮れたから、用事は明日にして下されとそう申せ」と、他の客を一切謝絶したという話もある。

謡曲は修養のための勤行《ごんぎょう》でもあった。「謡曲は武士道の精華であるから夢にも軽佻浮薄の精神態度を以って、苟《いやしく》もすべきものではない」(「噫 中野武営翁」)、「謡曲は(中略)文章が佳い。丸で錦を綴ったようにできている、また仏法に基いて人生の無常を教えてある」(「実業家帖資料」)と述べている。

2　香川県独立に東奔西走

一年中製塩できるように

東京を中心に活動していた武営は一年に数度、当時の地元の愛媛県に戻り、少し才気があり、弁が立つ者を中心に党勢の扶植をめざしたと伝えられている。その結果、改進党の党員数は八十一人、隠然たる主義をとるものが十四人の合計九十五人を数え、愛媛県会で最も勢力を有したという。

いよいよ一八九〇年の国会開設が近づくと、武営は地元に戻り、八七年一一月に、名東県会議員や愛媛県会議員を務めていた旧高松藩士の片山高義と交代し、愛媛県会議員に選出された。衆議院議員出馬のための地盤を作るとともに、当時愛媛県に併合されていた香川県の独立をめざすためであった。

修進社の同僚であった北畠が、長年にわたり出身地の奈良県を大阪府から独立させる運動を支援し、武営が県会議員になる直前に同県の独立が達成されたことにも刺激を受けたと思われる。

さて、香川県の独立に本格的に動き出す前に、讃岐に目に見える形で貢献をしたのは、国の規制を中止させ讃岐が一年中製塩できるようにしたことであった。まずこの点について触れたい。

江戸時代から讃岐三白（塩、砂糖、綿）といわれ、製塩業は讃岐を代表する産業であった。讃岐は長州や防州と違い、天候に恵まれ通年製塩ができるにもかかわらず、瀬戸内沿岸の長門、周防、安芸、備後、備中、備前、播磨、伊予、讃岐、阿波が組織する十州塩田組合会に加わっていたため、同会が実施する生産調整によって、一年のうち三月から八月までの半年間しか製塩ができなかった。

この規制に不満を持った讃岐の井上甚太郎が、十州塩田組合から東讃（讃岐の高松以東の地域）の塩業者を脱会させ、年間を通じて採塩を強行したところ、十州塩田組合側から規約違反として提訴され敗訴していた。これが、武営が愛媛県会議員に選出された時の最大の問題となっていた。

そこで、武営は、八七年一一月、初めて臨んだ通常県会の議案の審議に先立ち、自ら起草した「十州塩田組合会ニ関スル布達廃止ノ建議案」を提出し、塩の生産制限を撤廃すべきことを訴えた。

その理由として、生産制限は民業への干渉であり、土地所有の権利を害するものであること、生産制限により塩価を引き上げれば十州以外や外国の製塩者を利することになること、山口県などの塩価に影響を与えるかもしれないが、それが他人の土地利用の原則を抑制する理由にはならないことなどを挙げた(『愛媛県議会史』)。

驚いたことに、この建議を受けた主務官庁の農商務省は、直ちに翌月、十州塩田組合の生産制限を認める特達を停止した。これにより、江戸時代から続いていた採塩制限が撤廃され、讃岐は年中採塩できるようになった。武営には、正論に基づいて政策を建議し、政府を動かすことに成功した初めての事例となった。

当時、取引所問題と十州塩田組合問題は「農商務省の二大案件」と呼ばれていた。両案件の民間側の当事者は武営であり、政府側にはいずれの案件の背後にも長州出身の井上馨がいた。後述するように(第三章3)、武営は取引所問題について薩摩出身の農商務大臣黒田清隆に対して、同郷で黒田に近い谷元道之を通じて働きかけたが、十州塩田組合問題も同様のルートで働きかけたと思われる。黒田は井上に対して強く出ることができる人物であった。

浮遊した香川県

それまで地元でいくら動いても解決できなかった十州塩田組合問題を鮮やかに解決し、その実力を示した武営は、県会議員に選出されてから五か月後の一八八八年四月、愛媛県会議長に選出された。そして、着任と同時に香川県の独立をめざして動き始める。

初めに、廃藩置県以来の香川県の推移を振り返ってみたい。

七一年七月の廃藩置県により、高松藩が廃止され高松県が設置された後、同年一一月には高松県と丸亀県、倉敷県の一部が併合され、香川県(第一次)が設置された。しかし、これが七三年二月に名東県(徳島県)に併合されてしまった。

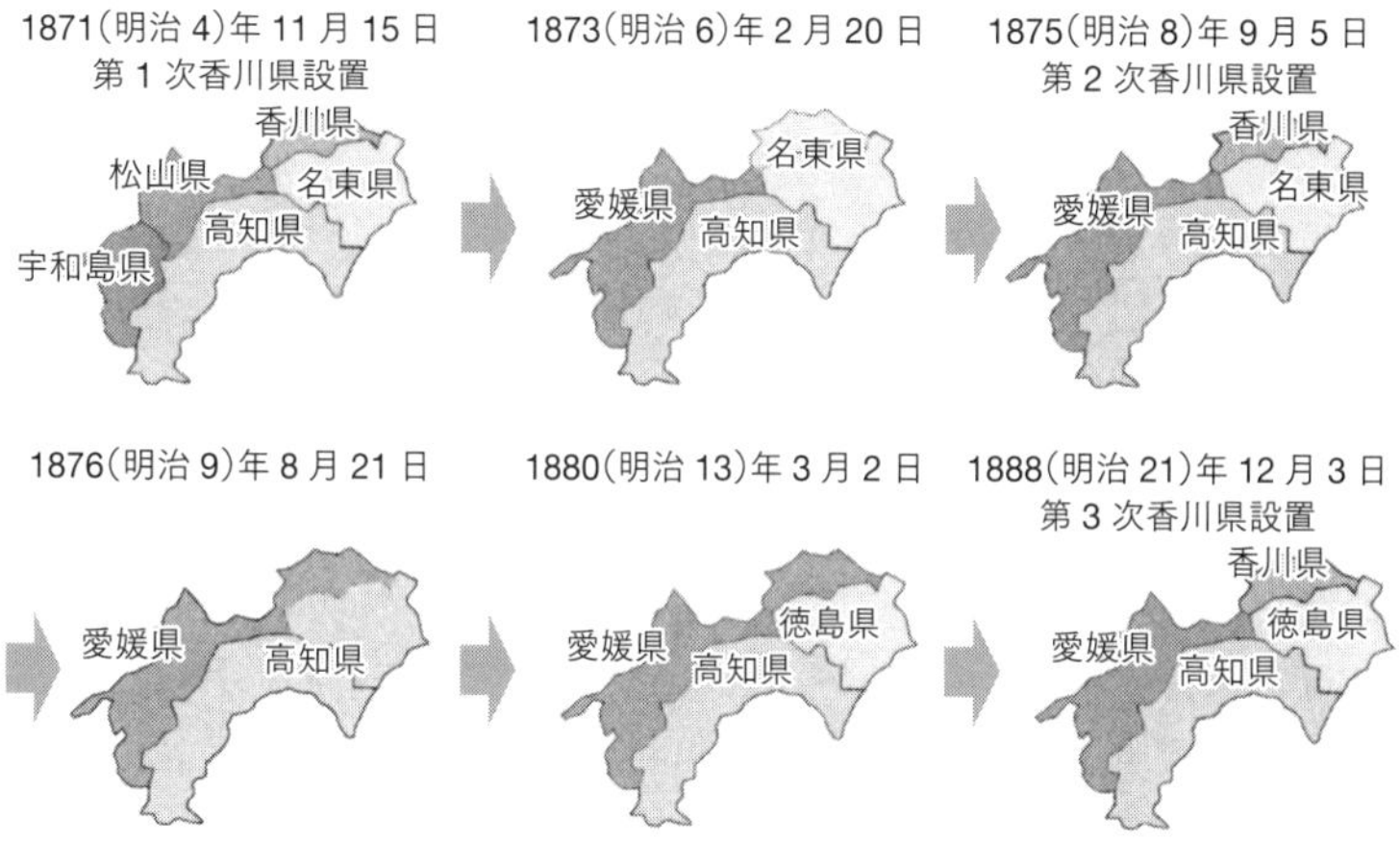

図2-1　香川県の推移

名東県に併合されたものの、吉野川の治水の負担などをめぐり阿波と讃岐の議員が激しく対立するなど折合いが悪く、七五年九月に、讃岐は分離され香川県(第二次)が設置された。

ところが、折しも政府が歳出削減のため、全国的な府県の大幅な整理統合を実施したため、再置された第二次香川県は一年も存続せず、七六年八月に愛媛県に併合された。それと同時に名東県も高知県に編入され、四国といわれながら愛媛県と高知県の二県しか存在しない時代が四年間続いた。そして、八〇年に徳島県が高知県から独立して三県体制となった*(図2-1)。

香川県が愛媛県に併合された後、讃岐では地方税の負担の不平等に対する不満が高まったばかりでなく、高松にあった師範学校が廃止され、松山に集約されたことなどへの反発から、八二年に讃岐の分県独立を求める運動が発生した。そして、豪農出身で自由党の渡辺克哲らが「讃予分離ノ檄文」を発表し、八三年に内務大臣に「予讃ヲ割キ讃岐ニ一県ヲ置キ高松ニ県庁ヲ設置スル上願」を提出した。けれども内務省はこれを認めることはなか

表 2-1　府県分合の推移

	政府の動き	県の独立の動き
1871年7月	廃藩置県(3府302県設置)	
76年8月	3府35県に集約	香川県が愛媛県に併合
80年3月		徳島県(高知県)
81年2月		福井県(石川県と滋賀県の一部) ※この時、堺県が大阪府に併合
81年9月		鳥取県(島根県)
82年5月	府県分合方針(山田顕義内務卿)	高松県など13県の設置を審議
83年5月		富山県(石川県)，佐賀県(長崎県)，宮崎県(鹿児島県)
85年9月	府県分合方針(山県有朋内務卿)	奈良県の設置・讃岐国の徳島県併合などを決定
87年11月		奈良県(大阪府)
88年12月		香川県(愛媛県)

(　)は被独立県

った(第一次独立運動)。

続いて八五年に、政府と地元で讃岐を徳島県に併合しようとする内々の動きがあったのに対し、旧高松藩士で改進党員の山田政平や小田らは「独立置県旨趣要領」を発表し、阿州(徳島県)に合併を好まず、予州(愛媛県)に付随を望まず、あくまで讃岐国独立置県を希望すると訴えた。

これに加え、国会開設運動で有名な小西甚之助や安井勇平らも「予讃ヲ分割シ讃岐高松ニ県庁ヲ設置ノ儀ニ付キ建議」を山県内務卿に提出し、讃岐の独立を訴えた(第二次独立運動)。

この時も政府がこれらの訴えを認めることはなかった。

独立を望む理由には人情の違いや、税負担と財政支出の不均衡などの理由もあったが、旧高松藩士には、江戸時代に親藩として格が高く、独自の文化や産業などを発展させた歴史と伝統がある讃岐が隣県に編入されていることは、その誇りが許さなかったのであろう。

＊府県分合の推移

ここで廃藩置県の後の府県の推移を概観したい。

廃藩置県で政府は三府三百二県を設置したが、一八七六年に全国を三府三十五県に集約した。しかし、多くの地域で県としての独立を求める声が上がったため、政府は不平士族の動きや地元の要望などを勘案し、八〇年に徳島県、八一年に福井県、鳥取県を設置した。その後も独立を望む地域が多かったため、山田顕義内務卿の下で八二年に決定した府県分合方針に基づき、佐賀県、富山県、宮崎県を設置し、続いて八五年に山県内務卿の下で決定した府県分合方針に基づき奈良県を設置した。

なお、八二年の府県分合方針には讃岐に高松県を設置する案が検討されたが採択されず、八五年の府県分合方針では、讃岐を愛媛から割いて徳島に併合する方針が決定していた(表２－１)(「第三次香川県の設置」)。

政変により準与党に

愛媛県会議員に選出されてから約五か月後、武営は愛媛県会議長に選出され香川県独立の実現をめざし、寝食を忘れ東奔西走し始める。

府県分合は政府の専権事項であり、地元からいくら強い要望が出ても全国で多くの地域が分県独立を求めるなか、政府の中枢を動かさない限り容易に実現できるものではなかった。

この頃の讃岐出身者で武営に匹敵するほど中央で活躍していた人物はいなかったが、その武営も明治十四年の政変で下野して以降、改進党の闘士として政府から警戒されていた。こうした厳しい状況の中でどのように政府の中枢に対する働きかけを成功させることができたのだろうか。

関東大震災や戦災で関係史料が焼失しているため詳細は不明なことが多いが、「分県論は大隈伯の請負う所にして松方伯又これを賛成せりと」(『海南』88・11・13)と報道されていることが手がかりとなる。

この二人に働きかけた人物は武営以外には考えられない。

この頃、中央政府では、明治十四年の政変で辞職に追い込まれた大隈が、一八八八年二月に外務大臣として伊藤博文内閣に入閣するという政局の転換が起こっていた。

憲法発布を控えた重要な時期に、星亨《ほしとおる》などの旧自由党系が鹿鳴館外交の失政などを批判し、改進党と団結して政府を追及しようとする大同団結運動が高揚していた。危機感を募らせた伊藤首相は保安条例を制定して運動を弾圧するとともに、穏健な改進党を取り込み大同団結運動を分裂させるため、大隈を外務大臣として三顧の礼で迎えたのである。

この政変を機に、それまで政府から警戒されていた改進党が準与党的な立場に変わり、武営には、大隈をはじめ、それまで培ってきた中央の人脈を最大に活用できる環境が整った。

また、新たな県を設置する場合には、国の財政負担が増大することが大きな課題であったが、時の大蔵大臣の松方は武営が地租改正事務局で勤務していた時代からの上司で、武営が明治十四年の政変で「官を辞せんとするに当って松方侯等極力これを阻止せんとしたりし」(『財界の巨人』)と伝えられていたような近い間柄であった。

さらに八八年四月、第二代首相に黒田清隆が就任したことが幸いであった。後述(第三章3)の取引所問題や十州塩田組合問題を通じて農商務卿時代の黒田に通じる人脈があったからである。

しかも、修進社の同僚の河野と北畠という身近な存在が分県問題に精通していた。土佐出身であった河野は元老院議官時代に徳島県が高知県から独立することを支持し、北畠は大阪府から奈良県が独立することに貢献した実績があり、武営はこの二人からの協力を得ていたと思われる。

香川県独立に走る愛媛県会議長

一八八八年四月、愛媛県会議長に就任した武営は、直ちに東京で旧高松藩主、旧丸亀藩主、旧多度津藩主などを招いて懇親会を主催した。おそらく旧藩主も含め香川県独立に向けて意思の統一をしたのだろう。そして、大隈外相や松方蔵相など政府要人に働きかけをしていったと見られる。

ここで実際に大隈が動いたことは、後に大隈が高松を訪問した際、小田が「浮草の如く見做《みな》されたる讃岐をして終《つい》に独立せしは当時在朝の(大隈)伯の尽力少からず」(『香川』13・11・07)と謝意を表していたことに認められる。

続いて一〇月の初め、片山高義、菊池《きくち》武熙《たけひろ》ら旧高松藩士が武営の招きに応じて上京し、山県内相に対して香川県の独立置県を請願した(『海南』88・10・24)。

分県のために必要な手続きや調整を終えた段階で、政府が武営と調整し、地元の代表者から主務大臣の山県内相に請願させる手はずを整えたのであろう。

こうして準備が整ったことから、一一月五日、山県内相から黒田清隆首相あてに香川県の分県独立を求める「香川県設置ノ件」が閣議に請議され、順調に手続きが進んだ。

ちなみに、前年の奈良県独立の際は、大和国出身の改進党員であった大阪府会議長恒岡直史らが松方蔵相に租税の陳情をした際、松方から伊藤首相を紹介され、改めて伊藤と、陪席した山県内相に対して直接に分県独立を要望してからその手続きが進んだ経緯があった。

ところが、その後の道のりは必ずしも平坦ではなかった。

政府は香川県の分県独立の方針を閣議請議したことを一切公表していなかった。だが、政府が香川県の再置を決定したとの信憑性がある新聞記事が流れ始めると、愛媛県に近く、旧多度津藩領や旧丸亀藩領が多かった多度郡を中心に三野郡、豊田郡から分県に強く反対する声が上がり始めたのである。

一一月一二日に通常県会が開会すると、これらの地域選出の県会議員が分県に反対する建議案を提案した。ところがこれが否決されたため、多度津の豪商、景山甚右衛門を筆頭に押し立てて分県反対の意見書をまとめ、上京して伊藤博文や三条実美《さんじょうさねとみ》など中央の要人に分県反対を直訴した。

その影響もあり一一月下旬の元老院の審議では他県の分県の審議と比べて、独立に強く反対する意見が数多く出された。しかし、最終的には政府の提案どおりに可決され、一二月三日に「香川県設置ノ件」（勅令第七十九号）が裁可、公布され、現在の第三次香川県が設置された。

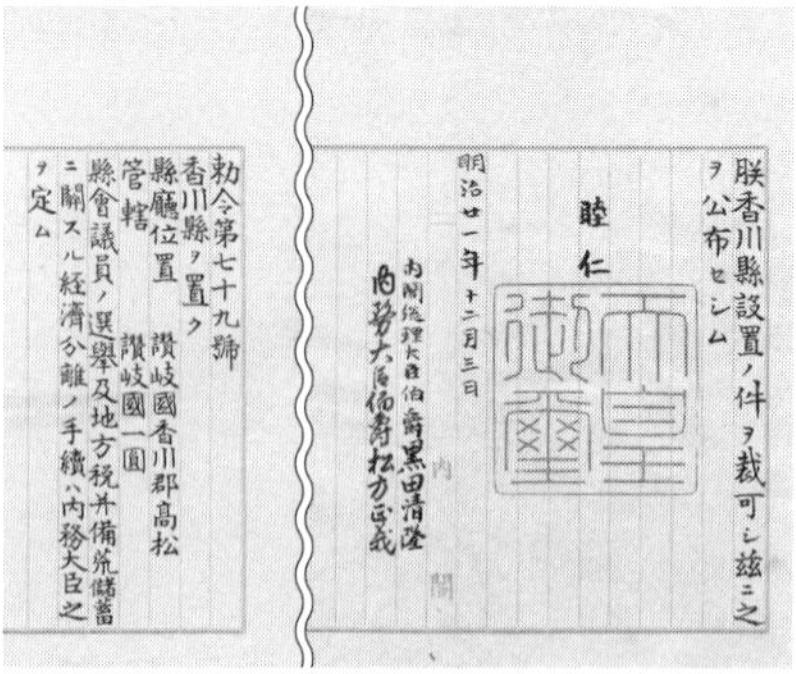
朕香川縣設置ノ件ヲ裁可シ茲ニ之ヲ公布セシム
睦仁
天皇御璽
明治廿一年十二月三日
内閣總理大臣伯爵黒田清隆
内務大臣伯爵松方正義
勅令第七十九號
香川縣ヲ置ク
縣廳位置　讃岐國香川郡高松
管轄　讃岐國一圓
縣會議員ノ選擧及地方税并備荒儲蓄ニ關スル經濟分離ノ手續ハ内務大臣之ヲ定ム

写真 2-1　勅令第七十九号「香川県ヲ置ク」（1888 年 12 月 3 日）

勅令には黒田清隆首相と松方内相が副書している。山県が欧州に赴く予定となり後任の松方に勅令の公布を委ねたからである。

ところで、内閣に入った後も大隈を警戒し続けていた山県が香川県の独立をすんなり認めたことは不思議である。しかも、山県は内相として八五年に奈良県の設置と、讃岐を愛媛県から割き、徳島県に併合させる方針を決めた本人であったからである。

実は、山県には弱みがあった。

八八年初め、山県は伊予の農民から藤村紫朗愛媛県知事の不正経理を密告する書簡を受け取っていた

(「愛媛県事件」)。大同団結運動が広がるなか、これを見て狼狽した山県は伊藤首相に相談の上、在任一年にも満たない藤村を直ちに更迭し、同二月に自らの腹心で長州出身の白根専一を後任に送り込んだ。おそらく山県や白根は、この問題を政治問題化させないためにも、その後本格化した香川県の独立問題には敢えて異論を挟まなかったのではないかと思われる。

実際、白根知事は一一月五日に「香川県設置ノ件」が閣議請議されたことを見届けた二日後の七日に臨時県会を開会し、前知事時代の不適正経理の修正報告と謝罪を行った(『改進』88・11・13)。そして、大きな注目を集めることもなくこれを承認させることに成功した。この臨時県会では分県の是非をめぐり大きな火が燃え盛り始めており、それどころではなかったのである。

武営は県会議長でありながらも、この時の臨時県会とそれに続く通常県会に出席しなかった。このことが自由党系の『海南新聞』の投書欄で批判されている。しかし、武営や改進党系の議員は既に内閣が分県の方針を決定したことを知っていた。勅令が施行された時点で開会していた通常県会は遡って無効になることから、分県の是非をめぐる議論などで県会が混乱することを避けるため敢えて出席しなかったのだと思われる。

最後の置県

香川県の設置に刺激を受け、愛知県の三河地域と、松本市を中核にした長野県南部七郡の分県運動が高揚した。元老院はこれを支持し、政府に対し両地域の分県独立を求める意見書を提出した。

ところが、当時首相であった山県はこれに反対した。地方制度の骨格となる法律の府県制が施行され始め、初めての衆議院議員選挙が近づくと、分県の是非をめぐり県内で紛擾が起こる可能性があるという理由からであった。その上、三河の独立運動は改進党員が中心となって要望していたが、既に大隈は閣外に退いていた。

その後、二度と新しい県が設置されることはなく、香川県の独立は日本で最後の置県となった。新しい地方制度が施行されるとともに、全国の府県の住民の間にも境界が定着し、府県内のある地域で分県独立を求める声が上がったとしても、府県内でそれに反対する声も強くなったからである。

実際、この時独立を逸した松本市を中核とする地域は、第二次世界大戦後に至るまで、分県独立や、長野市から松本市への県庁の移転を求める動きを続けたが、県内には反対意見が強く、実現には至らなかった。

これまで見たように武営は、帝国憲法発布の直前に起こった幾重もの好機や偶然を逃さず、府県分合の重い扉がほとんど閉まりかけていた最後の瞬間に、香川県の独立を滑り込ませた。

古より四国には阿波、讃岐、伊予、土佐の四か国があり、現在も徳島県、香川県、愛媛県、高知県の四県があることに誰も疑問を持たないだろうが、武営が存在していなければ現在でも四国は三県のままであったことは疑いない。

香川県会議長は逃す

名東《めおと》別れて愛媛に身売り香川は再び里帰り

とは、この頃流行った一句である(『高松繁昌記』)。

分県が決まり第三次香川県が設置されると、「高松市中人民の喜びは一方ならずただ有頂天になりほとんど商売も手につかない有様」(『予讃』88・12・07)であったと伝えられる。

翌一八八九年一月、初めての香川県会議員選挙が施行され、武営も含め改進党から十八人、自由党系から十三人、総計三十六人の香川県会議員が選出された。

事前の予想では、初代の県会議長には愛媛県会議長を務め、分県実現の最大の功労者であった武営が選出されるものと見られていた。だが、蓋を開けてみると自由党系と分県反対の中立派が手を握り、議長には自由党系の長老の松本貫四郎が、副議長には小西甚之助が選出された。独立への貢献よりも党派の方が優先されたのである。

武営はここで香川県会議員を一期務めた後、翌年の第一回衆議院議員選挙から国政に転出する。初の県会が終わった直後、高松松平家からの出資や「永念会」や「讃岐同好会」と呼ばれた旧藩士のネットワークの協力を得て、八九年四月に香川新報社(現・四国新聞社)を創立し『香川新報』の創刊号が発刊された。

KAGAWA SHINPO

香川新報

社告

写真 2-2 『香川新報』第１号（1889 年 4 月 10 日）

『香川新報』は、当初は改進党の機関紙的な役割が期待されたが、発刊の辞において、党利党略を越えて真実を伝え、真実を批判する公器としての新聞に使命を貫き通さん、という強い意志を表明し、政治的中立を宣言している。

とはいえ、創立者であった武営の意見や活動ぶりを細かく地元に伝えた。このため今となっては武営をたどる上で貴重な史料となっている。

3　財政通の論客

衆議院議長候補にも

一八八九年二月一一日に大日本帝国憲法が発布され、九〇年七月に初めての衆議院議員選挙が実施された。武営は香川県第一区(高松市)から出馬し、旧高松藩士を中心とした強い支持を受け、当選を果たした。四十二歳という働き盛りになっていた。それから一九〇三年の第八回選挙で落選するまで、高松市から七回連続で選出される。

当選直後に出版された『帝国衆議院議員実伝』には、「元来讃岐国高松藩士にして其地方に尽せる効の最も著しきものを挙げれ〔ば、〕前年大に官民間に奔走して香川県の再置を計りたる」と紹介されている。

一八九〇年一一月、第一回帝国議会が開会した。武営は改進党での活躍が評価されていたのだろう、議長選挙で上位ではないが票を集めている。

第一回から第四回までの初期議会の争点は、「民力休養」と「政費節減」であった。不偏不党で政治を行うという超然主義を主張する政府に対し、自由党と改進党は一致して政府の歳出を削減し地租を軽減することを求め、激しい攻防が繰り広げられた。

民党は衆議院の存在感を示すため、衆議院が合意しなければ政府は予算を成立させることができないことを示そうと、政府提出予算を徹底的に削減する戦略をとった。武営も数字を挙げながら理詰めで政府を追及し、財政通であることを示した。

実業家の利益よりも国家の利益を

第一回帝国議会では地租軽減をめぐり紛糾し、一八九一年の第二回議会でも民党が地租の軽減を迫ることが明らかであったため、松方内閣は民党に対抗して陸海軍の拡張、製鋼所設立、治水事業、北海道開拓などの予算案や、私設鉄道買収法案など、地元の選挙民が歓迎するような積極予算を提示し、議会に対して「富国強兵」か「民力休養」かの二者選択を迫った。

これに対し、改進党と自由党は一致協力して、政府予算案とそれを裏付ける法律案などを否決し、歳出総額の一割近くの削減を図った。武営は予算委員会の大蔵省分科会主査として論陣を張り、政府提案の多くの法案を廃案に追い込んだ。

中でも、政府提出の私設鉄道買収法案を否決に追い込んだことが有名である。

この当時、景気が悪化して株価が下落し、厳しい状況に置かれていた株界や銀行界は、国が私有鉄道を買収すれば国庫資金が市中に流通し、民間への資金融通が進むことを期待していた。渋沢も東商会頭として政府に対して私設鉄道の買収を建議し、松方内閣もこれを受けて法案を提出した。

これに対し、この時、後述(第三章３)のように東株副頭取(頭取不在)であった武営は、その職分からすれば株界や金融界から切望されていた同法案の成立に尽力すべきであったが、〈政府が巨額の国債を発行して私設鉄道を買収するにしては根拠が曖昧である、政府と会社の相談次第で買収価格を決定できることになっており情実的な処分が行われる恐れがある、もしその必要が生じた場合には政府はそれを設計し改めて議会に協賛を求めればよい〉などと主張して公然と反対し、法案を否決に追い込んだ。(12)

法案の成立を期待していた実業家たちは、「本職から見るも此悲況救済に全力を尽さねばならぬ責任があるではないか、しかるに職分をも顧みずこれを蹂躙し去るとは甚だ以て不都合千万である」と怒りを露にした。特に鉄道株を多く持っていた今村清之助は、武営に翻意を促そうとしたが決して応じないので絶交状を送りつけるに至った。

株界から批判の大合唱を受け、自分は代議士として意見を述べたものである。取引所に関係があるといえども余の持論を曲げることはできないと反論し、惜しむこともなく副頭取を辞した。

後に「この買収が断じて国家のため機宜を得たものでない、国家の利益に相ならぬと確信したからである、(中略)その当時の買収案は国家の大方針を決行するというでもなし、眼前脚下の不況より蒙る各自の苦痛を免れたいという一時的の応急手段であるから、このような自分本位のために国家の財政に大関係ある事柄を軽々に行うべきものでないと信じたのである」[13]と述べている。

これは「良心に従って私情に屈することなき人物なり」(『現代金権史』)と、武営の評判を上げる逸話として残った。

命がけの衆議院議員選挙

第二回議会で衆議院がことごとく政府予算案を否決に追い込んだため、政府は衆議院を解散し、一八九二年二月に第二回選挙が実施された。

そこで政府は、空前の選挙干渉を行い、自由党と改進党議員の再選を妨害した。この指揮を執ったのが内務大臣品川弥二郎と内務次官白根専一であった。いずれも武営をよく知る人物であった。

この時の干渉により、全国で死亡者が二十五人、負傷者が四百人近くに上った。香川県下でも、反対派による中傷妨害、有権者の買収や脅迫、演説会場の襲撃、壮士間の乱闘が起こるなど激しさを極めた。

武営は地元での演説会に多くの聴衆を集めたが、「条約改正をして耶蘇《やそ》教を盛んにしようとしている」「改進党は吏党である」などの誹謗中傷を受けた。

また演説会場からの移動中、屈強の若者に取り囲まれ襲われそうになったことがあったが、備えが堅固であるのを見て相手が手を出せなかったと報道されている。武営は「六尺〔約一八〇センチ〕ゆたかの偉丈夫」（『春城代酔録』）、徹底的に武道で鍛え「色黒く、其の堅きこと鋼鉄の如き」（『香川』92・02・10）といわれていた。

白根次官は松方首相あてに、香川一区は十分な勝算の見込みがないが、中野武営をして独占の自由をほしいままにせしめれば他の区も勝算を失う結果となるかもしれない（『松方正義関係文書』）と、武営を落選させることはできないが、他の選挙区への対策のため機密費の配付を求めている。

こうした激しい選挙干渉にもかかわらず再選され、全国でも自由党と改進党が過半数に迫る議席を占めた。民党だけではなく政府内からも選挙干渉への批判が出て品川は辞職に追い込まれた。

病歴

一八九三年五月、改進党は全国各地で議会の報告会を開催し、武営は静岡、大阪、京都、香川で遊説した後、三重で尾崎行雄や島田三郎らと演説会に臨んだ。ところが津市で演説をした後、神経痛により左の腰部と左足に激痛が走り起き上がれなくなり、帰京して赤十字病院にひと月も入院する騒ぎとなった。

この前年、武営が松平頼寿や漢学者の黒木《くろき》欣堂《きんどう》などと富士登山をした際、神経痛を起こしたため下山を勧められたが、聞く耳を持たずそのまま登頂したので、その痛みで這いつくばるように急な坂を下ったこともあったという。

写真 2-3　富士登山の写真（1882 年 11 月 20 日）
中列：左端が松平頼寿，右端が中野武営，後列：松平頼親，前列：左から 3 人目が黒木欣堂

この頃から坐骨神経痛を患い始めたが、妻の仙が「私の一家はお灸療治の信者です」と述べていたように自分で昔風の灸を据えてから、段々苦痛を感じなくなっていったという。また、若い頃に天然痘や腸チフスにかかり、六十歳近くになって黄疸を患ったこともあり、痔疾にも悩まされていたというが、これらを除けば、大酒豪で煙草も吸ったが、大きな病をすることはなかった。

勝海舟を屈する

武営が衆議院議員として有名になり始めた頃、思わぬことでその名が全国に轟《とどろ》いた。それは、高松松平家と姻戚関係にある尾張徳川家の紛議事件に関わり、勝海舟などとともに武営の動きが全国の新聞に報道されたからである。華族界のお家騒動ということで世間の関心を惹いた。

問題は、田中不二麿（司法卿）ら尾張徳川家の家令たちが、徳川慶勝の養子として若い頃に家督を継ぎ当主となっていた徳川義礼《とくがわよしあきら》（高松松平家当主頼聰の次男）を離縁させて高松松平家に復帰させ、その代わりに義礼が養子に入った後に誕生した徳川義恕《よしくみ》を当主に立てようとしたことである。

義礼は十二歳で尾張家に養子に入り、同家で初めて侯爵を授爵した。そして、英国に留学し帰国後に貴族院議員となっていた。英国では旧尾張藩士の加藤高明（後の首相）が住居を探すなど、義礼の世話役をしていた。しかし、義母の貞徳院の指示に従わない、放蕩をしたと非難されたのである。

松平頼聰も義礼の離縁についていったん受諾する方向にあったが、この話を聞いた武営は、授爵し、子どもまであるものを、小過失で離縁させることは間違っていると主張し、断じて反対した。そして徳川家の相談役である勝海舟のもとに、その非を訴えた。

一八九一年の「海舟日記」には「六月二十七日　(前略)中野武営、河野謙〔敏〕鎌氏の紹介、高松旧藩士、尾州家掛合いの儀ニ付き云々。田中〔不二麿〕氏の談じ候甚だ誤りたるか。高松家敢えて承服せず、事件甚だ面倒に及ぶべし」とある。武営の主張を聞いて慌てたのである。

田中から相談を受けた時、勝が「田中さん大丈夫かえ、かようなる事は意外の故障出でて間々失敗を取ることがあるぞや」と注意を促したのに対し、田中が「大丈夫でございます、容易に運ぶ見込みでございます」と応じていたという(『香川』91・07・22)。しかし、勝の不安が的中したのである。

また、田中は親しい伊藤博文を通じて武営を動かそうとしたが、武営が伊藤の説得を聞き容れることはなかった(『扶桑』91・07・21)。

旧尾張藩士の中では、田中や加藤高明が中心となって義礼の離縁を主導し、旧高松藩士側は大山巌陸軍大臣秘書官であった福家安定《ふくけやすさだ》なども加わってこれに反対し、旧尾張藩士と旧高松藩士の対立に発展した。

『扶桑』(91・07・19)はこの様子を相撲に見立て、次のように揶揄《やゆ》している。

東の方　大関　田中不二麿、関脇　加藤高明、小結　永井久一郎

西の方　大関　中野武営、関脇　福家安定、小結　深井寛

勝は武営の主張に理があると判断し、徳川各家の説得に奔走した。そして最終的に八月六日に開催された徳川宗家の会議において、義礼が尾張家に残ることが決定し、貞徳院が「これまでのことは今日限り忘れる」(『読売』91・08・07)と述べて、騒動は「大団円」となった。もともと旧尾張藩士には義礼を支持する者も多く、この騒動の後、家令や相談役への批判が高まり田中は辞任に追い込まれた。

胆力が際立っていたといわれた勝海舟さえ、武営の毅然たる態度に屈したのである。大隈が加藤の肩を持ったところで本件をめぐり、大隈の前で武営と加藤高明が激しく言い争いを始め、大隈が加藤の肩を持って武営を説諭したが、武営は決して譲らず、大隈の妻が間に入ってその場が落ち着いたという話が残っている(『七十年』)。加藤は第二次大隈内閣の外相に就任し、大正末期に首相に就任するなど、大隈の政治的期待に応えたが、ここで決裂した二人がその後親しく接した様子はない。

衆議院予算委員長に就任

初期議会では自由党と改進党が消極主義で一致し、政府の歳出予算を削減するために協力する構図が続いていた。しかし、一八九二年の第四回議会の頃を境にしてこの共闘体制は終わりを告げた。自由党は政府と手を組み、選挙民が求める予算を積極的に獲得していく方針に転換したからである。

これに対し、改進党は、第五回議会では、政府を支持する国民協会や、条約励行や自主外交、対清強硬を掲げる大日本協会とともに対外硬六派を作り、政府の軟弱外交を批判する方針に転じた。

続いて九四年五月に開催された第六回議会では、自由党が第一党であったことに変わりはなかったが、改進党が連携する対外硬六派の議席数が自由党の議席を上回った。

ここで武営は衆議院予算委員長に選任された。予算委員長は第一回議会では大江卓、第二回議会では松田正久、第三回から第五回議会では河野広中と、いずれも最大議席を持つ自由党から選出されており、改進党から選出されたのは初めてであった。

「初期議会以来、衆議院の予算通を以て武富時敏《たけとみときとし》氏と並び称せられ、大隈伯もし総理大臣たらば大蔵大臣たらんものは二氏の中《うち》にあらん」(『現代富豪論』)と評されたように、改進党の中では財政通を代表する存在として認められていたからであろう。

この議会では伊藤内閣弾劾の上奏案が可決されたが、天皇がこれを採らなかったことから、召集から約二十日間で衆議院が解散された。予算委員長として公平な議長ぶりを発揮していたが十分な審議ができないまま閉会し、この翌月、日清戦争が開戦となった。

政局への関心を失う

日清戦争開戦直後、改進党は政府を支持し、目的達成までの戦争遂行、政府批判の停止、軍事費支出支持を宣言し、それまでの政府の一年の歳出額の約二・五倍にあたる約二億円の歳出を認めた。

戦争は日本の勝利に終わったが、ロシア、ドイツ、フランスによる三国干渉が行われ、遼東半島を還付した。戦後、その屈辱を晴らしたいという軍国的な気運が広がり「臥薪嘗胆《がしんしょうたん》」のスローガンの下、議会は軍事費を中心とする歳出拡大を次々に認めていった。

しかし、武営は改進党に在籍しながらも、このような対外的な強硬論(対外硬)に与しなかった。そして、〈日清戦争以前、議会の予算委員会で軍事費節減を主張し、そのためには議会の解散も辞さなかったが、広島〔広島で開催された第七回議会〕における軍事費の決定となって当分、消極政策は行われないことになった。従来の主張に対し行きがかり上、議員をやめ政界も退く外ない〉と漏らしていたと伝えられる(『七十年』)。

また、「私は国会議員をズッと続けていた。しかし、〔明治〕二十七〔一八九四〕年頃から党籍は進歩党〔改進党の後身〕でも一々党議にも従わず自由行動を取ってそれでいやなれば除名するがよいというような訳合、それ以来遂に政党本部の敷居を跨《また》いだこともなければ懇親会などに出たこともない、伊藤〔博文〕さんから、貴公などは政党員と言うている柄でないなどと言われたこともある、さりとて今政党の籍を脱せんともしない、それを脱して豪《え》らい尋常な人間だという顔をする必要もなかった」(『財界名士失敗談』)と述べている。

そして、後述のように実業家として活躍するにつれ、政治家としては、党勢の拡大や政局を追うことよりも経済に関心を移していく。

4 香川県と松平家への貢献

旧藩士のネットワーク

武営は、廃藩置県によって東京に移住した松平頼聰の邸宅(本郷元町二丁目二十七、現・東京都立工芸高等学校)から徒歩十分程度の所に住み、お膝元で松平家を補佐した。そして香川県や高松市の発展のために、主に東京から旧高松藩士のネットワークを通じて貢献した。

香川県の主要企業への貢献を見ると、高松百十四国立銀行(現・百十四銀行)が普通銀行に転換した時に監査役に就任し没するまで相談役を務めた。初めて高松に電灯を灯した高松電燈株式会社(現・四国電力)は、縁戚である旧藩士の牛窪求馬《うしくぼもとめ》が設立した会社であるが、同社に出資し、その投資資金を確保するため逓信大臣に折衝するなどして支援した。この高松電燈が、小田など旧高松藩士を中心として設立したのが高松電気軌道株式会社(現・高松琴平電気鉄道)である。高松から琴平をつなぐ讃岐鉄道(現・ＪＲ四国)の取締役にも就任している。

また、高松市のインフラ整備などにも貢献した。高松市は水量が常に不足気味で、下水道が整備されておらず疫病が流行していた。武営は一年に数度帰郷し、地元で中央の政治経済情勢についての講演をしていたが、特に「高松市民と衛生」(一九〇二年)や、「渡米報告」(一九〇九年)という講演を通じて水道施設の整備が焦眉の急であることを訴え[14]、これを機に高松市の近代的上水道整備が始まったといわれる。さらに、高松市への電話の整備について陳情を受けた武営は陳情者に同行して逓信省に出向き整備を急ぐように申し入れている。

高松築港は高松市長小田が中心となって推進していたが、武営は第一期工事が完成した後の築港落成式に参列し祝辞を述べており(『香川』00・04・24)、小田による政府への働きかけなどにも協力したと思われる。また、高松には一八八〇年に商法会議所が設立されたが、法律に基づく商議所の設立は遅れていた。武営が東商会頭で商議所連合会会長として全国的に活躍していた時代に帰郷し、その必要性を訴えたことから一九〇九年に高松商議所が設立され、小田が初代会頭に就任した。

香川県の人材育成にも大きく貢献した。松平頼聰は一八八五年、東京に高松育英会を設立し、武営がその幹事を務めていた。その後、東京では武営が、香川では貴族院議員の鎌田勝太郎が発起人の中核となって、一九〇二年に財団法人香川県育英会が設立された。

そして、在京の讃岐出身の学生からの要望を受け、松平家が運営する寄宿舎と三豊《みとよ》郡が運営する寄宿舎を一本化し、東京・巣鴨の染井の松平邸内に香川県育英会寄宿舎を設置することにも貢献した。

この香川県育英会の支援により、大正末期に政友会の重鎮となり初めて香川県出身の大臣(文部大臣)に就任した三土忠造《みつちちゅうぞう》、『文藝春秋』を創刊した菊池寛、東京帝大総長の南原繁、香川県出身で初の首相に就任した大平正芳など数多くの逸材が輩出された。

武営はこのように地元に貢献したとはいえ、公共事業を誘導することを通じて選挙民の歓心を買うことには必ずしも熱心ではなかった。

明治中期から大正期に中央の政財界で活躍した香川県出身者には、自由党の政治家で横浜正金銀行副頭取となった三崎亀之助や三土忠造、貴族院議員として二十八年在任し、貴族院改革論を提唱した鎌田勝太郎などもいたが、とりわけ武営が最も知られていた。

地元の振興は主として高松市長などを歴任していた小田に任せ、自らは国のために中央で活躍する責任があると意識していたのだろう。

信頼できる人しか紹介しない

ただし良い評判だけではなかった。しばしば「お国の人の世話をしない」と批判された。

武営は、かつて知人から依頼されて人を会社に紹介したが、見合った実力がない人物であったため相手に迷惑をかけた経験があった。それ以降、「自分が世話をするとその人がたとえ余り役に立たないでも会社では我慢して使うことになる。それはその会社の損になる。これが集ると国家社会の損になる」(『讃岐学生会雑誌』)という理由から、この人なら大丈夫、立派にやっていけるという信じた人でなければ世話をしない主義をとっていた。

逆に、これは、という人についてては、こまめに推薦状を書くなど世話をした。その一人が香川県を代表する政治家の三木武吉《みきぶきち》である。旧高松藩士の家に生まれた三木は、若い頃上京した時、三木の父と知己であった武営を訪ねた。何度か会って人物を評定した武営は、東京専門学校（現・早稲田大学）の高田早苗あてに推薦状を書き、三木は法学部に進んだ（『三木武吉伝』）。

三木は卒業後、衆議院議員となり大正時代の憲政会を代表する代議士となって活躍した。そして東京市会議員としては、議場で政友会の鳩山一郎（武営が東京市会議長の際の副議長（第六章２））と激突したが、戦後はこの二人が中心となって保守合同を推進し、現在の自由民主党を結党する。

君辱しめられれば臣即ち死す

最後の高松藩主であった松平頼聰は、当初武営を書生程度にしか見ていなかったが、武営が政界や実業界で活躍するうちに万事を相談するようになっていったという。

「主家のために、富を造りながら、自分のためを謀らず、清廉の一生を送った」（「阪谷芳郎談」『七十年』）といわれ、父が勘定奉行として藩の財政を守ったように、松平家の財政を支えることに強い責任感を持っていた。その貢献により高松松平家は、維新後多くの旧藩主が没落するなかでも、屈指の高額所得者に数えられるようになった。

そして、松平頼聰の継嗣である第十二代当主の松平頼寿の後見役も果たした。

頼寿が初めて武営に会ったのは十四、五歳の頃だったという。皇族や華族が学習院に進学するなかで、当時としては異例にも、学習院の課程を半ばにして東京専門学校の法科に進んだ。これには武営の影響が大きかった。

写真 2-4　1913 年 11 月，大隈重信夫妻が高松を訪問した時の写真
前列：左 2 人が松平頼寿夫妻，中央の 2 人が大隈重信夫妻，右端が鹿子木知事夫人，後列：左から市島謙吉，中野武営，鹿子木小五郎(香川県知事)，大隈信常，塩沢昌貞

また、ある時、高価なパナマ帽を買ってきた頼寿に対し、こんな贅沢なことをするのを見ていられないと苦言を呈した。また、会社の取締役に就任しようとした時は「先君よりの御依頼で、華族たるものは、皇室の藩屏である以上、(中略)営利会社などに関係する事は絶対慎むよう」と諭して、松平家の相談役を辞する覚悟を持って思いとどまらせたという。「君辱しめられれば臣即ち死す」(『七十年』)との覚悟で松平家に仕えた武営には、決して譲れない一線があったのであろう。

頼寿は水戸徳川家の徳川昭武の長女の昭子を妻とした。華族社会の中でも人望が篤く、日本銀行監事や恩賜財団済生会会長、大日本母子愛育会会長など多くの公職に就いた。そして、一九三七年に近衛文麿を継いで貴族院議長に選出され、四四年に没するまで七年間在任した。大名華族出身の議長としては徳川家達《とくがわいえさと》に続いて二人目であった。

近衛から頼寿は、「徳の人であり、廉直稀に見る古武士のような風格の持主である」と評されたが、そこには武営の強い感化があったことがうかがえる(『松平頼壽傳』)。

武営は実業家として徹底的な自由主義者でありリベラルな側面を持つ一方、古武士のような忠誠心が強く、旧藩主頼聰の前で座布団を敷くことはなかったという。

このような精神性について早稲田大学の市島謙吉は、大隈夫妻が高松を訪問し、頼寿夫妻が主催した宴席に同席した際、頼寿が宴のたけなわに武営を陪席させますと断り、いざ武営が入ると、自分より先輩なのに末席に座った姿を見て「君臣の礼の厳《おごそか》である」と感じ入るとともに、「かかる場合における中野君の態度は極めて謙遜のものであった」と描写している(『春城代酔録』)。

讃岐を愛す

一八九一年五月、旧藩主松平頼聰は廃藩置県により東京に移住してから二十年ぶりに、妻の千代子(明治五年に弥千代が頼聰と復縁した後、千代子に改名)とともに高松に帰郷した。武営は頼聰夫妻の御伴をしながら東京から高松までの情景を、当時流行していた伊予節を替え歌にして次のように詠じている。

東京、浜松、京や大阪あとに見て、神戸、岡山汽車《おかじょうき》、変る海路《ふなじ》の向うを見渡せァ、玉藻の浦には旗を立て、あれはお迎え人の山、煙花どんどん打揚げて、おつきを、まつに寿《ことほ》ぐ君が齢は千代八千代、チョイと松枝舎《まつがえや》(『七十年』)

写真 2-5　甲冑姿の中野武営
(1914 年 10 月 27 日，香東川原において)

武営は讃岐一円で古くから歌われてきた盆踊り唄の「一合まいた」が好きで、東京の宴席で自ら踊ったり、盆踊りそのものが風紀に良くないとして禁止されるようなことがあると自宅の座敷で踊りを楽しんだりしていたという。また、讃岐名物の醬油豆を郷土自慢として、自家製の醬油豆を来訪者に勧めた(『讃岐人物風景』)。

暑中休暇の時には讃岐に戻り、晩年になると、二、三週間、出生地に近い浜ノ丁(現・浜ノ町)にあった妻の妹夫妻の家で過ごし、孫たちを海水浴に連れて行ったりした。朝から酒を飲んで故郷の野菜や料理を楽しみ、暑い夏の高松にわざわざ帰っても「久しぶりで親戚故旧に逢えば涼しいもんで」と答えていたという。

第二章

実業家と政治家の「二刀流」

新橋駅前の馬車鉄道(1897 年頃)

西南戦争の後、松方財政によってデフレーションと不況が続いたが、やがて鉄道や紡績業を中心に株式会社設立ブームが起こり、一八八〇年代後半から日本の産業化が本格的に進み始める。生糸や綿糸の輸出が伸び、製糸業や紡績業が発展するとともに、民営鉄道が官営鉄道の営業キロ数を上回るほど民営鉄道事業も成長していく。

こうした日本経済の勃興期に、武営は前島密を継いで関西鉄道社長に就任する。続いて倒産に瀕した東京馬車鉄道の再建を依頼され、短期間のうちに同社の経営再建を成功させたことから、力量のある実業家として評価されるようになる――。

1　鉄道実業家として奮闘

初めての鉄道経営

西南戦争後のインフレーションを収束させるため、松方蔵相が不換紙幣の整理を行い、財政を緊縮させたことにより、いわゆる「松方デフレ」となり不況が続いた。しかし、日本銀行が設立され銀本位制が確立し、輸出も拡大したことなどから景気が持ち直し始めた。一八八一年に日本鉄道(上野と青森間)、翌年に渋沢と藤田伝三郎が中心となって設立した大阪紡績会社が株式上場したことを契機に、日本郵船、東京瓦斯《ガス》、東京馬車鉄道、両毛鉄道、山陽鉄道、関西鉄道、九州鉄道、鐘淵紡績、東京紡績、日本麦酒醸造などが設立され、鉄道と紡績を中心に株式会社設立ブームが起こった。

こうした時期の八八年一二月、武営は、設立されて間もない頃の関西鉄道の社長に起用された。外務大臣に就任した大隈が、同社社長であった前島密を逓信次官として政府に戻したため、その後任を託されたのである。

関西鉄道は、日本鉄道、山陽鉄道、九州鉄道、北海道炭礦《たんこう》鉄道と合わせて「明治の五大私鉄」といわれ、現在のＪＲ東海の関西本線(名古屋―亀山―草津)を中心とした鉄道であった。

社長在任中の武営の大きな貢献は、津から山田、桑名から名古屋への路線延長のため実地調査願いを県庁に提出し、柘植《つげ》から上野(伊賀)を経て大和に入り大阪鉄道につなぐ路線についても調査をする方針を決定したことである。

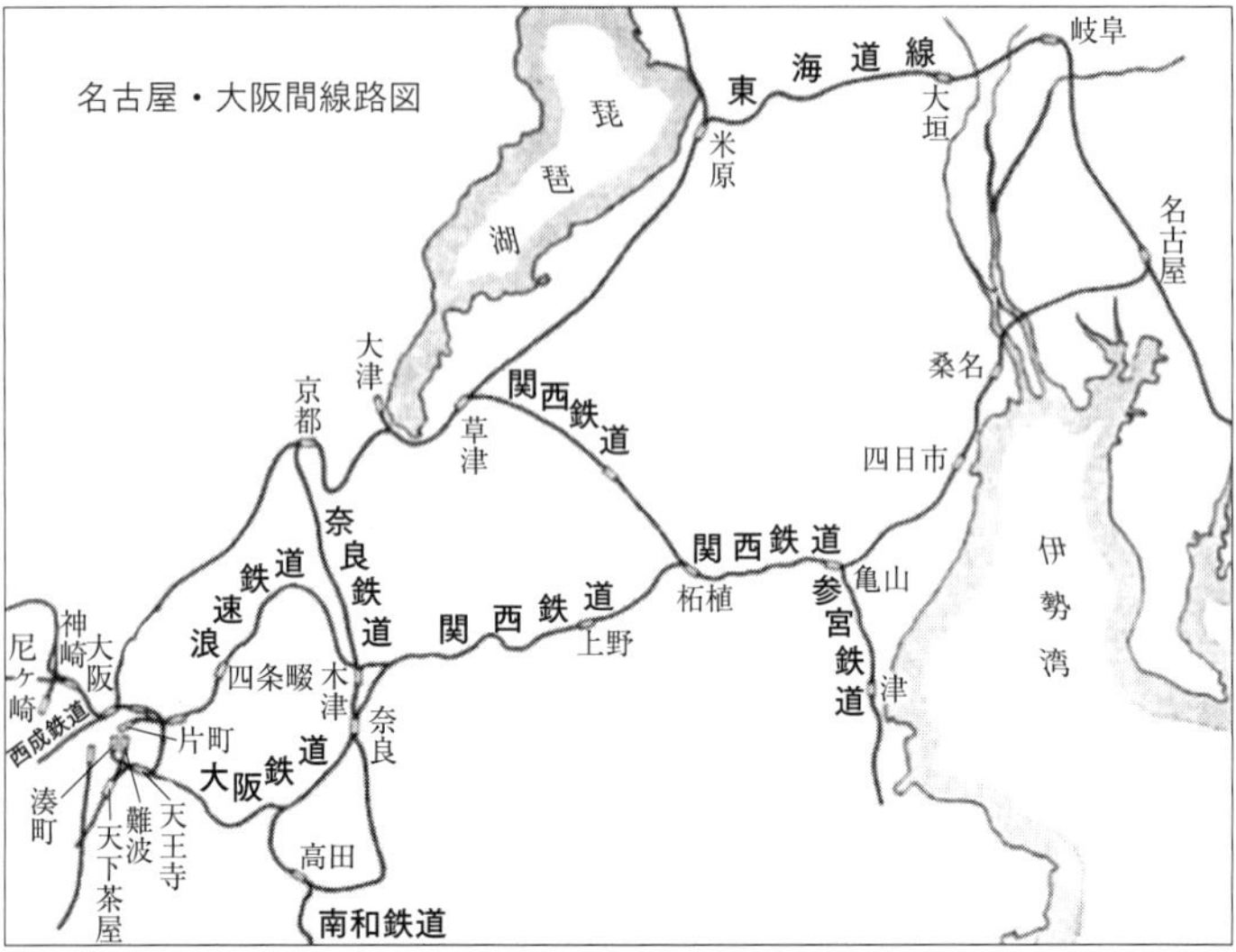

図 3-1　関西鉄道路線図

これはその後、関西鉄道が名古屋と大阪を直結し、愛知、三重、滋賀、奈良、大阪を連結して関西一円に大きく発展するための大きな決定となった（「関西鉄道会社建設期」）。このうち津から山田の路線は、後に別会社の参宮鉄道となり、伊勢神宮までの参詣客を運ぶ路線となる。

社長として三年在任したが、帝国議会が開催されると、同社の技術を統括していた白石直治《しらいしなおじ》に社長の座を譲った。その後、関西鉄道が武営の時に立てた方針に沿って浪速鉄道や大阪鉄道を買収し、名古屋から奈良を通って大阪を連結した頃、再び同社の取締役として復帰した。

関西鉄道が名古屋と大阪の区間を直結するようになると、官設鉄道の東海道線との間で鉄道史上有名な激しい乗客獲得競争を始めた。接続した私鉄と協同して運賃の割引をしたり、豪華な弁当を提供したり、行事に合わせて「うちわ」や「手ぬぐい」のお土産をつけたり、臨時列車を走らせたりするなど、民間企業の持ち味である柔軟性を発揮し、官設鉄道に果敢に挑戦したのである。

天下に名を知られるに至った登竜門

関西鉄道社長を辞した後、「はじめに」で紹介したように東京馬車鉄道取締役に就任し、破綻しかけた会社の再建と電化を実現した。これが実業家としての武営を決定付けるものになった。

この点について「人には誰れしも出世作というものがあるという点から考えると、中野翁の最も精神を打込んだ仕事で、その社会人として天下に名を知らるるに至った登竜門ともいうべきは、むしろ東京馬車鉄道会社であったのでしょう」(『七十年』)と評されている。

東京馬車鉄道は、薩摩藩出身の種田誠一と谷元道之《たにもとみちゆき》が欧米の各都市に馬車鉄道があることに着目し、同郷の五代友厚の援助を受けて一八八〇年に設立した会社である。新橋から日本橋の区間で開業した「日本初の私鉄」といわれ、銀座・日本橋・上野・浅草という東京市内の目抜き通りを循環し、錦絵に描かれたように文明開化を象徴した。

しかし、社長の種田と副社長の谷元が、会社の資本を流用して負債を負い、会社が破綻しかけたため、いわゆる甲州財閥の若尾逸平が会社の株を買い占めた上で、大隈に相談して経営陣を一新した。大隈は社長に牟田口を据えたが、誰かその補助役が必要ということになり、河野が武営に対して取締役への就任を懇請した。先輩の河野にじきじき言われた上、馬好きであったことから引き受けたという。

ところで、ここまで武営が関わってきた東株と関西鉄道、東京馬車鉄道という会社は業種もまちまちで相互に関係がなさそうに見える。しかし、実は各社とも種田や谷元に加え、日本橋の富豪の渡辺治右衛門が株主や経営者として関わっており、大隈の影響力も強い会社であった(「関西鉄道会社建設期」)。

こうして本格的に実業家として活躍し始めた武営であったが、初めから渋沢のように欧米の発達した資本主義に触れ、これを日本に導入したいというような志を持っていたわけではなく、ビジネスを発展させ富を殖やしていくこと自体に強い興味があったわけではなかった。

官吏や政治家という国家や公共のための仕事を原点として、人から頼まれたこと、意気に感じたことに、その都度、精一杯取り組むことによって活動の舞台を広げていく人生を歩んだ。

この点について大隈は、武営が「政治家としても大に成功すべき見込もあったが、後また実業界に転ずるようになった動機も、決して失意せるためでも、利殖を思うためでも無く、寧ろ知己の急を救うために止む無く方針を転じたように思われる」(「噫 中野武営君」)と語っている。

とはいえ、武営のように実力があり、自信の強い人間が、社長の牟田口の下で働くことは本意ではなかったようだ。この点について武営は、後に、役人時代から民間に入ってからも事務は専ら自分が担当しながら、いつでも上に役に立たぬ人間を頭に一人置く、と漏らしているからである(『財界名士失敗談』)。

しかし同時に、「働く人間を一番頭に置くのは危険千万だということが判ってきた、切れ味が鈍くならねば他人は安心しない」とも、また「近頃になって、私は、少し焼きが廻って、切れ味、冴えというものが大分鈍ぶったと思うていると、八方からいろいろの事を持込まれて、かえって困るようになった」(『七十年』)とも、自省を込めて振り返っている。

東京馬車鉄道生え抜きの安藤保太郎は、武営の働きぶりについて「帝国議会の初頭、一方の重鎮として、随分忙しかったにもかかわらず、降っても照っても、朝から昼、夕から夜、而して必ず揚馬車まで、線路内重要の地点に、(中略)悠然として倦まず、厭《あ》かず、立ちヅクメに、根気よく立ち通していたのです。而してまたその姿を、工場にも、厩にも、発車場にも、車庫にも現していた。当時私どもは眼には見えぬ時でも、到る所中野さんがいるような心地のしたものであります」(『鷹邨言行録』)と伝えている。衆議院議員が、会社の制服制帽姿で日夜現場を歩き回り仕事に打ち込む姿は異例であった。

千頭もある馬の面貌と名前をそれぞれ記憶し、街頭で馬車を引いている馬の姿を見て、あの馬は先刻から走り通して、疲勢しているからもう休ませてやるように、と注意したという話もある。

また、会社の細かいことによく気が付いたが、決して従業員を批判せず「人を信じてこれに仕事を委せる事のできる人であった」と評されていた。他方、「人に事を命ずる気合というものは、鷹匠が、鷹を放つが如く、鷹が手を放れる時の呼吸で、成否は判る。これを心配するようでは、獲物は捕れない」(『七十年』)とも語っていたという。

自ら発案したとされることには、社員の制服制帽を定めたこと、馬車の前後に「上野行き」「浅草行き」などの方向札を付け、色を変え、文字の読めない人にも遠くからでも確認できるようにしたこと、夜は馬に方向灯を付け、車両の目玉ガラスの色を変えたりして分かりやすくしたこと、優等の収入を得たものに賞を与えるなどにより職員の士気を高めたことがある。また、ひと月にわたり上野山で運転状況をじっくり観察した上で、上野と浅草の単線区間のすれ違いの待合せ時間を十分短縮したことなどが挙げられている。

ただし、成功したことばかりではなかった。

御者や車掌に高い賃金を支払えるように「赤馬車」を設けた。上等車両のことであったと思われる。ところが、速度が並馬車と変わらなかったので、乗客も収入も伸びず、皆これで働くことを嫌がるようになって失敗した。これは「中野武営の因果車」(『実業家奇聞録』)と皮肉られている。

熱心な再建努力により、経営を引き継いだ当初の株式配当は〇・八％であったが、三年後の九四年には一八%となり負債を完済した。さらに九五年下半期以降は三〇%以上の配当を行う会社へとV字回復した。

このように東京馬車鉄道の再建を実現し、政治家と実業家の二刀流として注目されるようになっていた様子は次のように語られている。

〔牟田口と中野が〕引受けてからの馬車鉄は、メキメキとその面目を一変し、三割以上の配当をするような、日本有数の会社になった、ところでこの大成功の主動力はといえば、中野の俊敏でかつ精悍に働らいた点にあるから、実業界は中野が実業家としての手腕に、非常の力量あることを認めた、彼れの実業界の評判が段々の高くなると同時に、実業界における彼れの地歩も益々固くなり、彼れは政党出身の実業家として、かつ実業界における唯一の政党員として、実業界に一異彩を放つとともに、彼れの実業方面は益々発展した。(「取引所界の両大関」)

重役は株主から大切なものを託されている

武営は鉄道という公益的な事業であっても「事業上最も大切な事は、(中略)重役の私意はいかぬ。会社の資本というものは、自分だけの金でないから、重役は、早く言えば、株主の傭人《やといにん》という関係も一面にはある。その株主を代表して働くようなものだから、重役は、とかく我儘《わがまま》になる弊を矯《た》めて、やはり小心翼々、人の大切なものを託されているという考を持たなくてはいかぬ。つまり、株主の利を第一とし、市民の利便を第二と見なくてはならぬ」(『七十年』)と述べていたという。

当時は、企業は株式を通じた資金調達が主流であり、株主による経営の監視も厳しく、株主の意向による経営者の更迭や会社の買収なども当たり前のように行われていた。

武営は会社には様々なステークホルダーがいるが、株主が損をして事業が成り立たなくなると事業は消滅し、市民の利便もなくなると考えていた。その上、経営者や従業員などが、株主を差し置いて会社を私物化するようなことがあってはならないと戒めたと思われる。

まず実地を示して東京に鞭打つべし

東京馬車鉄道は急速に経営を立て直していったが、路面に大量の馬糞が撒かれ、衛生、美観、臭気などにより市民から批判を受け、大量輸送にも限界が出てきた。既に欧米諸国では電気鉄道が都市内の交通として急速に普及しつつあった。そこで、東京馬車鉄道は、いち早く電気への動力変更を申請したが、政府や東京市には電気鉄道に関する知見も乏しく、長い間にわたり免許付与が棚上げにされてしまった。

そこで「まず実地を示して東京に鞭打つべし」（『鷹邨言行録』）と考え、小田原の国府津《こうづ》から箱根湯本までの小田原馬車鉄道株式会社を買収して電化を実現し、その実績を当局に示して東京市における免許取得を早めることをめざす。

箱根は江戸時代、参勤交代が通る街道として繁盛していたが、維新後に交通が途絶えてしまったため、観光による集客を目的として小田原馬車鉄道株式会社が設立された。同社は電気鉄道に関心を持ち須雲川の水力発電を用い、これを電化することを検討していたが、地元だけでは必要資金を集めることができず計画が頓挫していた。

同社の話を聞いた武営は、京浜や甲州の投資家からも出資を募り、小田原馬車鉄道を買収した。そして、小田原電気鉄道株式会社（現・小田急箱根）と社名変更し、自ら同社の社長となって電化を図り、一九〇〇年に箱根湯本から小田原、酒匂《さかわ》を経て国府津にいたる一二・九キロメートルの区間の電車鉄道を開通させた。

電車鉄道経営の第一線から手を引く

東京市での電車事業をめざしたのは、東京馬車鉄道だけではなかった。

東京馬車鉄道の成功や電車鉄道の技術的実現性を見て、多数の免許申請が出たが、最終的に東京馬車鉄道、雨宮敬次郎(以下、雨宮)が率いる東京市街鉄道、川崎電気鉄道の三社に集約された。

雨宮は大隈から「天下の雨敬」といわれ、軽井沢の開発や甲武鉄道(御茶ノ水—八王子)をはじめとする鉄道事業などを幅広く手がける、甲州財閥の一人であった。自由党の領袖であった星亨の後押しを受け、自由党系の息がかかった出願者をとりまとめた。

小田原電気鉄道が開通してから三か月後、目論んだとおり、その実績が認められ、東京馬車鉄道は、念願の動力変更の認可を得て東京電車鉄道株式会社と改名した。

同時に、東京市街鉄道と川崎電気鉄道にも敷設特許が与えられた。

この時から市電三社の競争が始まり、一九〇三年八月、東京電車鉄道が初めて品川と新橋間の営業運転を開始した。翌年に浅草と上野間も開通して馬車鉄道は姿を消した。

その後、武営が東株理事長や東商会頭に就任し多忙になると、経営の第一線から手を引いていった。社員の安藤保太郎に対して、〈自分も万世橋のたもとに立って馬車を監視したこともあった、これからはどうか俺に代わって君ら両人で牟田口社長を助けてやってくれ〉と、後を託したという。

市電は開通したものの、東京市街鉄道の雨宮が、初乗り三銭一律という低廉料金政策を発表し、市民から強い支持を得たことで、他社も追随せざるを得なくなった。このため各社とも経営が厳しくなり一斉に運賃を引き上げようとしたが、市民から激しい反発を受けて断念した（第四章3）。

そこで東京電車鉄道と東京市街鉄道、東京電気鉄道（川崎電気鉄道の後身）の三社が合併し、東京鉄道株式会社を新設し、牟田口が社長に、各社から武営や井上敬次郎、利光鶴松などが取締役に就任した。しかし、その後も苦しい経営状況は変わらず、一九一一年に東京市が東京鉄道を買収し東京市電気局に姿を変えた。

競争ほど世に恐ろしきものはなし、また競争ほど世に善きものはなし

東京馬車鉄道で鉄道実業家として評判を高めた武営は、全国的な鉄道ブームに乗って各地の鉄道事業に関わっていった。

その一つが、東京と横浜をつなぐ京浜電気鉄道（現・京浜急行）の設立である。

一八九三年、武営は汐留町で東京馬車鉄道と連結させ、東京と横浜を結ぶ電車鉄道の免許を出願したが、同時に雨宮や若尾幾造も同区間での電車鉄道の免許を出願した。

ところが、政府の鉄道会議はこれらの出願を含め、既設の鉄道と競合が生じる可能性のある鉄道の出願をすべて否決した。そこで武営は「競争ほど世に恐ろしきものはなし、また競争ほど世に善きものはなし」と述べ、交通需要が多い大都市間では、鉄道が並走してお互いに競争することが望ましいと主張した(15)。東京から横浜以西もつなぐ官設鉄道だけで、東京と横浜の間の大きな交通需要を満たせるわけがないからである。名古屋と大阪間で官設鉄道と競合する関西鉄道も同じことであった。

政府が東京と横浜間の路線の免許下付を留保している間に、立川勇次郎を代表とし、川崎と大師河原

をつなぐ大師電気鉄道株式会社に免許が与えられた。そこで、武営と雨宮は同社を増資し京浜電気鉄道株式会社と改名し、立川が代表となり、武営と雨宮が相談役に就任した。

一八九九年、同社は東京と横浜間の免許を取得し、六郷橋から川崎大師の区間で営業運転を開始し、一九〇五年に品川と神奈川を結ぶ私鉄が開通した。

これは関東で初めて営業された電気鉄道であり、全国では、京都電気鉄道（一八九五年）、名古屋電気鉄道（一八九八年）に続いて三番目となった。これに続くのが前述の小田原電気鉄道（一九〇〇年）である。

既に見たように鉄道事業者として武営は、関西鉄道、東京馬車鉄道（後身の東京電車鉄道と東京鉄道）、小田原電気鉄道、京浜電気鉄道、讃岐鉄道の経営に関わったほか、函館水力電気（現・函館市企業局交通部）の取締役、田園都市株式会社（現・東急株式会社）の社長に就任している。

さらに石巻鉄道、鎌倉電車鉄道（現・江ノ島電鉄）、駿甲鉄道などの発起人となり、富士身延鉄道（現・JR身延線）、小倉鉄道、博多港湾鉄道（現・西日本鉄道）、東上鉄道（現・東武東上線）、城東電気軌道（現・東京都交通局）に出資し、東京軽便地下鉄道（現・東京地下鉄）の設立にも助言をしている。

国内だけではなく、朝鮮半島や中国の鉄道の設立にも関わった。

渋沢や竹内綱（吉田茂首相の父）が熱心に推進した京仁鉄道（鷺梁津—済物浦）、京釜鉄道（京城—釜山）の発起人にも加わり、牟田口が設立した釜山近郊の朝鮮軽便鉄道の取締役にも就任した。一八九九年に朝鮮半島で初めての鉄道である京仁鉄道が、一九〇五年には半島の南北を連結する京釜鉄道が開通している。

ところで武営は、鉄道の広軌化論者であった。

日本で初めての新橋—横浜間の鉄道は、英国公使パークスの勧告により、レールの幅を狭軌（一・〇六七メートル）とし、政府はこれを全国の鉄道に適用していった。関西鉄道も狭軌を採用していたが、トンネルの断面は、現在の新幹線の軌間である広軌である標準軌(一・四三五メートル)に対応できるように設計されていた。輸送効率の観点から、武営は早くから標準軌の採用を主張し、設立に関わった小田原電気鉄道、京浜電気鉄道、京仁鉄道や京釜鉄道は標準軌である。また、現在の東京都電や函館市電は馬車鉄軌道(一・三七二メートル)であり、その痕跡が今に残っている。

なお、高松琴平電気鉄道(高松電気軌道株式会社の後身)も標準軌を採用しており、今日でも京浜急行から車両の融通を受けることがある。両社に共通するのは武営の影である。

2　実業界の第一流の立役者へ

「二刀流」発揮の場

武営が、実業家と衆議院議員の二刀流の本領を発揮した場が商議所であった。

そもそも商議所は一八七八年に、初代会頭を渋沢として東京商法会議所が設立されたのが始まりである。続いて、大阪商法会議所(初代会頭五代友厚)など、各地で商法会議所が設立されていった。実業界の意見を公的に代表する機関がないために、条約改正交渉において関税をめぐる交渉が不利になったことから、政府が主導して設立されたのである。

その後、九〇年、陸奥宗光が農商務大臣の時、商業会議所条例が制定され、市町村を単位として、法律によって法人格を与えられた商議所の設立を認め、一定額以上の所得税(後に営業税)を納税した事業者に商議所議員の選挙権が与えられた。

同条例に基づき九一年、渋沢を会頭とする東商が設立された。武営は設立と同時に常議員に就任し、商議所活動に加わった。

こうして各地に商議所が設立されて活動を始めると、できるだけ多くの商議所が意見をまとめて発表した方が大きな力となるとして、欧米を視察した京都商議所の浜岡光哲会頭が主導して、九二年に仙台、金沢、岐阜、名古屋、大津、京都、大阪、堺、神戸、広島、高知、下関、博多、熊本、東京の十五か所の商議所が京都に集まり、初めての商議所連合会を開催した。

写真 3-1　渋沢栄一

当初、東商は商議所連合会に加盟することには消極的であり、関心のあるテーマの議論だけに参加するという立場をとった。しかし東商を代表して第二回商議所連合会に参加した武営は、東商も正式に加盟すべきであると強く主張し、翌年の第三回から正式に連合会に参加することになった。

初期の商議所の活動の成果として注目されることは、大日本綿糸紡績同業連合会からの要請を受け、綿糸輸出税と棉花輸入税の撤廃に貢献したことである。

同連合会から協力要請を受けた東商は、綿糸輸出税全廃を政府に建議するとともに、大阪や堺の商議所からの提案を受け、商議所連合会としてもこれを建議し、九四年にこれを実現させた。

しかし、棉花輸入税の免除については農家や地主からの抵抗が大きかった。そこで武営は九三年に「棉花輸入税廃止論」を発表し、諸工業の中で最も有望な紡績業を発展させるためには、廉価な原料の輸入が不可欠であると論じ[16]、自由党の栗原亮一とともに衆議院に輸入棉花関税免除法案を提出し、その成立をめざした。同法案は審議未了となったが、日清戦争後の九六年に輸入税が免除された。

これにより、海外から安価な棉花を輸入し、機械紡績により綿糸として輸出する加工貿易が促進され、日本の紡績産業が飛躍的に発展した。

また、渋沢は開国以来外国商社に握られていた海外貿易の主導権を取り戻すことに力を入れ、海員の養成、造船の保護、航海業の奨励を求める「海運振張ニ付意見書」を政府に建議し、これを受けて伊藤博文内閣は、航海奨励法案と造船奨励法案を議会に提出した。

武営は東商では海運振興方法調査委員長としてこの建議をとりまとめるとともに、衆議院の委員会においては、両法案の成立に力を注いだ。これらの法案によって政府から海運業や造船業に奨励金が拠出されるようになり、日本の海運業と貿易の発展の基礎が築かれた。

さらに銀行業界で関心が高かった、国立銀行を普通銀行に転換させるための営業満期国立銀行処分法案については、東商の担当委員長として意見をとりまとめる一方、衆議院議員としては大蔵省を相手に国立銀行が転換した普通銀行に対し日銀が不当な影響を与えないように釘を刺した(17)。

武営の経済思想

ところで、武営はどのような経済思想を持っていたといえるだろうか。

経済思想としてまとまった考えを発表しているわけではないが、様々な問題に対する発言を踏まえると、自由競争を重視し、小さな政府のもとで民間経済を中心に経済発展を図るべきとのアダム・スミス以来の英国の古典的自由経済主義を自分のものとしていたと思われる。

基本的に自由競争、自由貿易を信奉し、政府の干渉や官業が不効率であると考え、企業や銀行が独占的力を行使して市場を歪めることを警戒した。

財政規律を重視し、日本銀行は国家経済全体の機関として政府から独立性を保ち、政府への融資に偏らず民間にも積極的に資金を融通すべきと考えていた。

所得分配については、中流社会が健全な国家は必ず平和で栄えるとの信念から、工場労働者などの生産階級の育成を重視し、低所得者の負担が大きくなるような逆進的税制には一貫して反対した。

このような考え方は、自らの実業家としての経験や、株式市場を相手に仕事をする中で経験的に会得したものであろう。しかしそれだけではなく、福沢諭吉とともに明治前期の三大経済学者に数えられ、日本に英国の自由主義経済思想を持ち込んだ田口卯吉と天野為之の二人からの影響も強かったと思われる。

天野は改進党時代からの知己であり、J・S・ミルの思想に通じ早稲田大学で教鞭を執りながら東洋経済新報社の経営にも携わっていた。また、『東京経済雑誌』を創刊した田口卯吉とは政治の場などを通じて交流があった。個々の時論について二人と意見が一致していたわけではないが、それぞれが関係した経済雑誌に武営の論説が多く掲載されていた。

「泣く子と地頭には勝てない」時代ではない

前述のとおり日清戦争後、政府は「臥薪嘗胆」のスローガンの下、軍備の拡張、官営製鋼所創設、鉄道・通信施設の拡張を重点に掲げ、軍事予算を中心に歳出を拡大させていった。

山県は日清戦争に勝利したことから、「東洋の盟主とならんと欲せば、必らずや、又利益線の開張を計らざる可からざるなり」(『公爵山県有朋』)と述べ、「主権線」という国境線だけの防衛ではなく、次は、その防衛に密接に関係して大陸に広がる「利益線」を拡張する必要があると主張した。

この方針に従い、政府は軍事費を中心に次々と歳出を増加させ、日清戦争前の一般歳出の規模は八千

万円台であったのが、一八九六年度にはその約二倍の一億七千万円、一九〇二年度には約三・五倍の二億九千万円台へと膨張した

その財源として政府は、営業税の国税編入、登録税と葉煙草専売制の創設、酒造税などの増税を図り、いずれの増税法案も、自由党と国民協会の賛成によりほぼ政府原案どおりに可決された。中でも大きな問題となったのは、それまで地方税であった営業税を国税としたことであった。

武営は営業税が施行される前年の一八九六年、東商の営業税調査委員会委員長に選任され、臨時商議所連合会で営業税に対する意見の集約を図った。そして、会社に対する営業税は利益を標準として課税すべきなどの意見をまとめ、渋沢会長とともに松方大蔵大臣と榎本武揚農商務大臣に建議した。ところが、この建議は受け容れられず、予定どおり九七年から営業税法が施行された。

懸念されたとおり、新税が施行されると税額評価などをめぐり、事業者と税吏の間で紛擾が多発し、不満が爆発した。そこで東商は再び武営を委員長として営業税の施行状況を検証し、「営業税を全廃すべき」との意見をまとめ、これを臨時商議所連合会に諮った。

営業税全廃という極端な意見に対する反発もあり、賛否が分かれて議論が伯仲したが、営業税は業種ごとに異なる課税標準を持つ複雑な税制であり、簡単に代替案を提言できるものではなかった。

全廃論に立った武営は、〈泣く子と地頭には勝てないという時代ならばともかく、今日平等自由の昭代において悪いと知りながら何故これを全廃するということを言えないのか。官民が不慣れであるのは確かだが、取扱い官吏の手心いかんによって伸縮自在な法令は、国民の権利財産に関する税法として最も悪法であると断言する〉と主張した。ただし、国家のために納税の務めがある以上、単に廃止を訴えるのではなく、他に適切な税源ができた段階で廃止してもよいとも述べている。

表 3-1　営業税の業種別の負担（1913 年度）

業種	納税額(千円)	比率(%)
物品販売業	11,305	40.6
製造業	5,653	20.3
銀行業	3,961	14.2
金銭貸付業	2,386	8.6
運送業	964	3.5
問屋業	758	2.7
請負業	713	2.6
料理店業	554	2.0
旅人宿業	280	1.0
仲立業	275	1.0
倉庫業	162	0.6
周旋業	142	0.5
鉄道業	129	0.5
印刷業	100	0.4
他 11 業種計	441	1.6
合計	27,823	100

横浜正金銀行副頭取で横浜商議所副会頭としてこの商議所連合会に参加していた高橋是清も、営業税は税法として不適切であると指摘し、武営の意見に賛成した。

連合会で白熱した議論が行われたが、最終的に「営業税廃止ノ意見」が決議され、会長渋沢とともに首相兼大蔵大臣の松方と農商務大臣山田信道に建議した。

しかし、税収確保を急ぐ政府が聞く耳を持つはずがなかった。*

＊営業税について

営業税問題はやや複雑なので、ここで説明したい。

一八九七年に施行された営業税は、農村地主が地租を負担すると同様に商工業者も負担すべき税と考えられ、ほぼ全業種に課税された（表３－１参照）。

営業税は業種ごとに課税方法が異なり、例えば物品販売業（卸売・小売）の場合は、売上高、建物賃貸価格、従業者数という複数の課税標準にそれぞれ一定率を乗じて得られた額の合算額が税額となった。ただし、課税最低限があり、零細事業者は免税されていた。

問題となったことは、帳簿の確認や建物賃貸価格の評価などに税吏の手心が入りやすかったこと、そして、利益があってもなくても課税される外形標準課税であったことである。

中でも、物品販売業だけは売上高に応じて課税されたため、特に誅求感が強かった(製造業や銀行業などは売上高に課税されず、資本金額に課税された)。売上高は景気によって左右されやすく、売上高が上がっても必ずしも収益が上がるとは限らなかったからである。

これは小さな小売業者だけではなく、伊藤忠や東洋棉花などの大手商社(卸売)も同様であった。このため物品販売業者が会員の多数を占めていた商議所や実業組合などの団体では組織全体として大きな問題となり、約三十年にわたり廃減税運動が続く。

武営は、商工業者が得た所得から社会のために納税していくことは当然であるとしても、営業を始める前提に課税されるような営業税は悪税であり、営業の結果得られた所得に課税される所得税が最も理義にかなっていると主張していた(18)。

実際、一九二五年に営業税が廃止され、武営が主張したように収益(所得)に応じて課税される営業収益税に変わったことにより、長年にわたり続いた問題が収束した(『制度変革の政治経済過程』)。

お上と素町人

明治維新後、政府と実業界は殖産興業という共通の目標の実現に向けて利害が大きく対立することは少なかった。しかし、産業化が進み実業界が台頭してくると、軍事費を急増させ、財源確保のために次々に増税を実施したことが、政府と実業界の対立を顕在化していった。

維新となったものの、政府には「商人は私利を図るだけである」「農民や町人は文句を言わずにお上に軍資金を納めるのが当り前だ」、実業界にも「お上に逆らわないようにして儲けていけばよい」といったような「お上と素町人」という官尊民卑の意識が残っていた。

しかも立憲政治となったとはいえ、衆議院議員の有権者は、ほとんどが地租を納める農村地主であり、帝国議会において実業家の意見を代表する者は少なかった。

一八九七年七月、武営は渋沢の研究会である竜門社に招かれた。そこで、〈政党は人権や政権問題は得意だが、経済や実業の問題は不得手である。実業家は、実業上の問題について十分研究し正当な道理を見出し、世論の力によって国家に行わせることが必要である。実業社会のためになることは実業者が自ら進んでとるより他にない。当初は政党を弾圧していた政府も世論の声を無視することができなくなり、やがて政党の存在を認めるようになってきた。立憲政体では団結した力が重視されるので実業家が力を合わせていく必要がある〉と訴えた(19)。

元老や政府と関わりが深い渋沢が、この時点で武営を竜門社に招いたのは、営業税への対応などを通じ武営の主張に共感することが多くなってきたからだろう。

九七年三月、武営は東商副会頭に就任し、一九〇〇年五月に渋沢が男爵を授爵した時には、東商を代表して祝辞を述べている。この頃、「東京商業会議所の意見の発表は殆んど中野の頭から割出《わりだ》されてくると褒めても無理はない」(「中野武営の着実」)と言われるようになっていた。

恐れるのは武断政治

日清戦争後、賠償金が流入したことなどにより景気が拡大したが、金融が逼迫し貿易収支も悪化したため日銀が金融引き締めに入ると株価が暴落した。さらに度重なる増税による国民負担の増加と財政赤字の拡大により市中への資金融通が難しくなり不況が長引いた。

こうした経済状況から、武営は日清戦争後、政府が国力を超えるような財政支出を急増させて赤字を拡大させ、無駄な支出が増えていることを批判した*。

特に、各省が競って所管事業を拡大し、様々な名目で使いこなせないような膨大な予算を獲得し、当初予算さえ計画どおり執行できず不用額を出し、予算の繰越しが続くような歳出の状況に目を覆った。そして、これを鵙《もず》という鳥が、満腹なのにもかかわらず餌を見つけると貪り、食べきれない餌を枝に吊り下げて飛び去る様子に喩え「鵙主義の財政」と批判し、無駄な財政支出を抑えるように訴えた(20)。

同様の危機感を共有し、一八九八年一月、渋沢は武営や佐久間貞一、益田克徳などと「財政整理意見書」を取りまとめ、国力に伴う歳出とすべきであること、過度の陸軍の拡張を抑制し軍事費を削減すべきこと、鉄道や電信電話などの国力の発達のための予算を拡充すべきことなどを政府に建議した。

さらに武営は、〈我が国は四面環海の地勢上、貿易、殖民の発達上一定の海軍の維持を行うことは不可欠である。一方で海軍が必要であれば他方で陸軍を縮小しなければならない。恐れるのは武断政治である。両方が相競ってこれを拡張すれば、ただでさえ過重な軍備費がさらに過重になる。自分は民声を大きくして世論としてこれを訴え政府に反省を求める〉と警告を発した(21)。

厳しい意見であったが、これは決して徒手空拳の主張ではなかった。九七年の第十回議会に貴族院懇話会の谷干城《たにたてき》らが、軍備よりも民業の発達を図るべきとする軍備緊縮上奏案を議会に提出していた。これは否決されたが、年末に田口卯吉が中心となって近衛篤麿や曽我祐準、谷干城らの貴族院議員や、進歩党や自由党の衆議院議員などが超党派の「財政整理期成同盟会」を設立し、武営もこれに参加していた。ここで曽我祐準は大陸進出のために陸軍に過大な経費を投じるよりも、海軍を充実させ財政の緊縮を図るべきと主張している(『香川』97・12・22)。

さらに九九年、海軍大臣山本権兵衛は国防政策を陸主海従から海主陸

写真 3-2　中野武営(50歳頃)

従の方向に大きく転換させるため海軍法案を提出しようと試みていた。法案の提出は断念されたが、山本は日露戦争直前にさえ「韓国の如きは失うも可なり。帝国は固有の領土を防衛すれば足る」(『明治軍事史』)と主張していたように、この時代には大陸に進出すべきとの考え方は、決して当然のことではなかった。

*マクロ経済の観点から明治・大正時代と現在の相違

武営は政府に対して一貫して財政支出削減を求めていたが、その理由を正しく理解するためには、この時代と現代の経済構造の違いを理解しておくことが必要である。

現代の日本では不況になると財政支出を拡大し景気を刺激することが常識になっているが、それは基本的に投資や消費が少なく貯蓄が過剰であるため、赤字国債を発行して財政支出を拡大することによって不足する国内需要を補えばよいとのケインズ経済学に基づいた考え方に裏付けられている。

しかし、武営の時代の経済は現代とは逆であった。国内の貯蓄率が低かったため政府が赤字国債を発行すれば資金が市中から財政に吸い上げられ、金利が上がり民間資金が逼迫した。これが景気回復の足を引っ張り株価にも悪影響を及ぼした。さらに、経常収支の赤字が続けば金が海外に流出し、固定レートによる金本位制が維持できなくなる恐れがあった。そのため景気を回復させ金本位制を維持するためには、財政赤字を削減することや外国から資金を入れることが重要であった。

経済界で第一流の立役者の一人

日清戦争を通して第二次伊藤博文内閣が続いたが、一八九六年に第二次松方内閣が組閣され、大隈が外相として入閣し、改進党の後身の進歩党と提携した。しかし、地租増徴問題を機に両者が決裂し、後継の第三次伊藤内閣が地租増徴法案を提出したところ、これを自由党と進歩党が一致して否決したため、伊藤が衆議院を解散した。

度重なる解散に対応するため、九八年六月、両党は合同し憲政党を発足させ、大隈を首相、板垣退助を内相とする第一次大隈内閣(隈板内閣)が成立した。わずか四か月余りしか維持できなかったが、日本で初めての政党内閣の誕生となった。

大隈内閣は経済問題を審議するため、第三回農商工高等会議を開催した。数多くの有力実業家や政府要人、政治家が参加したこの会議で、東商副会頭であった武営は、病欠した渋沢に代わり仮議長に選出され議事を進行し、渋沢に次ぐ立場にあることが印象付けられた。

その様子について高橋是清は、「当時の経済界を見るに、第一流の立役者は渋沢栄一氏で、中野武営君なども主なる一人であった」(『高橋是清自伝』)と回顧している。

また、大隈首相は日銀の岩崎弥之助総裁の後任候補として武営を挙げた。大隈の関係者の中で、武営は財政や金融に通じ適役であると評価されていたからであろう。しかし、武営は政党色が強いということで内部登用により山本達雄が総裁に任命された。

日本興業銀行を設立

前述のように財政が膨張し、民間資金の融通が厳しくなり景気が沈滞したことから、実業界では外資導入を進め、金融を緩和させるべきとの声が高まった。雨宮敬次郎ら自由党系の実業家は、外資導入により鉄道国有化を図ることを提唱し、東商で建議を行った。

もう一つの考え方は、外債発行によって外国資金の導入を行う銀行を設立し、資金供給を増やすことであった。これに、有価証券を担保にして長期の融資を行う銀行の設立を求める株界の構想が合流し、国策銀行の日本興業銀行が設立されるのである。

この議論が起こった頃、武営は次節のとおり東株理事長に就任しており、株界や実業界の意見を汲みつつ、衆議院では日本興業銀行を設立するための日本動産銀行法案を審議する特別委員会の委員長に就任し、その実現に力を注ぐ。

日本興業銀行設立に特に力を注いだ理由は、この時期になると、民間銀行や日銀の産業界への金融支配力が強まり始めていたため、新たに産業金融を担う銀行を参入させることにより、銀行間の競争を促す必要があると考えたからだと思われる。

これは「藩閥衰へて商閥起らんとす」という論文の中で、三井や三菱らの富豪が金融面で跋扈《ばっこ》する場合にはこれらに対抗できる金力を集合してこれに当たり、日本銀行のように制度上から力を出してくるものには別に銀行を設立して勢力をそぐ必要がある、と論じていることに示されている。(22)

実際、民間銀行や日銀は、競争関係となる新たな国策銀行の設立を警戒した。このため法案の提出そのものが紆余曲折し、新銀行の設立委員会における定款の審議においても日銀副総裁の高橋是清や安田銀行の安田善次郎が、新銀行の目的を「工業のための長期融資」に制限するように要求した。

これに対し、武営はそのような狭い目的規定を置くことに断固として反対し、第一銀行頭取であったが、渋沢も武営の主張を支持し、「工業のため」という目的規定は置かないことになった。こうして日本興業銀行が無事に開業した。

3　東京株式取引所理事長として

誇りとするところは限月制度

鉄道事業に加え、実業家としてもう一つの活躍の中心舞台となったのが東株であった。

ここで時を遡り、武営が一八八一年に下野した後、法律事務所の修進社で活動していた頃に戻る。

明治となり、国債や株式が発行され始めると、政府は株式取引所条例を制定し、証券の取引を認めるようになった。幕末に徳川昭武の随行員としてパリを訪れ、証券取引所を見た渋沢は取引所制度の必要性を認識し、その設立を政府に働きかけ、これを実現させたのである。そして七八年、渋沢が発起人となって東株が、五代友厚が発起人となって大阪株式取引所が設立された。

しかし、渋沢は、投機やそれに類似するものには手を染めない主義であったので、設立後、株主になることを避けたと述べている（『青淵回顧録』）。

東株の初代頭取には小松彰が就任し、好調な成績を収めていた。これに目をつけた日本橋の豪商・渡辺治右衛門が東株の株式を買い占め、頭取の小松に増配を要求した。しかし小松がこれを承諾しなかったため、渡辺が修進社に相談し、八七年一月、経営陣を一新し、小松の代わりに河野が頭取に、肝煎であった田口卯吉の代わりに武営が就任した。

ところで、江戸時代に堂島の米市場で発達した帳合米取引こそが、世界の先物取引の発祥と言われている。投機を活用しながら契約によって将来の取引価格を確定しリスクヘッジを行うことができる先物取引は、現在では世界の商品、株式、債券、為替などの市場において一般的な手段となっているが、当時の欧米にはこのような金融手法は発達していなかった。

明治になって設立された日本の株式取引所も、江戸時代の堂島からの伝統を引き継ぎ、三か月を限月(期限)とする先物の定期取引を中心としていた。また、取引所も株式会社形態で事業を運営していた。

これを見た外国人が「日本の誇りとするところは、皇室と富士山と、他に唯だ一ツの発明たる限月制度がある」(『七十年』)と言っていたという。

ところが、政府は現物の商品の授受がないまま差金決済という方法を用いて、わずかな資金で巨額の資金を動かすことができた限月取引は、勤倹貯蓄をして堅実な商売を行う精神を損なう「白昼公開の賭博場」とみなす傾向が強かった。渋沢も、欧米のような会員制による公共的経済機関とする方が望ましいと考えていた。そして、渋沢や井上馨らの支持を得た上で、ベルリン取引所をモデルとして、非営利の会員制とし、限月取引ではなく現物売買取引を中心とする新たな取引所を設立すべく、取引所条例(通称「ブールス条例」)の検討を始めた。

これに対し、東株頭取であった河野は、担当の山県農商務大臣に、取引の実態を踏まえ慎重に検討するように要請した[23]。先物取引のリスクヘッジ機能などを評価していた福沢諭吉も同条例に反対したが、政府はこれを聞き容れず、予定どおり八七年五月に「ブールス条例」を制定した。

政府が会員制のブールスにこだわった背景には、東株は大隈一派のものであるから、これを奪還しなければならないとの政治的意図があったとも伝えられる(『現代富豪論』)。

新たな条例が制定されたことから渋沢は、安田善次郎、大倉喜八郎らと会員制の新たな取引所の設立に動き出した。一方、既存の東株は、営業期間終了後いったん解散し、非営利の会員制の取引所の設立を新たに申請する必要があった。そこで政府が調整し、両者を一本化して新取引所設立の創立願を提出することになった。

ここで武営は東株での立場からこの新たな取引所の創立委員及び起草委員として調整に関わり、初めて渋沢と出会う。

ところが、条例の施行細則や規約標準の検討に入ると、政府が限月取引を実質的に禁止する方針であることが明らかになっていった。これに気づいた全国の取引所は、条例の施行に対して猛烈な反対運動を始め、担当の農商務大臣谷干城や農商務次官吉田清成が辞任に追い込まれる始末になった。

後任の農商務大臣に薩摩出身の黒田清隆が着任したことから、東株は黒田と竹馬の友といわれた薩摩出身の谷元道之を顧問として迎えた（前述のとおり谷元は関西鉄道や東京馬車鉄道の設立や経営にも関わっていた）。そして河野や谷元と武営が営業期間の延期を求め、農商務省や、政府に復帰しつつあった大隈に働きかけた結果、農商務省は東株など既存の取引所の営業延期を認める一方、新条例に基づく会員制取引所の設立を凍結した。このため渋沢らは新取引所の設立を断念するに至った。

東株の基礎を築き上げる

東株では河野頭取の後任に谷元が就任したが、わずかな期間で辞した後、武営が副頭取（頭取不在）に就任した。しかし、前述のとおり鉄道買収法案に反対して強い非難を浴びて自ら職を辞したため、土佐出身で自由党系の大江卓が頭取に、その後任の理事長に帝国憲法の起草者の一人であり、農商務大臣などを歴任していた金子堅太郎が就任していた。

しかし、その後も武営は、衆議院議員として取引所の基本法典となった取引所法案の審議を主導したり、北海道炭礦汽船株の買占め問題の仲裁に入ったりするなど、東株との関係を保っていたことから、

写真3-3　東京株式取引所本館正面

金子の後任人事が起こると「中野でなければ」(『兜町』)とのことになった。

先に見たように、武営が私鉄買収法案に反対したことに絶交状を送りつけてきた今村清之助もこの時は逆に武営の硬直を評価し、その人事に賛同した。

こうして一九〇〇年、武営は東株理事長に就任した。五十二歳となっていた。東株は買占め事件騒動や取引所の乗っ取りが起こったことなどから、創立以来経営者が頻繁に交代したが、武営は多くの波乱を乗り越えながらも一一年までの十二年間在職し、東株の発展に尽くした。

「小松の創業」「大江の拡張」に加え「何と云っても東株の基礎を築き上げたのは(中略)中野武営でなければならぬ」(「株界の恩人」)と言われ、それまでの理事長に比べ在任期間が格段に長かった。

武営が最も長命となった理由は、東株の大株主である渡辺治右衛門に信頼されたこと、伊藤幹一という理事を信頼して実務を任せたこと、自分で実行するというよりも所員の話をよく聞き所員自身から知恵を出させるような仕事ぶりをしたからと言われる。

そして何より清廉潔白を貫いた。

当時の取引所の経営者には自ら相場に手を出す者も多かったが、自らは決してそのようなことはせず、監督官庁の役人に進物をすることもなかった。ただし、役人が退職すると必ずその許に行って、在職中の労に謝することを怠らなかったという。後の理事長に対しても、仕事での交際は一般的に行うべきで私的に親密な関係を作るべきではない、いくら用心しても、妙な情実ができて仕事がやりにくくなるので一個人としての会食は避けるべき、と諭している(『七十年』)。

しかし、取引所の経営は決して易しいものではなかった。

かつて河野が東株頭取の時、違約問題により取引所に大損害が出たことに衝撃を受け卒倒したとの話もある。武営が在任中も、二株しか持たない株主が、決算報告書に誤記があったとして役員全員に対して損害賠償の訴訟を起こしたり、総会屋が株主総会に入り議事を混乱させたことから満場総立ちとなって乱闘が始まり、警察が入って鎮静したりしたこともあった(『時事』02・01・15)。

また、武営をゆするため、土佐出身の壮士であった宮地茂平が大声で怒鳴りながら取引所を訪ねてきたことがあった。武営は宮地を理事長室に通させたところ立ち向かってきたため、壁を背にして武道の身構えをして大喝すると、何やら言って去っていったこともあったという(『七十年』)。

晴天の霹靂の「取引所打壊令」

理事長在任中の最大の事件は、限月復旧問題であった。

一九〇二年六月、政府が突然、定期取引の限月(取引の期限)を三か月から二か月に短縮することなどを定める「勅令第百五十八号」を発した。これは株式取引所にとって晴天の霹靂《へきれき》であり「取引所打壊令」と呼ばれた。取引所の意見を十分に聞かずに、取引の中心となる限月取引の決済期間を短縮し、ほとんど猶予期間もなく施行したため、取引所業界がパニックに陥ったからである。

問題の始まりは、日清戦争後、株式市場で投機的な取引が拡大したことにあった。担当の農商務省商工局長木内重四郎は、限月を短縮することによって、投機という悪弊を抑制できると考え、欧米の調査を行うなど周到な準備をした上で、不退転の決意を持ってその実現に臨んだ。

この動きを警戒した武営は、予め東株書記長江口駒之助を欧米に派遣し、期限の長短が投機の多寡とは関係がないことなどを立証する『欧米取引所調査特別報告』を公表した。

限月の短縮には取引所の反対が強いと考えた木内は、武営など取引所関係者に対して徹底的に秘密主義を貫いて検討を進め、議会の審議を避けるため、法律ではなく、法律の実施細則を定めた勅令を改正するという方法を選んだ。

そして作業を終えた木内はすぐに武営を呼んで、公布された勅令を見せた。すると「こんな官報を見せつけるために、人を招んだのか、私にも考がある、愚弄するにも程がある、宜しい」(『七十年』)と憤然として席を立ったという。

勅令発布後、武営は直ちに大阪、京都、名古屋など全国の四十四か所の取引所や仲買人とともに全国取引所同盟連合会を結成し、勅令施行に反対する陳情書をまとめ、実施の延期を申し入れた。しかし、山県の直系であった農商務大臣平田東助は、これを聞く耳を持たず予定どおり勅令は施行された。

そこで、各地の取引所や仲買人と連携しつつ、勅令の撤回を求め、主要閣僚や議員、商議所、銀行業界などの説得に回った。

ここで渋沢は、〈予は平素取引所に関して一の憂を抱いている。今の取引所は(中略)空相場に流れ易い事で、売り手は実物を持たずして売り、買い手は大金を抱いて売り屋の実物尽くるまで買い進み、結局、孰《だ》れかが泣きを入れて折れ合うという始末は、全然博徒が打ち負けた後、仲裁者の仲入りを待つようなものだ。(中略)勅令発布後に日々の取引高が少いのを以て直ちに限月短縮の結果と断定するは穏当でない〉(『東経雑誌』02・11・08)と述べて、政府の方針を支持した。元老井上馨はさらに限月を一か月に短縮すべきと主張した。

ところが、限月短縮により株価が半額以下に暴落し、取引高もその頃のピークから六分の一以下に減少し、中小資本の取引所も倒産してその数は半減した。株式相場も一向に持ち直さなかったため金融への影響も出始め、当初政府を支持していた銀行業界も限月短縮の反対に回っていった。

大臣と局長の引責辞任

平田や木内には面子があり、方針を変えさせることは難しかった。そこで武営は、桂太郎(以下、桂)首相に直接働きかけた。桂は対露関係が緊迫しつつあり、戦費調達のための増税さえ検討している時に議会を敵に回すことは避けたいと考え、事態の収拾に動く。

まず、木内をセントルイス万国博覧会の準備のために米国に派遣し、木内の不在中に、証券の延取引により三か月の限月取引と実質的に同じ取引ができるように省令を改正させた。

帰国して横浜に上陸し、この省令のことを耳にした木内はその場で辞職を決意し、引責辞任した。さらに衆議院では、規制を朝令暮改したこと、勅令を省令で変更したことを理由に平田大臣に対する問責決議案が全会一致で通過し、平田も引責辞任に追い込まれた。

平田の後任に着任した農商務大臣清浦奎吾が勅令を改正し、最終的に一九〇三年八月に限月を三か月に復旧した。一年以上限月復旧に打ち込んだ成果であった。

目的達成のため、武営は単にお上に哀願嘆訴したのではなかった。欧米に調査員を派遣し理論武装した上で、関係団体と連携しつつ世論や議会を味方にして政府に圧力をかける一方、非公式なチャネルを開き桂首相にも直接働きかけたのである。

さて、武営が活躍した時代の日本の株式取引所は、戦時経済統制政策によって四三年に非営利会員制組織の日本証券取引所となり、限月取引も終了した。ところが米国では七〇年代に初めて金融先物取引が始まり、これを追って日本でも八八年に株価指数先物取引が始まった。

またニューヨーク証券取引所は九九年に株式会社化を決定して二〇〇六年に上場し、二百十三年にわたる非営利会員制組織の幕を下ろした。日本でも〇一年に大阪証券取引所と東京証券取引所が株式会社となった。近年の金融技術の発達が、江戸時代からの伝統を受け継ぎ、明治期に発展させた日本の株式取引の基本的な仕組みを世界に復活させたのである。

ブールス条例問題でも限月復旧問題でも、政府は投機と博打を混同し、投機の果たす経済的機能を正しく理解していなかった。また、当時の欧米の制度をそのまま導入し、先物取引を規制し、株式会社の取引所を会員制に変えれば投機が抑制されると誤解していた。

武営が動じることがなかったのは、取引市場の機能をよく理解していたからであった。

大きな犠牲

限月復旧は実現したが、大きな犠牲を払うことになった。

第一回帝国議会から高松市を選挙区として七期連続当選を果たしていたが、一九〇三年三月の第八回衆議院議員選挙で落選したのである。

対抗馬は政友会の田中定吉であった。田中は武営が「選挙区に冷淡である、高松市民の利益を図らぬ、高松市の発達を考えぬ」(『香川』03・03・03)と攻撃し、当選を決めた。武営派の運動員が選挙区に帰ってもらわなければ困ると再三再四頼んだが、限月復旧に力を注ぎ一度も帰省しなかった。

明治維新から四十年近く経ち、旧高松藩士を核として高松に圧倒的な強さを誇った旧改進党系の力も徐々に衰えてきた。一方、伊藤博文が衆議院の安定勢力を作るため、旧自由党を基盤にして一九〇〇年に自らが総裁となって結党した政友会に属した田中は、勢いを持ち始めていた。

かつては、地租軽減や民力休養といった消極政策を支持した選挙民は、高尚な政見よりも地元への現実的な利益を求める傾向が強くなり、政友会は「積極政策」と称して鉄道の敷設や治水、港湾の整備など、地元振興に力を入れ、有権者の大多数を占める農村地主の心を摑みながら大きな政党に発展していく（『日本政党政治の形成』）。

ここで衆議院議員落選という犠牲を払ったが、限月復旧問題への対応を通じて、桂という長州閥の大物政治家と出会った。桂も初めて、武営という人物を知ることになったのである。

私は酒を妾としている

ところでここで、酒豪で知られていた武営と酒との関わりを紹介したい。

酒を飲むようになったきっかけは、若い頃、道場で酒を飲まされたことに始まる。意地っ張りだったので、がぶがぶ水を飲むように飲んだという。

酒好きの武営の一日を見よう。

毎朝五時半に目が覚め一時間ほど煙草を吸って主要新聞に目を通した後、なお床に一時間残り、当日の仕事の順序を定め、頭に残っている懸案を解決する。七時頃には床を出て顔を洗い食膳につく。朝食では欠かさず味噌汁を肴にしてお銚子二本の酒をちびちび飲んで、必ずぴったり二合で抑える。

朝食は粗食で、鶏卵や牛乳などは食べず、野菜豆腐を好み、ご飯を三杯で済ませる。その後、寝入ってから目を覚まし、九時から一〇時頃に出勤する。食事は一日二食で、昼食代わりにお酒を飲む。

帰宅後は客に面会せず家庭の団欒を楽しみ晩酌でほろ酔いになり、すぐに床に就く（「東京商業会議所長」)。宴会のある日は飲んで帰宅してから晩酌を始め、子どもを捕まえては自分の苦労話や修養談をするなど、夜中の一二時頃まで酒杯を傾け、酔えば謡曲を独吟し良い気分になることもあった(『七十年』)。

酒はもっぱら灘の正宗の熱燗を好んだ。後述の渡米実業団の一員として米国に渡った時には酒樽と、福神漬や沢庵が何よりも大切な荷物で「酒を飲めば何もいらない、お米を食ったのと同じだ」と主張していたという。

武営を継いだ東株理事長の郷誠之助《ごうせいのすけ》は、渋沢とともに「酒を飲むのもいいが、好い加減にやめたらよかろう」と忠告し、武営の健康を憂慮した人が「国家のため酒を節せよ」と直言した。これに対しいつも「酒は百薬の長なり、(中略)私は剣術柔術に筋骨を鍛えた金鉄の軀体《からだ》をもってる、(中略)御心配は御無用」(「中野武営酒の気焔」)と言って聞き容れなかった。また食癖としては武家出身なので軍神を汚すという伝説を信じ猪豚類の肉を食べなかったといわれる。

酒豪が多かったこの時代でも、さすがに朝から三食三度盃を傾けるのは珍しかった。「古武士」の風格があったとはいえ、それだけでは武営の酒好きを説明することはできない。

いくら酒を飲んでも、その後必ず一睡するのが癖で、ほんの一睡でもすればケロリとなったという(「中野武営氏の平生」)。また、酒が、持病の坐骨神経痛に対する鎮痛剤となったのかもしれない。

武営の酒は不思議であった。

どんなに飲んでも平然としてめったに乱れない、酒席では芸者がいてもいなくても騒がず、寂しがらず、粗放にならず酒席で評判を落とした話は残っていない。酔うと頭が放漫になり記憶を失うというのが普通であるが、武営の場合は酒が回ってくると議論が一層緻密になり「タガが締ってくる」(『七十年』)という具合であったという。

東株理事長になってからは宴会の機会も多くなり、浜町の料亭の岡田屋を御用達にして出入りするようになった。三味線の音が好きで、女将の金八に三味線を弾かせて小唄を謡い、清元、長唄、常盤津、浄瑠璃、京唄、端唄なども楽しんだ。金八もこれに応じて芸事を盛んにしたので、新橋など他の花柳界にも伝わったという。

色白で愛想が良く、褒め上手で通っていた金八と武営の波長は合ったらしく、一時二人の関係が噂された。この時代、「紳士面をして居る連中で妾《めかけ》を持たぬものは、腕がない(24)」と言われていたが、武営は「私は酒を妾としている」と言って、実業家の渋沢や大倉喜八郎、益田孝、政治家の伊藤博文や、松方、山県、桂、原などのように妾や愛人を持つことはなかった。

余談であるが、武営は左手中指に青緑色小判形の石をはめた金指輪を「そのやさしからざる指にはめたが、是は天下の一問題でありました」(『鷹邨言行録』)と、面白おかしく伝わっている。

「不思議の買い物」

限月復旧問題の後、東株での最大の問題は、日露戦争前後の株価の変動への対応であった。

日露戦争の開戦の直前になると、株価が一直線に下落し始めた。ところがこの局面でなぜか市場には猛然と主要株を買い進む「不思議の買い物」(『商機』)が出て、株価の下落が食い止められた。これは武営が仕掛けたといわれている。

開戦に備えていた政府は、株式市場が下落すると、ロシア側に国民の志気が見通される可能性があると懸念し、桂内閣の大蔵大臣曽禰荒助が武営を官邸に呼び、株式の下落がやまなければ職権によって干渉すると伝えたという。その夜、武営は東株の最大株主である渡辺治右衛門を訪ね、当局の内意を伝え、このまま株価が下落すると経済全体が動揺するので、買い方に入ってほしいと依頼した。渡辺は強く抵抗したが武営は譲らず、取引所が中止に追い込まれるかもしれないと説得した。渡辺が折れ、翌日から大型の買いを入れた結果、相場が持ち直した。

武営は一貫した平和主義者であったが「内閣の何人によりて組織せらるるを問わず苟《いやしく》も軍国なる以上は挙国一致を以て開戦の目的を貫徹するものなり」(『世界』14・12・04)との考えの持ち主であり、戦争となる以上、政府に協力したのであろう。

東株理事長辞任

十二年にわたる理事長在任中、武営は堅実な経営を進め、東株の資本金は百二十五万円から千二百万円に増加し、建物も新築されるなど目に見える成果が残された。そして、一九一一年一二月、理事長を辞職し、後任には後に東商会頭などを歴任する郷誠之助が就任した。

東株を辞した武営は、日清生命保険株式会社(現・T&Dフィナンシャル生命)の社長に就任した。同社は早稲田大学の関係者が中心となって設立した会社で、前島密が病気のため引退したことから後任を要請された。関西鉄道と同じく前島の後任ということで喜んで応じた。

武営は辞職後も相談役となり、郷を後見した。第一次世界大戦でドイツが講和を提起して株価が大暴落した際、郷理事長は武営とともに日銀に救済資金の融資を求めに行った。そして、武営は万が一の場合には我々両人の財産を全部提供するから断行してほしいと決意を示した。二人の赤誠に動かされた日銀は、契約書も取らずに信用だけで救済資金を提供し、株式市場が持ち直したという(「株界の恩人」)。

第四章

偏武的政治との闘い

全国商業会議所連合会（1910 年 2 月）
2 列目：左端が西村治兵衛（京都会頭），
左から 6 人目が中野武営，7 人目が土居通夫（大阪会頭），
前列：左端が早速整爾（広島会頭），2 人目が馬越恭平（東京）

明治維新から近代国家として歩み出した勃興期の日本を描いた司馬遼太郎の小説の『坂の上の雲』は、日露戦争の勝利で幕を閉じる。しかし、日露戦争後は講和条約に反対する日比谷焼打事件が起こったように、都市化が進み労働争議も頻発し、戦時に発行した外債の返済や増税の負担がのしかかるなど、社会問題が顕在化し始めた重苦しい時代となった。また、対外的には「日米開戦論」が唱えられるほど日米関係が緊迫し、中国では初めての日貨排斥運動が発生する。

こうした時期に、武営は渋沢から東商会頭のバトンを受け取る——。

1　渋沢栄一の後任として

無給の東商に力を注ぐ

「中野武営翁と聞いては、「それは東京商業会議所会頭だ」と誰れしもが言う事で、中野武営翁活動の檜舞台はもちろん商業会議所であったと言わなければなりません」(『七十年』)と評されている。

渋沢が東商会頭の辞意を表明した後、一九〇五年四月に後任の会頭選挙が行われ、武営が第二代東商会頭に選出された。五十七歳の時であった。

渋沢の後継者については「副会頭の大倉喜八郎か、常議員の雨宮敬次郎か、それとも別方面の園田孝吉〔前・横浜正金銀行頭取〕か、添田寿一〔日本興業銀行総裁〕か、益田孝〔三井物産社長〕か」(「中野武営氏の平生」)と観測されていた。

この頃、東商は鉄道国有化論を打ち出し株価を上下させるなど、商工業に直接関係のある仕事をやっていないとの批判が出ていた。しかし、世に信用のある渋沢が会頭であったため、その運営を公然と批判されることはなかった(『東経新報』05・03・25)。

会頭選挙が近づくと、東商の運営に不満が強かった中小企業出身の常議員が結束し、渋沢に対して「次の会頭には、名目だけでなく、実際に其事務に当り、十分に面倒を見る人を据えたい」(『七十年』)と迫った。渋沢もこのような期待に応え、武営を後任候補として支持し、東商議員による選挙の結果、圧倒的多数の票を獲得して会頭に選任された。副会頭には、雑誌『太陽』などを発刊していた大手出版社

写真 4-1　東京商業会議所

の博文館社長の大橋新太郎と、大手の肥料・油商で東京実業組合連合会会長であった岩出惣兵衛が選出された。

渋沢の後任人事は政府にとっても重たい人事であった。しかし、時の桂首相は武営が東商会頭に就任することに異論を挟まなかった。

武営が東商会頭に就任したことについて「実業界に貢献する所とか、多くの事業に関係したということにかけては、固《もと》より渋沢男爵に及ぼうわけがない。が、氏は極めて真面目な実業家である。あるいはこの点に於ては、渋沢男爵以上であるかも知れぬ」(「中野武営氏の平生」)と評された。

会頭に就任した武営は、商議所に対する世間の批判は、国税同様の方法によって経費を徴収するにもかかわらず、酬《むく》いることが少ないことによると考え、商工業者との連絡を密接にすること、事務員の選択、新聞記者との連絡を通じること、諸官庁との連絡を通じることを東商改革の方針として打ち出し、これを実行に移した。

一般に商議所の会頭職は名誉職であると思われがちであるが、武営は有給である東株よりも無報酬の東商の方に力を注いだといわれ、東商の仕事を本業のようにして取り組む。

商議所の役割は、商工業者の味方となり、政府の顧問となり、対外的には実業家の意見をしっかり表明していくことである、[25]と述べており、自分の力で商議所の真価をどこまで発揮させていくことができるか、試してみたいと思ったのであろう。

ちょうどこの時期、田口卯吉の死去による衆議院議員の補欠選挙(東京市)に出馬要請があったがこれを断り、東商と東株の活動に専念することにした(『香川』05・04・30)。

2　日露戦後経営

ロシアの謬信迷想

武営が東商会頭に就任した時は日露戦争の末期であったが、その約半年前に戦争の終結の見通しについておよそ次のように予測している。(26)

ロシアは連戦連敗しているが、国民に固有で意外に強力な「謬信迷想《びゅうしんめいそう》」〔誤ったことを思いこむこと〕がある。どんなに負けても小さな相手国がやがて挫折し、突然ロシアが戦勝国になるという思い込みを持ち、戦闘を維持すべきと考えている。しかも、「最後の策」として、ナポレオンを苦しめた退嬰主義〔引きこもり主義〕があり、決して降伏せず、和を請わない。このため、万国会議のようなもので戦局を終了することでやむを得ないということになり、賠償金も多くはあてにすることはできないだろう。

東商会頭に就任直後、日本海海戦で日本が大勝を収めた後、好意的中立を保っていた米国のセオドア・ルーズベルト大統領が仲介し、九月にポーツマス講和条約が締結され、一年七か月にわたる日露戦争が終結した。列国会議には至らなかったが、武営が予想したとおり、賠償金を得ることはできなかった。

日清戦争では戦死者が一万七千人余りであったが、日露戦争では戦死者が八万四千人、戦傷者が十四万三千人に達した。

このような甚大な犠牲を出し、二度にわたる増税によって大きな負担を強いられながらも賠償金も取れなかったため、講和条約の内容に不満を持った国民が日比谷焼打事件を引き起こした。

講和に反対する群集は警官隊と衝突し、講和を支持した国民新聞社や内務大臣官邸、市内の警察署や派出所などを襲撃し、東京市街鉄道の電車を焼き払うなど暴動は東京市全域に広がった。深刻な事態に政府は東京で初めて戒厳令を出すに至った。

かつて武営が属した憲政本党も講和条約に反対したが、これ以上戦争を継続することは国家経済が許さない以上、不十分な条約に甘んじても和睦をおさめるべきである、と公然と非戦争継続論を発表し、講和条約締結を支持した。(27)

このため無名の脅迫状を送られたり、懐に刀を入れた壮士に狙われたり、自宅の門前に貼り紙をされたりするなどの危険にさらされたため、車に乗る時も丈夫なステッキを持つなど護身を怠らないように心がけたという。

二つの「臥薪嘗胆」

日露戦争の戦費は十九億九千万円に上った。これを国債(十三億一千万円(うち六億九千万円が外債))と、戦時増税の非常特別税(三億二千万円)などにより調達した(『明治大正財政史』)。開戦時の一九〇四年度の一般会計の歳出額が三億三千万円であったので、いかに戦費が巨額であったかわかるであろう。

賠償金も取れない中、日露戦争後は外債返済負担に加え、陸海軍の軍備補充や鉄道・港湾の整備など膨大な支出が見込まれ、厳しい財政運営が予想された。

これに対し、武営は、〈戦争を継続して犠牲にする人と金の力を産業に移せば我が国富の増進、個人の富力を浮揚させることを断じて疑わない。武勇を世界に立証した我が国が、この国を富力によって強盛ならしめ、この偉大な勢力によって常に俄然《がぜん》と近隣を睨視《げいし》すれば、いかに執拗なロシアと雖《いえど》も容易に我が勢力範囲を窺うことはできない〉と論じ、軍事力だけではなく経済力も合わせた真の国力を強化することにより、ロシアを抑止すべきと主張した。このため国民は、官民一体となって「臥薪嘗胆」の気持ちをもって、産業の発展と貿易の伸張を第一に取り組んでいくべきと訴えた(28)。

しかし、誰もがこのような考え方を持っていたわけではなかった。

陸軍元帥の山県は「満蒙における帝国の利益は極めて重大にして帝国は之を獲るがために二十余万の生命を犠牲にし、ほとんど二十億の財貨を消靡《しょうび》したり」(「対支政策意見書」)と認識し、ロシアからの復讐に備え、獲得した大陸の利権を守るため、戦後も軍備の増強を第一にすべきと考えていた。

写真 4-2　山県有朋

一九〇五年八月に内閣に提出した「戦後経営意見書」の中で山県は、朝鮮半島から南満洲へと広がった日本の利益線を守るため、防衛戦略をこれまでの「守勢」から「攻勢」に変更し、積極的に大陸に進出していくべきであると主張した。この「利益線の防衛が国家の防衛になる」という考え方は、大陸で展開する陸軍の存在意義を正当化する上で都合のよい考え方であった。

さらに、戦後は、戦争に莫大な軍事費を支出したので軍備拡張などできないと主張する者が多いと思うが「戦後における軍備の拡張は帝国の存立上止む可らざるの大事」であり、たとえ臥薪嘗胆しても軍備拡張をすべきである、大陸への展開についても財政上異論が出るかもしれないが、それは「金銭の勘定を知りて国家の存亡を知らざるもの」の主張であり、「国家百年の雄図を策するものは決してかかる軟弱の説に耳を貸すべからざるなり」と断じている。

それを裏付けるかのように山県は、〈財政の困難があるたびに軍備縮小論が起こったが、日清戦争後も責任ある政治家が百難を排して陸海軍の拡張を断行していなければ日露戦争の勝利はなく国家の生存も覚束《おぼつか》なきの状況に陥ったに違いない〉と論じ、国内の反対論に屈することなく政府が軍備拡大を続けたからこそ国防ができた、とそれまでの自らの判断に自信を示した。

しかし、この国家の利益線が大陸へと広がり、それを攻勢によって防御するという方針は、大陸での軍備の整備と維持の費用を際限なく拡大させるとともに、利益線の外縁が無制限に拡大していく危険性をはらんでいた。しかも、たとえ日本が自国の防衛ラインの確保と考えたとしても、方法によっては侵略とみなされるおそれがあった。

そもそも日露戦争を継続できなくなったのは兵備の問題だけではなく、戦費の調達が限界に達していたことや軍事物資が不足したことが大きな要因であり、国防力を強化するためには軍備力だけではなく、経済を含めた国力全体を強化することを重視すべきであろうが、少なくともこの戦後経営意見書にはそのような視点は見受けられない。

このように武営と山県はそれぞれ戦後の国家の将来のため国民に対して「臥薪嘗胆」を求めたが、その方向は大きく異なっていた。

商議所連合会を活動の舞台に

一九〇五年一〇月、日比谷焼打事件の直後、第十四回商議所連合会が開催された。武営が東商会頭に就任してから初めて主催する連合会であった。

ここで、税関や商業港の整備などによる貿易の振興、職業教育の充実や万国博覧会の開催、鉄道や航路の増設による運輸交通の整備、税制整理などの意見をとりまとめ、政府に建議した。これらの建議の内容は、概ね桂内閣の方針と大きく対立することはなく、農商務大臣清浦奎吾も参加し、官民協調的な雰囲気に包まれた(「第十四回商議所連合会議事録」)。

武営にとって商議所連合会は、全国の実業家が力を合わせて実業界の意見を政治に反映させていくための絶好の場であった。そして、東商会頭在任中、税制や財政、対外問題などで大きな問題が起こると、商議所連合会で意見をまとめ政府に建議を重ねていった。その数は、十二年間に二十三回の開催に上った(表4－1参照)。

ただし、商議所連合会は法的な根拠もない任意団体であったため、多忙で無給の会頭が全国から自費で参加する以上、その都度、意味のある成果を出さなければ継続できるはずがなかった。

この点について、昭和初期に日本商工会議所会頭を務めた郷誠之助は、「今日の日本の商工会議所というものは、組織の上で全国をまとめる仕組ができていますけれども、(中略)まだ日本商工会議所という組織のない時分に先生〔武営〕が全国をまとめたのとは余程意味が違う。実際よく世話をされたし、面倒も見られた」(『七十年』)と述べている。

その後、商議所連合会は、一二年に東商に常設事務局を設置して体制を強化した。これが実質的に日本商工会議所の創立とされる。この年には、主要な業界団体を網羅する日本経済連盟会(現・日本経済団体連合会)も設立された。その後、政府は二七(昭和二)年に商工会議所法を制定し、その翌年、初めて法

表 4-1　全国商業会議所連合会の開催実績

回数	開催年	主催地	会長
1	1892	京都	浜岡光哲
2	93	神戸	中上川彦次郎
3	94	金沢	亀田伊衛門
4	95	名古屋	奥田正香
5	96	博多	小河久四郎
臨時	96	東京	渋沢栄一
6	97	広島	桐原恒三郎
臨時	97	東京	渋沢栄一
7	98	横浜	大谷嘉兵衛
8	99	東京	渋沢栄一
9	1900	東京	渋沢栄一
臨時	01	東京	渋沢栄一
10	01	新潟	鈴木長蔵
11(臨時)	02	東京	大倉喜八郎
12	03	大阪	土居通夫
臨時	04	東京	大倉喜八郎
13	04	東京	大倉喜八郎
14	05	東京	中野武営
15	06	函館	岡本忠蔵
臨時	06	東京	中野武営
16	07	東京	中野武営
臨時	08	東京	中野武営
臨時	08	東京	中野武営
臨時(継続)	08	東京	中野武営
臨時	08	東京	中野武営
臨時(継続)	08	東京	中野武営
臨時(継続)	09	東京	中野武営
臨時	09	東京	中野武営
臨時	10	東京	中野武営
17	10	名古屋	奥田正香
朝鮮内地視察大会	1911	京城	中野武営

回数	開催年	主催地	会長
18	11	東京	中野武営
19	12	東京	中野武営
臨時	13	東京	中野武営
20	13	東京	中野武営
20(継続)	14	東京	中野武営
20(継続)	14	東京	中野武営
21	14	東京	中野武営
22	16	東京	中野武営
22(継続)	16	東京	中野武営
臨時	16	東京	中野武営
23	16	東京	中野武営
24	17	東京	藤山雷太
臨時	18	札幌	大瀧甚太郎
25	18	東京	藤山雷太
26	19	東京	藤山雷太
臨時	20	東京	藤山雷太
27	20	東京	藤山雷太
28	21	東京	藤山雷太
臨時	21	大阪	今西林三郎
臨時	22	東京	藤山雷太
29	22	東京	藤山雷太
臨時	23	東京	藤山雷太
30	23	東京	藤山雷太
臨時	23	名古屋	(会長)藤山雷太 (議長)上遠野富之助
臨時	24	京都	(会長)指田義雄 (議長)浜岡光哲
31	25	東京	指田義雄
32	26	大阪	(会長)指田義雄 (議長)稲畑勝太郎
臨時	27	東京	藤田謙一
33	27	東京	藤田謙一

律に基づく日本商工会議所が設立された。

官業は非効率である

ポーツマス会議で講和条約交渉が始まると、桂は政友会の原と交渉し、講和条約に賛成することと引き換えに政友会に政権を禅譲することを約束した。そして一九〇六年一月、第一次桂内閣が総辞職し、政友会総裁の西園寺公望（以下、西園寺）を首相とする第一次西園寺内閣が発足した。

これ以降、政友会の西園寺と桂が交互に政権交代し、西園寺が政権にある時には、桂や軍部、官僚、貴族院がこれを支え、桂が政権にある時には政友会が衆議院でこれを支えるといういわゆる「桂園時代」が七年間にわたって続く。

東商会頭に就任した武営は、基本的に政府と協調しつつ鉄道国有化への対応、職工適材教育などの人材の育成、博覧会の開催や外国人観光客（外客）誘致などに対応していった。

初めに、鉄道国有化への対応について見たい。

西園寺内閣が発足すると、政府は政友会の支持により、戦時に導入された非常特別税を恒久化し、主要な鉄道幹線を統一するための鉄道国有化法を成立させた。

鉄道国有化について武営は一貫して慎重な立場であったが、日露戦争中に物流に問題が生じたことを見て、戦後日本の産業界が世界との大商戦に勝ち抜くためには、鉄道を統一して効率的な鉄道網を整備することが必要であると認識するようになっていた。

ただし、単なる国有化には反対していた。当時の日本銀行のように官民共有の会社として総裁と理事は官選とし、別に政府任命の管理官を置いて営業成績を監視させるという方法がよいと提唱した。関西鉄道などを経営し、官設鉄道との激しい競争を乗り越えていた鉄道経営の第一人者として「官業が非効率である」との考え方に変わりはなかった。

武営は完全な国有となれば、例えば、職員は仕事ぶりにかかわらず官制に基づいた俸給のままであり職員のモチベーションを高めることが難しいが、民有であれば営業が繁忙になっても社員全体の利益が多くなるので熱心に働くようになる、乗客や荷主などからの監視も厳しいのでサービスや経営の改善に努めるようになると主張した(29)。

このような主張は採用されなかったが、武営は、大小会社の分立よりは主要幹線を統一することが重要であるとして最終的に国有による統一に反対しなかった(30)。

そして、政府は、北海道炭礦鉄道、日本鉄道、甲武鉄道、総武鉄道、関西鉄道、参宮鉄道、山陽鉄道、九州鉄道などの十七社と、朝鮮半島に敷設された京釜鉄道と京仁鉄道を買収した。

鉄道国有化により軍部は主要幹線を通じた効率的な軍事輸送をすることが可能となり、政府や与党は、地域から要望のある鉄道路線を敷設、運営できる政治的手段を手にした。

周知のとおり、鉄道国有化から約八十年経ち日本国有鉄道は経営破綻した。国有ではサービスも悪く非効率となり、政治にも巻き込まれた結果であった。そして、一九八七年に政府が累積債務を肩代わりすることなどによって分割民営化した。ここで初めて武営が提案していたような民と官が責任を分担して運営する形態が現出したのである。

損をしても動じない株主

日露戦争後、一九〇七年五月に東株の株価は底値をつけたが、鉄道国有化により五億円に近い交付公債が流動化され、輸出が好転したことにより、企業が活発に勃興した。

特に、製造業や工業、水力電力や都市ガスなど大きな資本を必要とする事業の起業が目立った。電灯が石油ランプやガス灯を凌ぐとともに、工場の動力も電気に代わり、電力ブームとなった。また、北海道の炭鉱、製材、製紙など、資源関係も注目された(31)。

当時、新しい会社を設立する時は、通常、初めに発起人が中心となって出資者を集めたので、渋沢や中野など実業界で信頼される有力者には、多くの起業者から発起人に名前を連ねてもらいたいと声がかかった。

こうした雰囲気の中で武営は、日本電報通信社(現・電通)をはじめ数多くの企業の設立発起人に加わったり、新株を引き受けたりして新しい企業の創業を支援した。また、浅野総一郎に依頼されて石狩石炭株式会社取締役や浅野昼夜銀行監査役に就任し、牟田口に依頼されて渡島水電監査役などの役員を引き受けた。さらに政府から、南満洲鉄道株式会社、東洋拓殖株式会社、伯剌西爾《ブラジル》拓殖会社、韓国銀行などの国策会社の設立委員にも任命された。

ただし、会社の株を取得するのは新しい事業の発展をめざすか、国家のため相応の務めを果たすという場合に限り、利殖を目的として株式投資を行うことはなかった。その姿勢は「今のうちに売ってしまえば損はないことが分っておっても氏は決してそれを売り飛ばさない、自分が一旦その事業と経営者の人物とを信じて買った株であるから、もし時運の都合でその会社が倒るるならば仕方はないといって、損をしようと(中略)頑として動かるることはあるまい」(「予が中野会頭の特色」)と評されている。

職工適材教育の推進

東商会頭に着任し、直ちに着手したことが職工の人材育成であった。

日露戦争以降、それまでの軍工廠や造船業に加え、機械器具工業が勃興し始めたが、これを担う熟練工の不足が大きな問題となっていた。

熟練工の育成方法について武営は、東京高等工業学校(現・東京工業大学)校長手島精一に諮問した。これに対し手島は、会社が推薦した職工に対し会社の負担で昼間に算術や製図などの教育を施すことにより、学理的頭脳と実際的手腕を持つ職工を養成する「適材教育法」を実施すべきと答申した[32]。

そこで武営は、関係する農商務省、文部省、東京府、東京工業試験所所長高松豊吉(現・産業技術総合研究所)や手島と調整を行い、東京府の職工学校で職工適材教育を実施するスキームを作り上げた。すると芝浦製作所(現・東芝)や石川島造船所(現・ＩＨＩ)などが、職工学校に人材を派遣し始める。

手島を高く評価していた武営は、手島が退官する時に自ら募金委員長となり、理工科系学生への研究奨励金や奨学金供与などを行う、財団法人手島工業教育資金団の創立に貢献している(現・東京工業大学手島精一記念研究賞)。

職工だけではなく、商業学校の教育についても力を入れた。そして、昔の商売人は寺子屋で商売往来を習うに過ぎず、学問上の知識は欠けていたが、律義正直という徳義に重きを置き、いわゆる生地が堅固であったが、近頃の人は、知識はあるが生地が悪くなっている、学芸や知識だけあっても世の中を渡れるわけではないとして、商業道徳を身に付けることの重要性を訴えている[33]。

ところで、明治初期から、立身出世主義により高等教育を受ければ良い仕事が保証される時代が続いていた。けれども日露戦争の頃には産業化が進み、実地に役に立つ人材へのニーズが高まり、高等教育を受けたからといっても就職ができない、いわゆる「高等遊民」が現れ始めていた。

このような風潮について、武営は次のように述べている。[34]

いずれの国でも、生産的に活動する人民の数が比較上多数である時代は栄ゆる、言を換ゆれば国民の中流社会が最も多く活動する国家は最も栄ゆるものである、蓋《けだ》しいずれの社会でも、中流に位する人民が最も大切であって、国家の基礎をなすものは実にこの中流社会である、中流社会が健全でかつ元気である時には国家は必ず平和で栄ゆる(中略)。今より四十年前以前の日本は最も新知識に欠乏しておった時代である、(中略)外国語の翻訳でもできる位の新知識でもあれば直ちに社会に重用されたのである、一つの学校を出さえすれば容易に重要な職業を(中略)得るも困難ではなかった、学問さえすれば手を袖にして栄達望むに任せたという如き有様であった、しかしながら斯る新知識の欠乏の時代はすでに過ぎ去ったのである(中略)一般の知識が今日の如く平均に近づいた時代においては学校修業よりも社会へ出ての実地修業が次第に重要となるわけである。

このような考え方に対して夏目漱石は、小説『それから』の中で、主人公の代助が親から「三十になって遊民として、のらくらしているのは、いかにも不体裁だな」と言われると「決してのらくらしているとは思わない。ただ職業のために汚されない内容の多い時間を有する、上等人種と自分を考えているだけである」と語らせ、実業を重視する世の中を風刺している。

ところで漱石が処女作の『我輩は猫である』を執筆したのが一九〇五年、遺作の『明暗』の執筆活動

写真 4-3　1915 年にサンフランシスコで開催されたパナマ運河開通記念の万国博覧会に向けて武営が書いた「平和の戦場」

に入ったのが一六年であり、漱石が小説家として活躍した時期と、武営が東商会頭として活動していた時期は、ほぼ重なっている。

平和の戦場

商議所活動を通じて特に力を入れていたことは、博覧会の開催であった。日英博覧会や日本大博覧会、東京勧業博覧会、東京大正博覧会、巴奈馬《パナマ》太平洋万国博覧会（サンフランシスコ開催）などの博覧会の準備や実施に大きく貢献した。

新たな製品や技術を一堂に会し、お互いに切磋琢磨する場である博覧会は、内外の実業家が武力ではなく産業の力で各国と戦う場、すなわち「平和の戦場」であると位置付けていた。そして、これから日本が世界を相手にしていく大商戦で勝利していくためには、博覧会という「平和の戦場」で勝利することを目標にして、産業と貿易を発展させていくことが効果的であると考えていた。

こうした認識から力を入れたのが、万国博覧会の開催であった。

日露戦争の前から、戦争のために向かって一心になれば、驚くべき進歩を示すように、万国博覧会を目標にして産業発展を図るとともに、外国からの出展があれば外国人が訪れ、風光明媚な我が国を世界に紹介する機会となる[35]、と産業振興と外客誘致の観点から、日本において万国博覧会を開催することを提唱し始め、日露戦争が終了した直後の第十四回商議所連合会会長として万国博覧会の開催を建議する。

これを受けた政府は、万国博覧会の開催にはインフラの整備などに費用がかかり、準備時間も必要となるとして、国内博覧会との折衷型にして規模を縮小した日本大博覧会(以下、大博覧会)を一九一二(明治四十五)年に開催することを決定した。

折衷型といっても、外国政府を招待する、それなりの規模の博覧会であり、初めにメキシコや米国などが参加を表明した。大博覧会の会長には金子堅太郎が就任し、武営は評議員に就任するとともに、大博覧会を支援する大博覧会協会副会長に就任して準備を行い、敷地は青山練兵場と代々木の南豊島御料地に決定した。

この大博覧会の前駆的な位置付けで、〇七年に上野公園で東京府主催の東京勧業博覧会が開催された。武営は同博覧会協賛会副会長として、この実現に尽力した。不忍池に観月橋をかけウォーターシュートを設けたり、空中回転車と呼ばれた観覧車が設置されたりして約六百八十万人の来場者を得て大成功に終わった。

ところが、第二次桂内閣の財政整理の中で大博覧会が不急の事業であると分類され、五年延期し、明治天皇御即位五十年記念の大博覧会として一七(明治五十)年に開催することになった。

武営は延期に反対したが、財政整理を訴えていた立場から抵抗することは難しかった(36)。しかもこの博覧会計画も一二年三月末、第二次西園寺内閣の財政整理のなかで、再び不急の事業として無期延期となった。こうして万国博覧会に匹敵させようとした大博覧会は幻の博覧会に終わった。日本で初めて万国博覧会が開催されるのは、一九七〇年に大阪で開催された日本万国博覧会となる。

国策ホテル構想から東京ステーションホテルへ

日露戦争後、日本経済が外債返済の負担に追われるなか、武営は、日本を世界に発信し、外貨を獲得するためにも外客の誘致が重要であると考えていた。

日露戦争に勝利した日本に対して世界からの関心が高まり、一九〇六年には外国人訪日者数は約二万五千人となり、前年に比べて約九千人増加した。さらに政府は、大博覧会に外国政府の参加を呼びかけており、外客誘致を図るには絶好の機会が訪れていた。

ところが、このためには、外国語を話せる給仕が少ない、外国語表示が不備、地理や歴史を語れるガイドが少ないなど多くの課題があった。

中でも大きな問題は、外客向けの質の高いホテルが限られていることであった。帝国ホテル（東京）、グランドホテル（横浜）、都ホテル（京都）、富士屋ホテル（箱根）、金谷ホテル（日光）などがあったが、帝国ホテルさえ収益を上げにくいと言われ、短期間にホテルへの民間投資を促すことは難しかった。

そこで、武営は、東京府や東京市、帝国ホテルを創業した大倉喜八郎などに声をかけて「ホテル設置調査委員会」を結成し、政府に対し国策としてホテル設置を促進するように訴えた。

そして、〈政府がホテルを経営するというのは異様に感じられるかもしれないが、それは官尊民卑の時代の発想であり、鉄道が国有化された以上、旅客の便を図る鉄道業がホテルを経営しても不思議なことはない〉と論じて、国有鉄道の主要駅に「ステーションホテル」を建設すること、大博覧会に対応するための応急措置として、ホテル形式の建物であった農商務省本省の建物をホテルに改造し、国有鉄道の副業として実施することを提唱した(37)。

農商務省をホテルに改造する案は、移転先がないという理由で実現できなかったが、この時提唱されたステーションホテル構想は、一四年に竣工した東京駅に開業した「東京ステーションホテル」となって具体化した。

3　三悪税廃止運動と増税反対運動

三悪税廃止運動

武営が東商会頭に就任したのは、日露戦争中から工業化と都市化が進み、社会問題が顕在化し始めた時期であった。ポーツマス講和条約に反対する日比谷焼打事件に多くの都市労働者が加わり、労働争議も頻発し、一九〇六年三月には日本社会党が主導する電車運賃値上げ反対運動により、市電が襲われる事件が発生した。

こうした社会経済情勢を背景に、商議所活動で最も力を注いだことは、全国の商工業者から要望が強かった、戦時中に導入された質《たち》のよくない税制の廃止であった。

日露戦争中、戦費調達のため二度にわたり非常特別税による臨時増税が行われた。地租、所得税、営業税、酒造税などの増税に加え、第一次では毛織物消費税と石油消費税(時限)、煙草専売、第二次では相続税と織物消費税、塩専売が導入され、国民の租税負担額は倍増した。

写真 4-4　中野武営(57歳)

この非常特別税は、平和克復の翌年に廃止されることになっていたが、政府は戦後も外債返済負担に加え、陸海軍の軍備の補充や鉄道・港湾の整備などのための財源を確保する必要があるとして、同税の恒久化をめざし政友会の支持を得て帝国議会でこれを実現した。

これに反対した憲政本党などの意見を踏まえ、政府は官民による税法調査会を設け、一般税制を整理する方針を提案した。しかし、減税を嫌う山県系の影響力が強い貴族院がこの調査会の設置を否決したため、代わりに政府は大蔵省高等官のみで構成された税法審査委員会を設置して検討を始めた。

そこで武営は、この審査委員会と並行して商議所連合会において独自に全国の商議所や業界団体に対して税制改正の意見を求め、膨大な要望が寄せられたなかで、いわゆる「三悪税」と呼ばれた塩専売、通行税、織物消費税(以下、三税)の廃止を中心とする「税法改廃ニ関スル建議」をとりまとめた(「税法調査書類」)。

この三税を重視したのは、商工業者の負担を軽減するためだけではなく、低所得者への負担が大きく、社会問題が顕在化するなかで、低所得者層の民力休養になる点も考慮されたからである。

塩専売により生活必需品である塩の価格は三倍近くになった。通行税は、汽車や電車などの利用者に対し、距離に応じて乗車のたびに課税される税制であったため、特に電車によって近距離を移動することが多い都市の市民にとって大きな負担となり、市電の経営も圧迫した。織物消費税は国民が日常的に使う綿織物にも課税されたばかりでなく、煩雑な税制であったため事業者への負担も大きかった。

商議所連合会は、この三税廃止を中心として政府や各政党に要望活動を展開し始める。武営の減税運動の始まりとなった。

不況の中での増税方針決定

日露戦争後、鉄道国有化によって市中に資金が融通されたことなどから好景気が続いていたが、一九〇七年一月をピークとして株価は崩壊し、景気は腰折れした。さらに一〇月にニューヨーク株式市場が大暴落してから世界的不況となり、米国向け生糸輸出などが激減し、国内の不況に拍車をかけた。弱小銀行の支払い停止や取り付けが起こるなど、深刻な不況となった。

厳しい不況が到来し、全国織物業者大会は織物消費税の廃止を貫徹することを決議し、東京市は通行税を市内交通機関に適用除外とすべきとの意見書を内務大臣に提出した。金融界も国債価格を維持するため新規公募の中止と既発債の償還を迫った。

不況は産業界だけではなく、政府の財政も直撃した。税収が減少し内国債の償還が難しくなり「在外正貨がだんだん減少してくるのには財政当局は身の細る思いであった」(『古風庵回顧録』)といわれるほどの財政危機となった。

こうした財政状況の下、〇七年秋に翌年度予算編成についての検討が始まった。大蔵省の見通しによれば、従来の計画を踏襲して予算を編成すると、約一億円の赤字となると見込まれた。

そこで、西園寺首相、大蔵大臣阪谷芳郎だけではなく、元老の井上馨や、準元老格の桂も加わり検討が重ねられた結果、陸海軍の事業費繰延などによる歳出削減と、酒税と砂糖消費税などの増税、石油消費税の新設の方針が決まった。

この過程で陸軍は事業の繰延に強く反対し、その背後にいた山県を誰も説得できなかった。そこで西園寺は軍部を説得するために桂の力を借りざるを得なくなった。山県には国家の存亡に関わる軍事費が繰延される以上、国民も負担を負うべきであり、いわんや減税などありえないとの感覚であったに違いない。政友会の原内相は、翌年に総選挙が予定されていたため増税に消極的であったが、元老に妥協してこの調整案を受け容れた。

国民全体の休戚につき忍びざる

塩専売、通行税、織物消費税廃止の期待が裏切られたばかりでなく、不況が深刻化している最中に政府が増税を実施する方針を固めたことに対し、一九〇七年一二月、新聞社や通信社が主催する非増税同志懇親会が開催され、増税反対の第一声が発せられた。

猶興会《ゆうこうかい》の島田三郎に加え、憲政本党を引退したばかりの大隈や武営が招かれて登壇し、増税反対意見を述べ「財政並税法の整理を遂げずして更に増税を重ねんとするは国民の利害休戚上看過すべからず事に属す、吾人はその放漫を戒め先づ財政並税法の根本的整理を完成せんこと期す」(『立憲政友会史』)と、増税反対の決議をした。

武営は年明け早々の一月九日に東商の臨時総会を、一月二一日に臨時商議所連合会を開催し、増税反対の決議をした。それから二月末までの間、商議所連合会を継続し、増税反対と政府の財政計画の非を訴え、その議論の内容が毎日のように紙面を飾った。

連合会の冒頭、武営は、〈政府は自分が計画したところのものを遂行したいという一点張りになっている。これを食い止めようというのであるから、政府に向かってのみ哀願したり、建議したりしてもこの惰性を食い止めることができない、これはどうしても日本人民の力をもって食い止めるより致し方がない〉、と訴えた。

そして、〈財政が困難になった主因は、専ら国防軍備に重きが置かれ、政費を支出し国力に適さなくなったことである。いかなる陸海軍の設備が立派でも、国力がそれに伴わなければ用をなさない。内閣の下で陸海軍がほとんど治外法権のような有様であるとすれば、財政整理ができるだろうか。政府と争うようなことは好まないが、国家存亡の将来のことを考えるともはや黙することはできない。財政を整

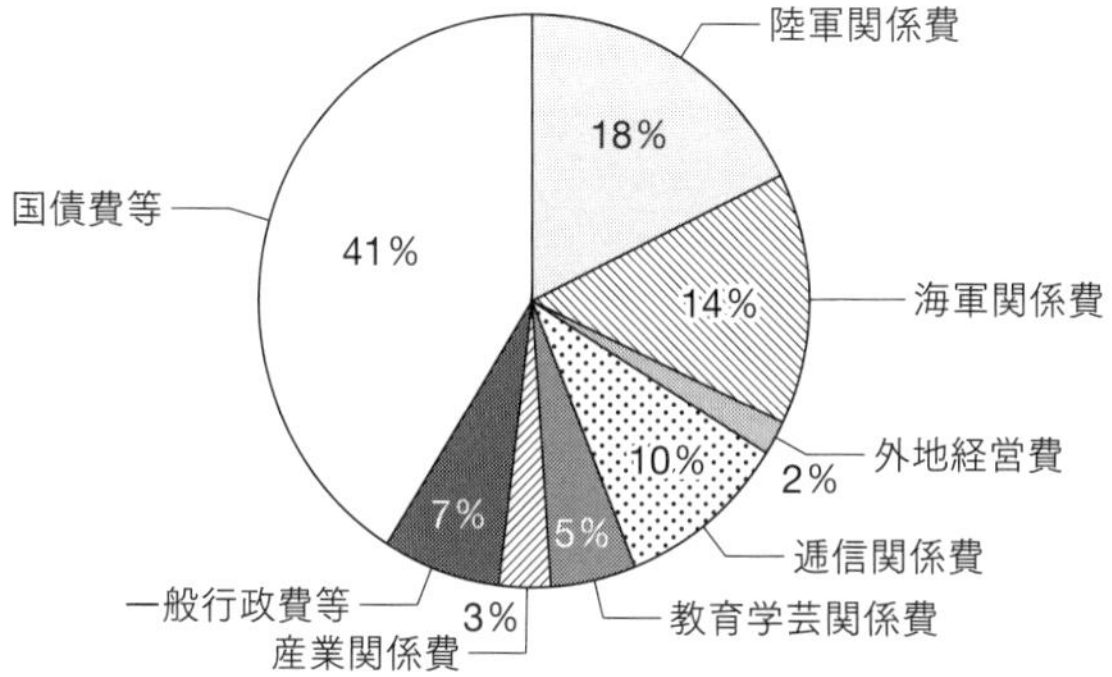

図 4-1　1909 年度歳出予算（経常＋臨時）

（注）経常部歳出と臨時部歳出の単純合計額．逓信関係費の約 8 割は事業収入，産業関係費の約 5 割は森林収入により支弁．

理し、なるべく鉄道や電信、通信機関のような国力を増進するものに十分使うべきである。我々は費用を一文も出さない方がよいというケチな根性を持っているのではない。及ぶだけ税を負担しても、不生産的なものに金を使って国力を衰微させるようなことに金を出すことは、真平御《まっぴらご》免《めん》蒙《こうむ》る〉と熱弁を奮った（明治四十一年一月「臨時商議所連合会議事録」）。

武営が商議所連合会で発言したり、新聞や雑誌にも表明したりした増税反対の理由は次のとおりである(38)(39)(40)(41)(42)。

- 増税が必要となるのは軍備費が過大であるからである。軍備費は歳出総額六億二千万円の三分の一（国債費を除くと総額の半分）を占める。財政の基礎を安定させるためには軍備費の削減や繰延をする以外にない（図4－1）。
- 日露戦役で陸軍は約百万人の壮丁を動員できており、これ以上拡張する必要はない。また日本は四面環海で世界第五位の優勢な海軍を擁しており、急いで軍備の拡張をする必要はない。

● 軍備費に偏重した財政を是正し、産業発展のための予算を増加させるべきである。例えば貿易額を見ても日本は英国の一〇分の一、米国の七分の一、ドイツの六分の一に過ぎないように、日本は軍事力に比較して経済が脆弱である。それにもかかわらず鉄道、電信電話、河川改修、港湾埋築などに使用される額は圧倒的に少ない。例えば、陸海軍人の教育費が、全国の普通教育と高等教育を合わせた予算とほとんど同一である。

● 間接税は低廉とはいえ、すべての階級を通じて負担するものであり、特に、酒や砂糖、石油など人生必需品への課税は下級人民への負担が大きく、貧民税というべきものである。また、需要が減り消費物の製造家や資本家に損害を与え、投資を躊躇させ工業の発展を阻害する。さらに、労賃の上昇が物価上昇を促し政府の歳出を増加させる一方、歳入不足をもたらす弊がある。

● 日英同盟、日露協約、日仏協約など、東洋の平和のため外交上種々の道具立てが進んでいる最中に、ただでさえ戦勝国として嫉視されている日本が、財政窮乏にもかかわらず軍備を活発に拡張することは、外国を警戒させ、外交上得策ではない。

● 軍事費の膨張は歯止めがないので、今回の増税で終わりとはいえず、今後も地租も含めて増税が続いていく恐れがある。

銀行業界も、財政赤字が拡大することにより金利が上がり国債が暴落することを懸念し、臨時商議所連合会に参加した渋沢は、非常特別税の処置さえつかないのに「増税は火事の急場に一貫目の重荷を負えるものに向い更に一貫目の重荷を強うるものと同一轍にして(中略)、今は財政の計画を改め之が整理を行うべき秋なり」と、日頃穏健な渋沢にしては珍しく、激しい口調で増税に反対した。

京阪の銀行家を代表した第百銀行取締役池田謙三も、「我々は単に今回の増税に就て絶対的反対意見を有するのみならず、根本的に戦後の財政計画に反対するものなり」と述べて増税反対と軍事費削減を訴え商議所連合会の増税反対運動を支持した。

そして、臨時商議所連合会は、「財政ニ対スル建議」をとりまとめ、財政は軍備費と経済力を充実させるための歳出と均衡がとれておらず不健全である。増税計画を撤廃するとともに塩専売、通行税、織物消費税を全廃し国防軍備費への偏注を是正し、歳出を節減して歳計予算の過大な膨張を抑制することを政府に要望した。

実業を離れた政治はなく、政治を離れた実業はない

臨時商議所連合会が増税反対と政府の財政計画の非を訴え、世論を喚起していったことから、危機感を抱いた政府は、商議所連合会の牽制に動き始める。

西園寺内閣は、軍事支出の拡大を望む軍部と、公共事業を通じた積極政策により農村地主を基盤に党勢を拡大しようとする政友会によって支えられており、内閣には商工業者の立場を重視する勢力は不在であった。

一九〇八年一月二四日、農商務次官久米《くめ》金弥《きんや》が武営を招き、商議所連合会の活動が、商業会議所法の権限を逸脱した政治的内容を含み不穏当なものであると、警告を発した。建議書の中にある「是決して商業会議所の本分として独り商工業の利害上よりのみするにあらず国家経済の大局に鑑み国民全体の休戚に就き至誠の情実忍びざるものあればなり」という文言などは商工業の外に出ているという論があると指摘した。

これに対し武営は、〈自分は商業会議所条例に違反することはしていない。もしその議論や運動が治安上問題というのであれば、集会結社法などの違反で解散を命じればよい。六億何千万円の巨大な政府予算のうち、農商務省の殖産興業は七百万円にすぎない。莫大な額を製艦費や兵営費に消費されてどうして一国の産業が発達できるか。実業家はこれを黙視できず、やむなく政府の財政税制政策に反した次第である。農商務省はむしろ自分たちの挙を賛助してくれてよいはずだ〉と応じた。

武営は反論した理由について、〈今日の社会には実業を離れた政治はなく、政治を離れた実業はない。実業家は町人ではなく、政府のなすがままに命令に随っていく徒ではない。政府の方針が商工業全般の消長から国力の盛衰に及ぶかもしれない状況において、商工業の団体である商議所が連合して堂々と論じていくことは王者の行動というべき立派な事業である〉と述べている(43)。

原内相は増税反対運動が与党の政友会への批判票となり、次の総選挙に悪影響を及ぼすことを警戒した。そして、一月二九日の日記に、「東京商業会議所会頭中野武営等各地会議所の連合会を開らき、増税反対の決議並に運動をなし、増税に賛成したる者は選挙せざることを決議するが如き不穏の挙動あるに因り、閣議に於て松岡〔康毅〕農相に相当の処置をなすべき事を注意したり、内務省にては治安警察法に因り取締らん事を提議せし程なりしも、農商務省は全く不問に置きて反対の声を高からしむるに因り其不都合を注意したり」(『原敬日記』08・01・29)と記している。原は農商務省や内務省に対し、運動の取締りを命じていたのである。

実際、「干渉漸く始まる」(『東日』08・01・26)の見出しで、政府が各地方の連合会への出席者に対してそれぞれ知り合いの官吏に旅館を訪ねさせ、なるべく速やかに帰県することを勧告したり、私服巡査に尾行させて行動を探偵させたりしているとの噂があると報道されている。

このような弾圧にもかかわらず全国各地の商議所会頭たちは東京に残り、審議を継続し議員への働きかけをするなど増税反対運動を展開した。

お上に逆らう伝統のなかった商工業者にとっては、命がけの経験であったに違いない。武営が動かしたのは銀行業界だけではなかった。東京の実業組合の連合体である東京実業組合連合会とも協力した。二五日、同連合会が中心となり全国の三百六十五団体が参加する全国実業組合連合会が開催されると、武営も個人として参加し、増税の非を訴えた。そして、同会は増税計画に反対し、増税に賛成した衆議院議員に対して投票しないという決議を行った。

このような動きを見て、庶民に人気のあった東京の『都新聞』(08・01・26)は「実業家の意気」と題して「全国商業会議所が決議を為せることは珍しからざるも、今回の増税反対の如く一言《いちごん》の異議なく満場一致を以て決議せるは未曽有の事柄なり」「増税賛成者を議院より葬らんとするに至ては吾邦《わがくに》破天荒の快挙なり」と報じている。

社会主義者も同調した。片山潜らが結成していた社会主義同志会は、三税がそれぞれ労働者の負担になると反対した。同党は二月四日と五日に増税反対演説会を開催し「増税！　増税！　増税！　遂に国民は餓死《がし》するの外なし」(『社会』08・02・09)との声が上がったが、集まった聴衆はわずかに七十人程度であった。

このように実業家が政府を批判して公然と増税反対運動を始めたことについて、『立憲政友会史』は、「我邦実業家等が時の政治問題に関して政府に反対し公々然其運動を開始せるは蓋《けだ》し之を以て嚆矢《こうし》(初め)とす」(『立憲政友会史』)と記している。

伝統的な「お上と素町人」という、日本の官民関係の歴史を画するできごとであった。

激しい増税反対運動にもかかわらず、増税法案は衆議院で政友会と、桂を支持する大同倶楽部の賛成により可決され、山県系の影響力が強い貴族院でも多数で可決され、成立した。

空砲から実弾へ

実業界を挙げて反対したにもかかわらず、与党政友会の支持を得て増税法が成立したことを踏まえ、商議所幹部の協議会の場では、商議所は建議するだけの「空砲」で終わらせるのではなく、実際に政治を動かす「実弾」を打たなければならない、との思いが共有された。

そこで武営は、従来の政党政派とは別に、実業家の意見を代表する一団を議会に作ることが必要であり、次の衆議院議員選挙では、各地で実業団体の支持を得た候補者を積極的に立てていくべきではないかと問いかけた。

その際、〈いかなる党派でも一党派だけで多数を占めることはできない。五十名でも七十名でも純粋な商工業者の代表が院内に団体を作り凛乎《りんこ》として人に党せず、物に偏せず、いかなる政府でも宜しいことをすれば宜しいとし、悪ければ悪いと対応すれば政党の悪弊を革新できる〉と述べ、政策本位に徹して動けば、たとえ少数議席であっても政治を動かすことができると論じた（明治四十一年一月「臨時商議所連合会議事録」）。

この意見に多くの賛同の声が上がり、武営も東京の八十六の実業団体から推され、一九〇八年五月の衆議院議員選挙で東京市から出馬し当選を果たし、五年ぶりに衆議院議員に復帰した。

京都商議所会頭の西村治兵衛も出馬して当選した。ただし、当初想定されていたほど商議所関係から出馬する者は多くなかった。

武営にとっては東京市での初めての選挙であった。「主義」とすることを政見として発表するだけにして、有権者に頭を下げることはしないという理想的選挙をめざしたが、終盤、東商副会頭の大橋新太郎に引き出されて戸別訪問も行った(『読売』08・04・15)。そして、選挙戦を振り返り、いわゆる選挙屋を使わず、趣旨に賛同する者やその雇人が尽力してくれたことが誇りであるが、印刷物や葉書などを数万の有権者に配布するので、馬鹿にできない資金が必要になった、と述べている。

増税を支持した政友会に対する批判が高まったにもかかわらず、この時の選挙では、予想に反し全国ベースでは政友会が衆議院の議席数の過半数近くに届くまでに圧勝した。ただし、商工業者が多い都市部では苦戦し、定員十一名の東京市部ではわずか二議席しか獲得できなかった。

政友会の勝利の要因は、政友会への支持や、農村地主たちに商工業者への増税に対する関心が乏しかったことだけではなく、日露戦争中の増税により十円以上の国税を納め選挙権を獲得した有権者が急増し、そのほとんどが農村地主であったことによると考えられる。*

このように政友会が総選挙で堂々と勝利したのにもかかわらず、山県ら元老による倒閣工作が行われ、行き詰まった西園寺内閣は辞表を提出し、一九〇八年七月、第二次桂内閣が組閣された。

商議所連合会の増税反対運動は、実業界が西園寺内閣に強く不満を持っていることを印象付け、政権交代の大義の一つとなった。ここで政権を譲らざるを得なくなったことで原は、武営に対して怨嗟の念を抱くようになる。

＊制限選挙制度と税制、政党の関係
衆議院議員の選挙権者は一九二五年に普通選挙法が成立するまで、直接国税(地租、営業税、所得税)を十円(一九二〇年以降三円)以上納めた二十五歳以上の男性に限られていた。

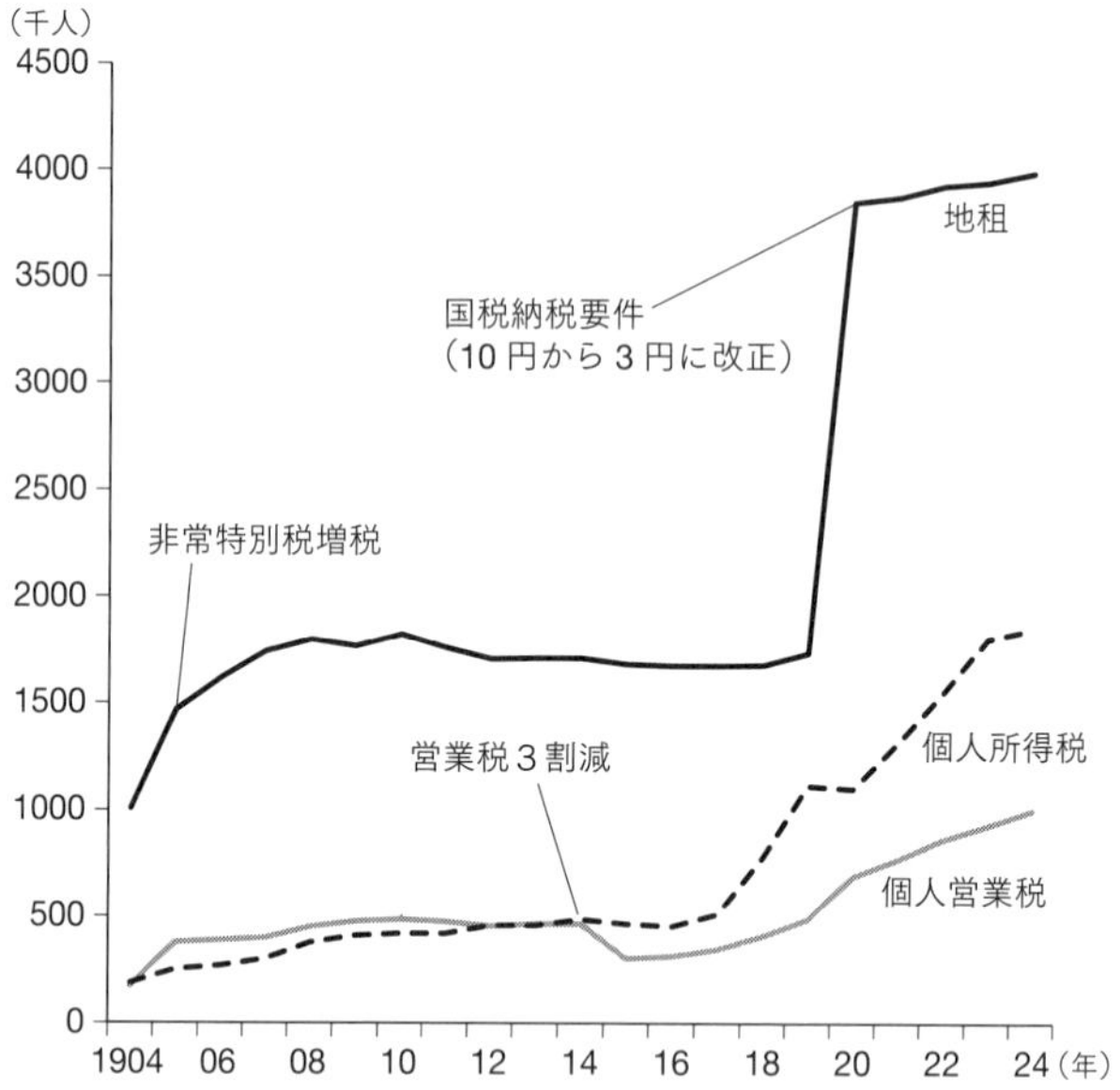

図 4-2　国政選挙権の納税要件を満たした人口の推移

（注）地租，個人営業税，個人所得税ごとに衆議院議員選挙権を得るために必要な税額を納税した人口数の推移．

その結果、有権者の圧倒的多数を占めたのは地租を納める農村地主であり、営業税を納める商工業者や、所得税を納める有権者数は少なかった。

政友会は、地方への鉄道や港湾の整備などの公共事業を誘導する積極政策を通じ、主として地方の農村地主の支持を得て衆議院の多数を占めていた。これに対し非政友諸党は、主として都市部で営業税や所得税を納める商工業者などの支持を得ていたため、議席数を増やすことには限界があった。しかも低所得者には選挙権は与えられなかったため、衆議院で商工業者や一般国民に対する増税を阻止したり、減税の支持を集めたりすることは難しかった。

図4－2は、地租、個人営業税、個人所得税別に衆議院議員の選挙権者となるために必要な納税額を納めた人口の推移を示している(ただし、それぞれには重複があるので、その総和は実際の有権者数よりも多い)。

日露戦争以降一貫して、地租納税者が多いこと、非常特別税による増税で地租納税者の方が個人営業税納税者よりも増加していること、営業税などの減税などが行われると、その税を納税して有権者となる数が減少していることを示している。

なお、後に、都市部の労働者などが中心となって求めた普通選挙制度に原首相は反対し、その代わり一九一九年に国税納税額要件を十円から三円に引き下げた。これにより農村地主の有権者数が急増(グラフの屈折部分)し、翌年の衆議院議員選挙で政友会が圧勝する(『制度変革の政治経済過程』)。

戊申倶楽部の結成

衆議院議員に復帰した武営は、所期のとおり実業界の意見を代表する一団を院内に設立することをめざし、実業家選出の議員を中心にした会派「戊申倶楽部」を組織した。選挙前に期待した五十人には届かなかったが、第二十五回議会の開会時には四十二人の参加を得た。

ただし、片岡直温《かたおかなおはる》や仙石貢《せんごくみつぎ》などの土佐派の実業家や、日露戦争前に「七博士意見書」を提出し対露強硬論を唱えた戸水寛人《とみずひろんど》など、単に既存の政党を嫌った議員も加わったため、会派としてのまとまりは良くなかった。

ところでこの頃になると、山県の後継者として期待されてきた桂は山県と距離を置くようになっていた。山県に相談せずに政友会の原に政権の禅譲を約束したこともその表れであった。国防だけではなく、日露戦争を乗り切り自信を深めていた桂は、財政規律や経済も重視した。そして、陸軍に執着する山県にも、公共事業を中心にした積極政策により党勢拡大に傾注する政友会にも不満を持ち、自らの政治主導を確立しようと考え始めていた。

そこで桂は、各党からの等距離を保つ「一視同仁」という方針を標榜した。政友会との協力は否定し

写真4-5　桂太郎

ないものの、総選挙直後は政友会が衆議院の過半数を占めておらず、憲政本党、猶興会、戊申倶楽部、大同倶楽部によって政友会に対抗しうる勢力が形成されることを期待した。

首相に復帰した桂は、前の西園寺内閣が予算編成に行き詰まったことを踏まえ、自ら大蔵大臣を兼務し、財政整理に取り組む姿勢を示した。軍事費の扱いが予算編成上の最大の難題であり、軍部を説得できるのは自分だけであるという自信があったからであろう。

桂は組閣後、猛然と財政整理に取り組み、早くも九月には陸海軍の予算などの大幅な削減や繰延、公債の非募集と五千万円に上る国債の期限前償還を含む、翌一九〇九年度の予算編成の方針を発表した。これを銀行業界が歓迎し、国債の市況が回復し金利が低下した。

武営も、桂内閣が前内閣と違い、大胆な軍事費の削減などを実行し、財政整理に正面から取り組む姿勢を高く評価した。ただし、銀行業界の期待する国債償還にばかり偏ることを懸念し、大阪商議所会頭の土居通夫とともに税制整理も検討するように申し入れたのに対し、桂からは外国人に対して信用が立たなくては一朝事が起こった場合は対応ができないので公債整理を優先すると言われた。しかし、当初銀行界が主張した七千万円の償還額を五千万円に削減させた。

4　古武士、米国を動かす

米国大統領への警告書

一九〇八年の秋は、戊申倶楽部を結成し、桂内閣に対して減税などを求める重要な時期に当たった。この多忙な中、米国の実業家を日本に招待し、商議所連合会の力を結集して日露戦争後険悪化していた日米関係を改善することに注力した。

ここで日露戦争後の日米関係に少し目を転じてみたい。日露戦争を通じて日本の軍事力を見せつけられた米国政府は、日本を太平洋の脅威とみなし始め、米国の植民地であったフィリピンがいつ日本から奇襲攻撃されるかもしれないとの不安を抱くようになった。日本側も、サンフランシスコ市が日本人学童を隔離するという差別的措置をとったことから、日露戦争の勝利によって一等国となったと自負していた日本の威信が大きく傷つけられ、米国への反発が強まった。

こうして両国関係は緊張し「日米開戦論」が唱えられるほどになった。

そこで日米両国政府は、日本が米国への移民労働者数を自発的に制限することと引き換えに、米国政府はサンフランシスコ市に対して日本人学童への隔離命令を撤回させることを内容とする「日米紳士協約」を成立させ、事態の鎮静化を図った。

このような日米関係の緊張は両国の実業界にとって悩ましい問題であった。日本にとって米国は最大の貿易相手国でありかつ移民先であり、米国にとっても日本は成長性のある輸出市場であったからである。

そこで、シアトル商議所は、日本からの移民の制限が西海岸の農業に打撃を与え、鉄鋼や機械などの製造業の雇用を奪うおそれがあるとして、セオドア・ルーズベルト大統領と国務長官に対し、日本人を欧州諸国からの移民と異なる待遇をする、いかなる移民法の制定にも反対するとの書簡を送った。これに同調してポートランド、タコマの商議所も同様の決議を行った。

このような動きに対応し、日本側では武営が、〇七年八月、大阪、京都、横浜、神戸の商議所会頭と連名で、ルーズベルト大統領と、シアトル、サンフランシスコ、ニューヨーク、タコマ、ポートランド、シンシナティ、ワシントンＤＣ、ロサンゼルス、ボストン、セントルイスの各商議所会頭あてに、〈サンフランシスコの一部の人が在留日本人に対し再三不穏の挙に出で邦人をして危惧不安の念を抱かしむるに至りしは、国交友誼の保全上誠に遺憾に堪えざるなり〉として、このような不穏事件が継続すれば国交の親善を傷つけ通商の発達を阻害する恐れがあるとの書簡を発した。(44)

写真 4-6　中野武営
(60 歳頃)

この警告文は公表されたので米国の一般国民から、日本がボイコット運動をすることを暗示しているのではないかとの反響も出た。危惧したシアトル、タコマ、ポートランドの各商議所は、直ちに日本を強く支持する決議を行い、反日運動の中心であったサンフランシスコの商議所も、排日政策に反対するとの意見を発表した。

こうした日米双方の商議所の動きを踏まえ、国務省は「日米両国間における通商その他の良好な交誼を一層親善ならしめんとするご希望は当合衆国においても同感のこと」(『日米交渉五十年史』)との見解を表明するに至った。

米国大統領に対して、日本の商議所会頭が直接申し入れることは初めてのことであった。素町人が外交にも貢献できることを示したのである。

失敗すれば切腹する

米国の中で高まる排日の動きに対処するため、米国に移住した日本人は、「馬鈴薯王」といわれた牛《うし》島謹爾《じまきんじ》を中心にして在米日本人会を設立していた。

牛島らは、米国で排日の中心となっている勢力が、日本人移民と競合する労働者層と、日本を東アジアの軍事的脅威とみなす連邦政府であるのに対して、実業界の方は日本との通商の拡大をめざし、日米関係の悪化を憂慮していることに注目した。そこで、日米関係改善のためには日米の実業家どうしの親善交流を深め、米国の実業界を日本の味方につけることが効果的であると考えた。武営が米国の商議所にあてた警告文が米国側を動かしたことにも手応えを感じていたのであろう。

このような戦略を実現するため、在米日本人会の渡辺金蔵が日本に派遣され、外務省のほか、大隈や渋沢、大倉喜八郎、後藤新平などに対し、日米実業家の親善交流を実施するように提案した。けれども外務省は反対し、他の重鎮たちは構想には賛同したものの、具体的には動きだそうとしなかった。

ところが渡辺が武営の私邸を訪ねると「承知、大いに共鳴する」(『七十年』)と、渡辺の提案を実現することを快諾するのである。

ただし「やり損なう虞《おそれ》があるから、やめにしろと言われるに違いない」と考え、武営は渋沢をはじめ朝野の有力者に相談せず、もし失敗すれば切腹すると覚悟して、猛然と動き始める(45)。

一九〇八年六月、まず渡辺を商議所連合会に招いて日米関係の現状について講演させ、各地の商議所の理解を得た上で準備に着手した。すると、当初反対していた外務省も、同時期に日本への寄港を発表していた米国大西洋艦隊の受け入れと合わせて積極的に協力することになった。

西園寺内閣から桂内閣に替わり、小村寿太郎(以下、小村)が外相に就任したこともあろう。

こうして東京、大阪、京都、横浜、神戸の五商議所が主催者となって、サンフランシスコ、ロサンゼルス、ポートランド、ユーレカ、サンディエゴ、ホノルル、スポケーン、タコマ、シアトル、オークランドの十都市の商議所の実業家を招待した。これを受けて、サンフランシスコ商業会議所会頭のフレデリック・ドールマンを代表とする米国太平洋沿岸商業会議所連合代表実業団(以下、米国代表実業団)が組織されその一行が来日することになった。

武営が外客を招き「おもてなし」をすると決めた以上、それは徹底的であった。

一〇月一二日、夫人などを合わせて全体で五十四人の米国代表実業団一行は、横浜埠頭で百一発の花火をもって迎えられ、グランドホテルにおいて武営が代表して歓迎の辞を述べた(『東商月報』09・11・25)。

東京に移動後、芝の紅葉館で五商議所が歓迎晩餐会を主催した。農商務相大浦兼武(以下、大浦)や外務次官石井菊次郎、渋沢や大倉喜八郎などの官民の有力者が陪席するなか、武営は純日本料理と紅葉踊りの「胡蝶の舞」などを披露するなど、和の魅力を前面に打ち出してもてなした。

一行は到着してから一一月四日までの二十四日間、五商議所の所在都市を訪れ、施設の訪問や観光を行った。訪問した各都市では知事や市長、商議所会頭など地元の実業家、それに子どもたちも加わって熱心に歓迎した。

小村外相や渋沢、三井家同族会が午餐会を、横浜正金銀行や東京の銀行家有志が晩餐会を、三菱の岩崎久弥男爵が深川別邸園遊会を開催するなど実業界を挙げて歓迎した。

横浜では生糸検査場などを訪問し、東京では三越呉服店、東京株式取引所、日本銀行を視察した。さらに帝室博物館や上野公園、大倉美術館(現・大倉集古館)などの市内観光や、能や歌舞伎の鑑賞も行い、花電車で市中を回覧したり、東京実業組合連合会が主催する提灯《ちょうちん》行列を鑑賞したりした。

京都では織物工場の見学、京都御所や二条離宮見学、保津川船遊び、平安神宮における大日本武徳会の演武や祇園で都をどりの鑑賞をした。大阪では大阪株式取引所や造幣局、大坂城などを見学した後、阪神電気鉄道の花電車で神戸に向かった。神戸では提灯行列で出迎えられ、川崎造船所や鐘淵紡績会社を見学した。

張り切ったのは五商議所だけではなかった。各地の商議所も一致協力してもてなしをした。日光観覧の時は、宇都宮など六商議所が、わざわざ出向いて歓迎した。米国代表実業団一行が新橋から鉄道で関西に向かう途中、静岡、浜松、豊橋、名古屋、大垣の各駅に途中停車すると、ホームの上で各都市の商議所会頭、知事や市長、実業団体、商業学校の生徒などが揃って出迎え、万歳を発声し歓迎の意を示した。

この米国代表実業団が日本に滞在している間、予定されていたとおりペリー少将を指揮官にして米国の大西洋艦隊が横浜に寄港した。戦艦十六隻と通報艦一隻、約一万三千人の乗組員という堂々たる編成であった。東海岸のバージニア州ハンプトン・ローズを出航し、南米のマゼラン海峡を通ってサンフランシスコ、オーストラリアに寄港してから到着した。フィリピンなど極東における有事があっても対応できるという威力があることを誇示したのである。

艦員一行に対して、外務省と海軍が、商議所と連携しつつ手厚い歓迎を行い、東郷平八郎主催の園遊会や桂主催の夜会が催され、米国代表実業団もこれらの歓迎会に加わった。

元首や大臣などの高官が来日した時に官民挙げて歓迎することは多かったが、この時のように日本の首相が一般の外国人実業家や軍人をもてなすということは、前例がないことであった。

米国大西洋艦隊は東京湾に入った時に日本海軍から奇襲攻撃を受けるかもしれないと、内々緊張していたといわれているが、想像を超えた日本側の歓迎により一気にその緊張を払拭させた(「外国軍艦の日本訪問」)。

米国代表実業団は日本側から温かいもてなしを受けたことに感激し、日本を離れる直前に、「日本国民の北米合衆国民に対する友情好意は何ら疑を挟む余地はない、両国間の通商関係は鞏固《きょうこ》となりえるだけでなく是をして益々鞏固にならしむるべき、両国間の通商貿易の増進を計り両国民間の友情を持続させるため適当な方案を講ずる」(『日米交渉五十年史』)と決議し、日本の政府や実業界に通知した。次は返礼のため日本側から著名な実業家と工業などの専門家合わせて三十名ほどを米国に招きたいとの意向を内々に伝えた。

米国代表実業団の代表ドールマンは帰国後、背中に負われていた小さな子どもまでが手を上げて歓迎してくれたことは、国民の間に米国を憎む感情が強いわけではないことを示している、日本人は鎖国を破り開国を行った米国、特にペリーやハリスの恩義があると感じ日米の友好を願っており、米国としては今後大きくなりうる日本の市場に積極的に眼を向けていくべきであると結論付けている(「米国太平洋沿岸実業家招待」)。

さらに「どうして日本の商議所はこれだけの成果を上げることができたのか。どのような政府の精神的、資金的な支援があるのか」と特筆し、商議所が到着から離日まで徹底的に面倒を見てくれたことが想像を遥かに超えていたものであったと記している。

しかし、直前に増税をめぐり商議所が政府と鋭く対立したことが示すように、ここで商議所が示した力は、政府の支援というよりも、それまで培ってきた武営の指導力と、実行力によるものであった。

帰国した後、ドールマンは、カリフォルニア州議会に提出された日本人移民排斥法案が、全日本国民に対する侮辱と受け取られ、東洋貿易を阻害すると抗議する声明を発表し、同法案は否決された(『東商月報』09・02・25)。さらに、ニューヨーク州やマサチューセッツ州の商議所もカリフォルニア州の排日運動に反対する決議を行った。早速米国を動かしたのである。

米国代表実業団の受け入れは大西洋艦隊の歓迎と合わせて大成功に終わり、政府も武営の実行力を高く評価した。

第五章

大正デモクラシーの旗手

●實業家の奮起
増師反對運動
▲會議所の反對 曩に全國商業會議所聯合會の決議に基き會長中野武營氏より現内閣各大臣に對して財政經濟に關する建議書を提出したる其内容は(一)政費の膨大負擔の過重(二)軍事費の過大と産業費の過少(三)官業の膨脹民業の壓迫(四)通貨の膨脹物價の騰貴(五)公債政策の矛盾關税政策の餘弊(六)對外貿易の逆潮兌換制度の危機等の六項に就て時弊を矯正するの政策を採られんことを縷述したるに偶ま現内閣の財政は是等の希望と合致して制度整理に鋭意孳孳せる有様を見て一般實業家は頗る滿足の體なりしに最近に至りて陸軍側より増師問題を提出して其増設費の要求を頗る頑強に主張するに至りしかば東京商業會議所に於ては陸軍側の主張は曩に會議所聯合會の建議と正反對のものにして今日の制度整理は是が爲めに何等の效果を奏せざるに至る可く從て我經濟界は益々疲弊の淵に沈淪するに至る可ければ此増師問題に對しては絶對に反對せざる可らずとの意氣込みにて二十六日先づ協議會の名目にて會員の總會を開き反對の決議をなし延て全國會議所に檄を飛ばして一齊に反對運動を開始するの計畫ありと云ふ
▲中野氏の兩相訪問 右の次第なれば増師問題に對する中野武營氏の反對は頗る猛烈を極め兩三日前山本藏相を訪問して我國財界の現状より増師の不可なる理由に就て熱心に意見を陳べたるに藏相は深く其意を諒として事に當る可しとの挨拶ありしも目下該問題に關して内閣の風雲頗る急なる模様を聞きては座視するに忍びず二十五日には西園寺首相と會見するの日取りを定めんとしたるも首相多忙にて此を果たす能はざりしも一兩日中には是非共之を陳情するの手筈を定め居れり
▲陸軍と決戰せん 中野武營氏の増師反對の意氣込は前記の如しとして氏の談に曰く現内閣が國民の所望を容れて折角制度整理經費節約の大事業を成就

実業家の奮起(『時事新報』1912年11月26日)

数万の民衆が議事堂を包囲するなか、衆議院本会議に提出された内閣不信任上奏決議案の趣旨説明に登壇した尾崎行雄は、「玉座をもって胸壁となし、詔勅をもって弾丸に代えて政敵を倒さんとするものではないか」と演説し、第三次桂内閣を退陣に導いた。この大正政変は、憲政史上、藩閥や官僚ではなく民衆の運動によって初めて政権交代をもたらすという、大正デモクラシーを象徴するできごとになった。

この政変に先立ち、海軍は、英国の巨艦「ドレッドノート」の出現に始まる世界の建艦競争に対応するため艦船の増強を急ぎ、陸軍は、辛亥革命による大陸の不安定化などを理由に師団の増設を求め、鉄道や港湾の整備、治水などの公共事業を通じた積極政策に自信を深めた政友会は、その拡充をめざしていた。これらの勢力が厳しい財政の下で予算獲得のために鎬《しのぎ》を削るなか、武営も商工業者の積年の要望である財政整理と減税の実現をめざす――。

1　初めての大きな挫折

三税廃止法案の否決

武営は桂内閣との関係を深めるとともに、「温厚の君子議長として好適」(『読売』08・09・18)といわれ、戊申倶楽部と大同倶楽部、猶興会から、武営を衆議院議長に推薦する声も出るほど、議会でも存在感を示すようになっていた。

ところが、桂内閣と武営が米国代表実業団と大西洋艦隊の受け入れに集中している間に、衆議院の過半数にわずかに届かなかった政友会が五人の無所属議員を取り込み、第二十五回議会の開会時には、百九十二人と過半数を制し、政情は一変した。

対する非政友諸党の勢力は、憲政本党が六十五人、又新会《ゆうしんかい》(猶興会の後身)が四十五人、戊申倶楽部が四十二人、大同倶楽部が三十人の合計百八十二人であった(図5－1)。

議会では、三税廃止問題が最大の問題となることが見込まれ、審議が始まる前の一九〇九年一月末に臨時商議所連合会が開催された。

連合会は、前年に求めた項目のうち、財政整理と公債の整理は、桂内閣が連合会の意見を聞き容れてこれを実現できたとして評価した。しかし、もう一つの柱である税制整理については、政府が反対するなかで、三千万円以上の財源を必要とする三税廃止を翌年度から一度に実施させることは現実的に難しいと考えられた。さらに、三税だけではなく、営業税の誅求や負担を問題視する声も加わった。

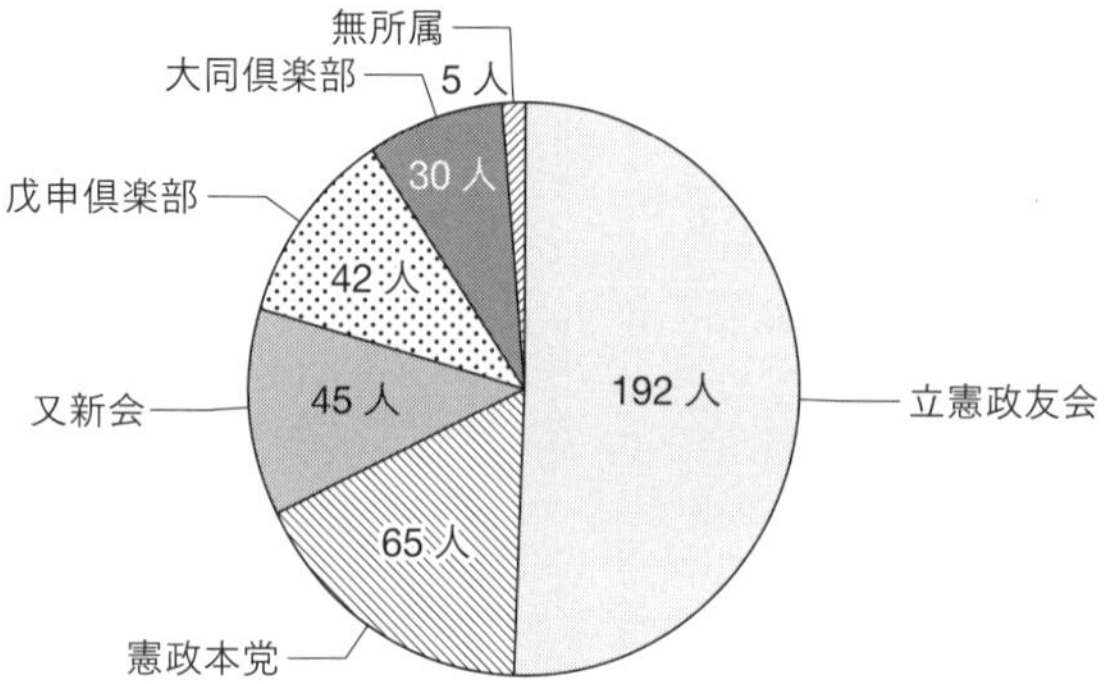

図5-1　第25回帝国議会における党派別所属議員の構成比

そこで、連合会は、塩専売・通行税・織物消費税〔三税〕を全廃すること、速やかに官民合同の税法調査委員会を設置し、営業税、所得税その他の諸税法に完全適実なる改正案を調成させ、政府は右成案に基づき税法改正案を編成し次期議会に提出すること、すなわち、〇九年中に財源を見出し、一〇年から税制整理を実施すべきとの決議を行った(46)。

これに対し「会議所の変節」(『万朝報』09・02・20)と批判の声が上がった。桂内閣に替わってから三税廃止を求める舌鋒が緩んだと見られたからである。

しかし、武営は、軟化したのではなく是認すべきことを是認しただけである。三税を一度に廃止してもらうという暴論ではなく、三税廃止の順序方法を明瞭にして、実効を挙げることが重要である、と反論した。「現内閣は税制整理、財政整理を隠密の間に予約したる底の態度を以て成立した内閣」であると見ていたからである(47)。桂から、三税を直ちに全部廃止することは難しいとしても、一〇年度から、それなりの税制整理を実施するつもりであるとの感触を得ていたのであろう。

全廃を求める急先鋒であった又新会の島田三郎も、〇九年度から直ちに三税廃止を求めるのではなく、一〇年度からの廃止を求める方針を決定し、戊申倶楽部の武営らもこれを支持した。一方、桂の下で非政友諸党の結集をめざす、憲政本党改革派の大石正巳《おおいしまさみ》や大同倶楽部、戊申倶楽部の片岡直温ら土佐派は三税廃止に反対した。

これに対し憲政本党非改革派の犬養毅は、三税を〇九年度から直ちに廃税すべきとの意見を譲らなかった。そこで憲政本党では改革派が犬養を除名する事態に発展した。

議会の審議が始まると、過半数を占めた政友会が折節に内閣に対して敵意を示したため、議会を乗り切るのが難しいと考えた桂は、「一視同仁説はもはや廃《や》めにせり」と、非政友諸党を重視する方針から、過半数を占める政友会と提携する方針に豹変した。

政友会は、三税廃止についてぎりぎりまで方針を決定していなかったが、提携後、これに反対する方針を固めた。

こうした情勢の下、島田三郎が提出した非常特別税法中改正法律案（三税を一九一〇年四月一日以降廃止）の質疑が始まった。

三月九日の衆議院本会議に登壇した武営は、〈現政府が断じて偏武の方針を改め、武事に偏する方針を改めて大いに民力を養い、官民一致して産業、工業の発展に努め貿易の発達に努める途に出なければならない。そうすれば民業も栄え国民も富んで国債整理の効果も出て、外交上平和を保つこともできるようになる。決して国力というものは武備だけではない、国の力というものは国民の力でなければ国力とは言わない。ただそれを守るために軍備がある。国力に相当した武備でなければ私は国家の経済は立たないものであると信ずる〉との持論を展開した。その上で、商議所連合会の決議に沿って、政府は一〇年度までに財政整理を実施して財源を確保し、三税の廃止をすべきと主張した。(48)

ところが桂から明確な答弁を引き出せないまま、政友会が同法案を否決した。

商業会議所撲滅令

三税廃止法案を否決した後、勢いに乗った政友会は、商議所の強制経費徴収権を剝奪することを内容とする「商業会議所法の一部を改正する法律案」を衆議院に提出した。

商業会議所法には、商議所の活動経費を滞納した議員がいた場合、国税滞納処分と同様に強制的に徴収できるとする規定があったが、その特権を剝奪するという内容であった。商議所の活動に大きな影響はないが、商議所の尊厳を損なわせようとするもので「商業会議所撲滅令」と呼ばれた。

衆議院の委員会で同法案の審議が始まると、政友会の森本駿が、武営が農商務次官から警告を受けていたことを念頭に「前年の衆議院選挙で政府から軌道を逸したとして注意を受けたような事実があるとすれば政治運動類似の行為をしたと認められる」と批判した。

これに対し武営は、商議所が商工業に関する問題についての意見を新聞に掲載し、商議所連合会の名をもってその意見書を配付しているが、これによって直ちに政治運動とは考えていないと反論した(45)。また、川越商議所会頭の綾部惣兵衛はこの政友会の露骨な政治的圧迫に対し、万一政治的運動、類似行動をしたとしても、それによって強制経費徴収権を削除するというのは浅ましい、商議所連合会は日米の交際を温め中国との関係も計画中であり、重要な役割を果たしていると主張した。

しかも、政府側から説明に立った薩摩出身の農商務省商工局長の大久保利武《としたけ》は、各国の例や立法経緯を踏まえ、政友会から提案された商業会議所法の改正法案に反対すると言明した。このように政府は必ずしもこの法案を支持していなかったが、衆議院では政友会の多数で可決され、貴族院でも山県直系の田健治郎が、商議所が政党の運動と同じようなことをするならば自由な拠金で活動すべきと主張し、多数の支持を得て可決、成立した。

武営の動きが党勢拡大への妨げとなると警戒する政友会と、公然と軍事費削減の世論を喚起する武営を不快に思う、山県系の影響力が強い貴族院が手を組んだのである。

権宜術策なし

商工業者の期待を担って衆議院に復帰しながら、商議所の強制経費徴収権を剝奪されてしまったことから、武営の前途に注目が集まった。

この時期の『商工世界太平洋』(09・05・15)には、武営について次のとおりの人物論評が掲載されている。

まず、改進党以来、武営をよく知る又新会の島田三郎は、政友会に復讐されたが、自己の主張のために討ち死にするくらいの覚悟はもっているから仮に一頓挫してもあまり痛痒は感じないであろうと指摘し、匿名の大会社社長は、〈素町人のくせに政治に容喙するのは生意気であるというような感情が政府の間に蔓延し、政府と政友会、貴族院の三大勢力を敵にしたから商業会議所法の改正となった。中野の鼻を挫《くじ》くために三勢力が期せずして合したということは中野の勢力の宏大を証明するものである。いやしくも世に正義がある限り武営が頓挫することはないと信じる〉と、武営の将来を楽観視している。

これに対し尾崎行雄は、〈政治運動に尽瘁し新団体の組織に企図を持っているようだが、これは成功おぼつかないと思う。今日、野武士の団結たる政党の首領として成功するには星亨《ほしとおる》のように、一面博奕《ばくち》打ちの親分のような性質を持っておらねばならぬ。ところが武営はそれには余り品が良すぎる〉と指摘し、政治的な大成は見込まれないと厳しい評価をした。また、側近の東商書記長の白石重次郎も、真正直一点張りの性格は政治家として最も不向きである、と同調した。

星亨は「おしとおる」と言われ、清濁併せ呑む傲岸不遜で実行力のある政治家であった。改進党に対抗して自由党の党勢を強め、政友会の結党に大きく貢献したが、東京市会議長在任中に汚職事件に関連し刺殺された。

武営は「権宜術策なし、方便なし、籠絡なし、政略なし、争闘なし、反発なし、彼は調和なり」(「中野武営を論ず」)と評されており、政治家として

写真 5-1　原敬

は品が良すぎた。

これは初めての大きな挫折となった。

この頃の原の日記には、武営が「商業会議所改正案の通過(中略)に驚きたりと見え、(中略)我党に降参し来り入会をも辞せずと申来りたるに因り、余は彼の断く決心して来り投ずるならば之を拒まざるも、彼を殺して其死骸を引取るが如きを好まず、暫く其時機を待つべしと返答し置きたり」(『原敬日記』09・04・11)とのくだりがある。

原は武営が西園寺内閣に反対したのは、大浦など山県系の内々の教唆によるものであろうが、桂が政友会と提携して武営を見棄てたので、政友会に投じて一身と事業の安全を図ろうと決心したと解釈し、政治的掣肘が成功したことへの自信を示している。

武営は政友会の前身の自由党と対立した改進党を源流に持っていたが、政治家に復帰して戊申倶楽部を結成したのは、商議所には政友会所属の実業家も増えつつある中で、政友会を含め、党派を超えて実業界のための政策を実現していくことであった。あえて政友会に対抗する野心があるわけではないことを示そうとしたのだろう。

原は、高松藩と同様に賊軍となった南部藩の家老の家に生まれ、藩閥官僚に対抗していくことに強い執念を持っていた。また、鉄道拡充や港湾の整備などを通じて産業の発達を図ることや軍事費拡大に慎重であった点で武営と大きな違いはなかった。

しかし、第一次西園寺内閣に対する武営の増税反対運動が内閣の瓦解につながり、衆議院議員選挙では都市部を中心に政友会を脅かした。戊申倶楽部と桂が接近し、政友会への対抗勢力の一角となることも懸念し、早くその芽を摘んでおきたいと考えたに違いない。

また、原は、山県に協力できるところは協力し、山県との結びつきを武器にして政友会を脅かす他の政治勢力に対抗することに徹底したが、ここでは軍事費削減を公言する武営を共通の敵としたのである。

それにしても、原が武営の政友会入党を棚上げしたことは不思議である。

憲政本党にいた鳩山和夫は既に政友会に移り、戊申倶楽部の戸水寛人なども受け入れていた。武営の場合は、単なる議席の増加だけではなく、全国の商工業者の票を獲得できることがはっきりしていたからである。

『原敬日記』の記述を文言どおり受け取れるだろうか。この時、原が武営の入党を拒否したのはなぜだろうか。

この頃の政友会には、原と並び立つ松田正久のような実力者もいた。まだ原の権力基盤が確立していない中で、口先だけではなく実行力があり、必ずしも自分の思いどおりに動かせるとは限らない武営が入会すれば、党内バランスが崩れたり、山県からの警戒を強められたりすることを懸念していたのではないだろうか。

武営は政友会が「商業会議所法の改正を桂内閣に迫って、之が撲滅を企てた。しかし我々は決して暴を以て暴に酬うるようなことはしないで、いかにしても商業会議所なるものは、無くてはならぬものであると認めらるる時機の来るまで隠忍して待つつもりである」(49)と述べて、次を待つ。

2　国民的外交の実践

平和の戦士

厳しい立場に置かれたが、政治的に武営は死んだわけではなかった。

日米経済外交を成功させ、商議所の存在意義を改めて示すことにより、商業会議所撲滅令や三税廃止法案の否決などで受けた打撃を取り戻すのである。

前年日本を訪問したシアトル、タコマ、ポートランド、スポケーンの四商議所は日本の五商議所から盛大な歓迎を受けたことに感激し、帰国後、シアトルで開催予定のアラスカ・ユーコン太平洋博覧会を機に日本の実業家を米国に招くことを決定し、領事館経由で招待状を送付してきた。

しかし、サンフランシスコ商議所は参加を躊躇していた。排日運動が盛んなカリフォルニア州選出の上院議員や下院議員が、日本の実業家を招待するために必要な補助金を計上した連邦予算案に反対していたからである。

そこで、シアトルなどカリフォルニア州以外の四商議所が独自に構想の実現に向けて動き始める。四商議所は、初めに主要な大陸横断の鉄道会社から、会社負担で一行を案内するとの協力を取り付け、ウィリアム・タフト大統領の支持を得た。そしてJ・Pモルガンやスタンダード・オイル、ゼネラル・エレクトリックなどの大企業や中西部の商議所に加え、国務省や内務省からの協力も引き出し、連邦政府の補助金なしで実施できる見通しをつけた。

このようにお膳立てができあがったところで、サンフランシスコとロサンゼルスの商議所は、連邦政府の仲介を受け、太平洋沿岸連合商業会議所に加わることになった。こうして米国側は足並みを揃え、日本から実業家の一行を正式に招待したのである。

日本では商議所撲滅令の成立により、商議所と政府の関係が複雑になっていたが、小村外相が官邸に渋沢や武営、岩崎久弥、高橋是清、大倉喜八郎など、主要な実業家二十人を招き、その場で米国側の招待を受ける方針を固め、必要な準備や人選については渋沢、中野、高橋が当たることを決めた。

武営は渋沢に対し日本の代表団の団長に就任するように要請したが、即答がなかったため高橋とともに渋沢を説得し、最終的に渋沢が団長に就任することになった。

渋沢は「日本のモルガン」といわれ、一八七九年に訪日したグラント将軍(第十八代米国大統領)の接伴役代表を務め、一九〇二年には訪米してルーズベルト大統領に面会したり、訪日する数多くの米国要人をもてなしたりするなど、日本の実業界を代表するにふさわしい人物であった。

渋沢は、武営が日米実業家交流に果たした貢献を、弔辞の中で次のように述べている。

写真 5-2　小村寿太郎

居士〔武営〕は日米の親交に多大の力を致されました。当時小村侯が外務大臣でありまして、日米の国際関係を親密に致すためには、是非彼の地の実業家と親交を結ぶの必要あるを説かれ、時の東京商業会議所会頭たる居士に相談せられたのでありました。居士は大に感を同じうせられて、早速彼の地の実業家と連絡し大に日米間の感情を融和されたのであります。

明治四十一〔ママ〕年には我国より実業渡米団を組織致しまして、全国に亘り五十余名の代表者を糾合し、彼地に渡って更に親善を計るの計画を立てました。この時私は誤って団長に推されましたが、彼地に於て予期以上の効果を収め、日米親善の目的を達し得まして幾分たりとも御国のために貢献する事が出来ました事は、一に居士の力に依るのであります。（「故中野武営氏」）

小村は、若い頃ハーバード大学に留学し、駐米公使を務め米国に精通し、「日米の親善は独り両国政府の交渉交驩のみにて得らるべきものでなく、両国の有力なる実業家が互に往来し、（中略）意思疎通を計ることが（中略）最良かつ必須の径梯である」（『小村外交史』）と認識していたように、実業界どうしによる「国民的外交」を重視し、武営の手腕に期待した。

米国を訪問する日本の代表団は「渡米実業団」と名付けられた。

最大の難問は団員の選考であった。団長には渋沢、東商から武営の参加が決まっていたが、事業分野や専門性、所属する政党などを勘案しながら五十一人の人選が行われた。

東京から鐘淵紡績社長日比谷平左衛門、東京電燈社長・衆議院議員（政友会）佐竹作太郎、三井物産取締役岩原謙三、東武鉄道社長・衆議院議員（憲政本党）根津嘉一郎、株式仲買商の小池国三などが選ばれた。

大阪から大阪商議所会頭・大阪電燈社長土居通夫、大阪商船社長・衆議院議員（政友会）中橋徳五郎、大阪朝日新聞社員・衆議院議員（又新会）石橋為之助、東京硫酸株式会社社長・衆議院議員（政友会）大井ト新、京都から京都商所会頭・衆議院議員（戊申倶楽部）西村治兵衛、横浜から横浜商議所会頭・日本製茶社長大谷嘉兵衛、神戸から神戸商議所会頭・川崎造船所社長の松方幸次郎、名古屋から名古屋商議所

議員・明治銀行頭取神野《かみの》金之助《きんのすけ》などが選ばれた。

これらの実業家に加え、著名な文筆家であった巖谷《いわや》季雄《すえお》（小波《さざなみ》）や、農業、製糸や陶磁器の専門家も加わった。女性は渋沢の兼子夫人と姪の高梨タカ子の他、団員夫人が数人参加した。

国民的外交に臨む決意

渡米に際し、武営は国民的外交に臨む所信を次のように述べている(50)（要旨）。

極東黄色人種の一邦国が、西洋白人種の大国と戦って稀有《けう》の偉勲を収めた場合の列強、特に白人の国の恐怖や嫉妬は尋常でない。いわんや戦勝によって進めた我が国威を益々宣揚し国力の発展を期そうとすると、列強はこれを侵略の野心があるものとし、また太平洋上に跋扈《ばっこ》しようとしていると猜疑心を高め、我が国の前途の発展に対して不測の危険をはらむ恐れがある。列国も警戒し、軍備を東洋に厚くすれば我々も武備の拡張を行わざるを得なくなり、お互いに争って止めることができなくなる。（中略）殊に米国人は、帝国の戦後の軍備拡張に関して種々の浮説を伝え、これにより中傷が起こり、黄禍論が随所に発生し、日本は戦を好む民族である、フィリピンを脅かしハワイを併合して太平洋から米国を駆逐しようと謀っているとして、北米の国論を益々危険なものに傾かせ、遂には大西洋艦隊を挙げて極東に遊弋《ゆうよく》させるに至り、疑惑は頂点に達した。

自分は最初から戦後経営の大方針として偏武的財政を改めて民力を休養させ、外国列強の猜疑を避け、内国力の発展を図ることを根本要義として、明治三十九〔一九〇六〕年以来、年々歳々政府に向かってこの主張を開示しこれを維持しつつある。兵備によって平和を保障する反面、外交によって平和の保障を得ることが肝要であると信じ、国民的外交の展開を期すべく、まず太平洋沿岸北米実業家の来遊を促したところ、民情疎通のきっかけが開かれ、ややもすれば米国人を刺激した日米開戦説の如きものは今や全く顧みる者がなくなろうとしている。(中略)

兵備に依る示威的平和策は、当代においては不幸にもまだ絶対に排斥することはできないとしても、幸いにもし自分の理想のように国民相互の間に交際的親善、経済的関係が益々親密を加え、相互国情が相互国民に了解できるようになれば、兵備の必要は次第に少なくなっていく。この理を万国に推し進めれば、万国国際平和は、示威的あるいは仮装的ではなく、一層自然で真面目なものになるだろう。自分は、実にこの心を以て、政府の偏武的政策を改めんとするとともに、自ら進んで敢えて国民的外交に当たろうと思う。

二十六州、五十三都市を巡る

渡米実業団が出発する直前に芝離宮にて明治天皇下賜の午餐会が開催され、桂首相や小村外相、大浦農商務相、渡辺千秋宮内次官などが陪席した。

渡米実業団は単なるビジネスミッションではなかった。「平和の戦士」と呼ばれ、皇室や政府、各党から、日米開戦論が唱えられるまで悪化していた日米関係の改善を図るための切り札として大きな期待が寄せられた。

新橋から臨時列車で横浜に向かった一行の出発の様子について、主な見送人は小村外相、大隈伯爵、石黒忠悳《いしぐろただのり》男爵、千家尊福《せんげたかとみ》男爵、阪谷芳郎男爵、石井菊次郎外務次官、押川則吉農商務次官、若槻礼次郎大蔵次官、阿部浩東京府知事、高崎親章《たかさきちかあき》大阪府知事、尾崎行雄東京市長、松尾臣善《まつおしげよし》日銀総裁、政友会原、

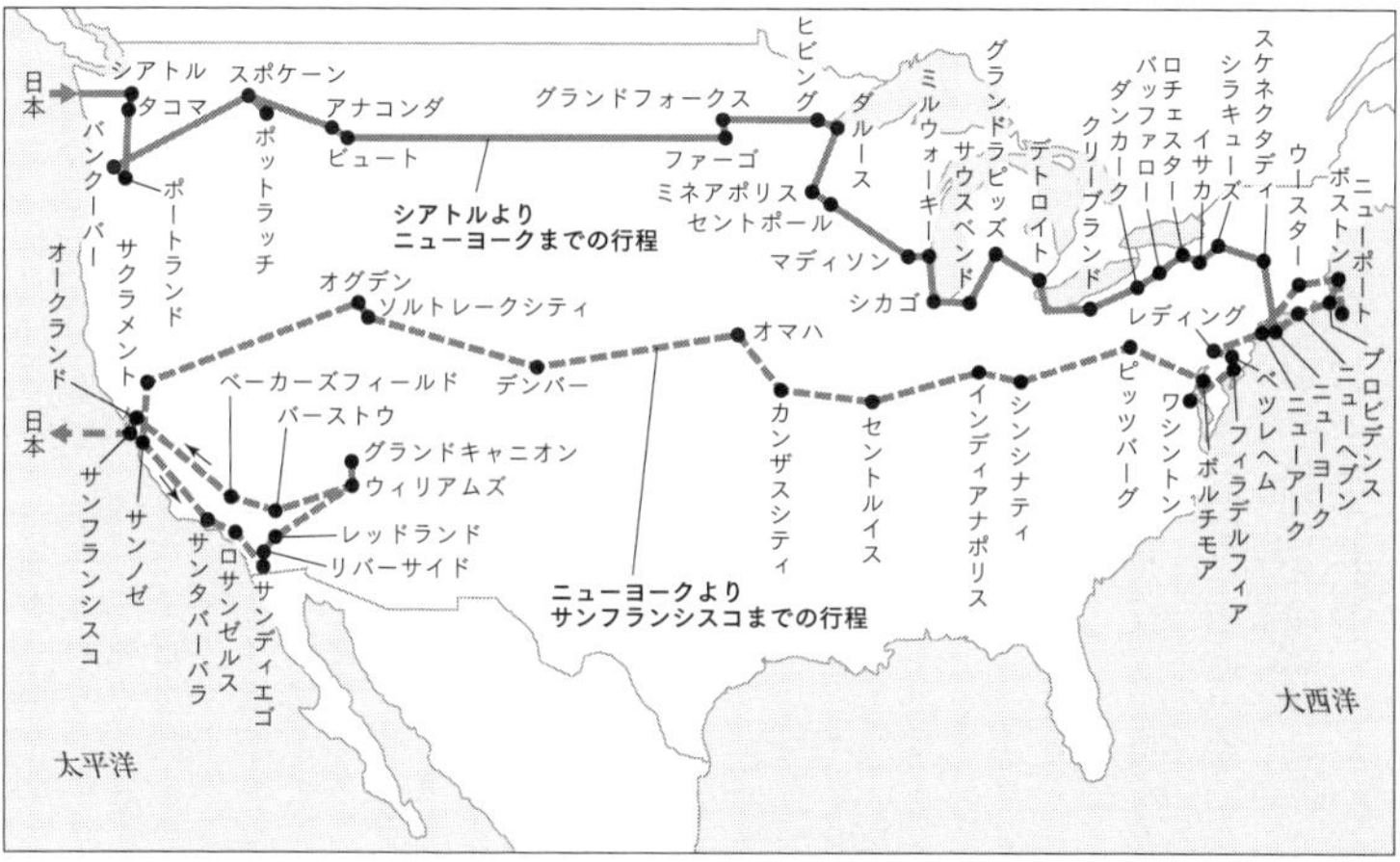

図 5-2　渡米実業団行程図

（出典）『渡米実業図誌』及び渡米実業団旅程概略図（渋沢史料館）より作成

長岡外史・村田惇《むらたあつし》両陸軍中将、大倉喜八郎ほか二千人、身動きならないほど人々に埋められ近来例がないほどの雑踏となった、などと報道されている（『東日』09・08・20）。

盛大に見送られた一行は一九〇九年八月一九日に横浜港を出発し、十三日間かけてシアトルに到着し、開催中のアラスカ・ユーコン博覧会を視察した。そして、中央北部を横断して東部各都市を歴訪し、中部から最後に西部カリフォルニアに至るまで、米国の鉄道会社から提供された特別列車に便乗し約一万四百マイル（一万六千七百キロメートル）の線路を走った。

この間、二十六州、五十三都市を訪問し各地で商工業の実況を視察した。さらにシアトル、タコマ、ポートランド、スポケーン、ニューヨーク、デンバー、ロサンゼルス、サンフランシスコなど日本人が居住する地域も訪問して状況の把握をした。

訪問した各都市ではいずれも知事、市長、商議所会頭などの実業家が総力を傾けて歓迎し、工場、銀行、会社、鉱山、農場、学校や名勝地などを案内するとともに、タフト大統領をはじめとする米国政府や政界の名士にも面会の機会が与えられた。

一八六〇(万延元)年の遣米使節団派遣、七一(明治四)年の岩倉使節団派遣を振り返れば、日清、日露戦争を経て日本の地位が急速に上昇したことを示している。しかし、それだけで単なる実業家の一行が大統領に面会することができ、各都市でこれだけ揃って歓迎されたはずがない。

米側が異例ともいえる手厚いもてなしをしたのは、米国代表実業団が前年に日本で受けた接遇に負けないように返礼しようとしたからである。そして日本のトップクラスの実業家や専門家に米国の産業や文化を直接見聞させることにより、日本市場の開拓を狙ったのである。

毎日のように長距離の鉄道移動をしながら、各都市での視察や晩餐会が続く過酷な旅程であった。しかも、武営が六十一歳、渋沢が六十九歳、土居が七十二歳、大井が七十五歳などと団員に高齢者が多かったが、ほとんど大きな病気もなくこの日程をこなした。

また、団員は各界や各党を代表した人物ばかりであり、疲労が蓄積すると団員の間で摩擦が生じることもあったが、武営が団員間の円満な関係を保つ役目を果たしたという。

碑に眼鏡ぬぐふや初時雨

渡米実業団一行は九月一九日、中西部のミネアポリスの近郊を訪れ、タフト大統領の私邸を訪問した。

一行に面会したタフトは、日本の実業家に向かって、〈日本は戦場において国家の野心、自国の権利と威信の防御、国際的地位の維持のためにその技量を戦場で発揮した。今や日本国民は兵馬の戦争ではなく平和の戦争に向かって用意しており、この平和の競争においても成功することを祈る。米国の実業家は国内の市場で満足し、外国市場での地位は低かった。しかし、米国も準備し始めている。日本人も米国人との競争に大いに警戒してほしい〉と述べ、「天皇陛下のために」と、日本語で「万歳」と三唱し乾杯の音頭をとった(『渡米実業団誌』)。

写真 5-3　ニューポートにおけるペリー提督墓参
左から 2 人目が渋沢，3 人目が武営

続いて、ニューヨークに十日間滞在し、日米双方の財界人や絹貿易商などの歓迎を受け、ハドソン川下りをして自由の女神を見学などした後、一〇月二四日、武営は渋沢とボストンを訪れ、日帰りでニューポートの海軍基地にあるペリー提督の墓参をした。

その日は、朝から瀟々と雨が降っていた。雨に濡れた柏の木が二本、門のように植えてある中に白大理石の石棺があった。その時の二人の様子について、巖谷小波は次のように伝えている(『太陽』10・01)。

団長はやがて帽を取って、尚も降りしきる秋雨の下に、携えて来た大花輪を捧げて、石棺に向って礼拝をする。蓋し団長は、提督が渡来の当時、已に青年の身を以て、国事に心を砕いていたのであるから、爾来《じらい》五十余年の今日、平和の大使たる責任を負うて、此所に此墓を訪《と》う胸には、正に万感の溢《あふ》るるものがあろう。

されぱこそ取りあえず、

おくつきに手向《たむ》くる花の一束《ひとたば》に
涙の雨も添へてけるかな　栄一

と出来た。

　次いで中野君、進んで慇懃に首を垂れ、

碑《いしぶみ》に眼鏡ぬぐふや初時雨《はつしぐれ》　随郷

を手向《たむ》ける。

　この「随郷」とは武営の雅号である。

　続いて一行はボストンからニュージャージーに入り、エジソン夫妻を訪ねた。エジソンが設立したゼネラル・エレクトリック社は、芝浦製作所や東京電気(現・東芝)に出資するなど、発電機など日本の機械市場において大きなシェアを持っていた。

　首都ワシントンでは、到着する前日から渡米実業団の紹介やワシントンを離れるまでの動静、渡米実業団に対するノックス国務長官の演説などが、連日にわたり主要紙の一面に報道された。一行はホワイトハウスやマウントバーノンのジョージ・ワシントン初代大統領の邸宅と墓地、アーリントン国立墓地、スミソニアン博物館などを訪れた。

　その後一行は、中西部を経て西海岸に向かい、大陸では最後にサンフランシスコに到着し、ホノルルに寄って一二月一七日に帰国した。東商で小村外相と大浦農商相や東商議員、東京実業組合連合会員など約千五百人が出迎えた。

健剛なる自治思想による地方分権制

武営にとってこの時の渡米は初めての海外経験であり、米国の経済力や技術力に圧倒され、多くのことを学んだことは想像に難くない。その中で何に最も印象を受けただろうか。帰国後に次のような趣旨の感想を述べている。(51)

五十三都市のいたるところ隆盛していることに感嘆せざるを得なかった。銅、鉄、石炭、石油等の鉱産物、林産など無限の天産に富むという無二の天佑を享《う》けるとともに国民は自ら遵健《じゅんけん》の気性を備え豊裕な資本を蓄え相率いて世界的企業を造り出している。(中略)米国の隆々とした進歩の基礎根底には健剛なる自治思想に基づく地方分権制があると断言せざるをえない。(中略)自治の力が発達した理由は、米国が中央政府の政務を極めて簡単にして、外交や陸海軍、関税など少数の事務に限り、他は地方の自治に一任し、専ら分権政治を行っているからである。中央政費負担の割合は少なく、国民は余力を地方都市の事業に投資することを愉快とし誇りとしている。(中略)米国と比較すると、日本は国民が中央政費の負担に苦しんで余力がなく、地方発展の事業をしようとしても資力がなく、かろうじて現状を維持し実際の活動を行うことができない。(中略)

明治以降、政治権力を中央に集め、中央政府の比率が毎年膨張している。文明に遅れた新興国が偶々世界的な時代風潮に触れて奮起勃興しようというような特殊な場合には、政治勢力に依頼して激励鼓舞することも必要かもしれない。しかし、これは一時的な手段であって恒久的な方法ではない。(中略)自分は中央集権の弊害を避け、地方自治の主義を拡張する覚悟である。

一九〇九年末にタフト大統領が発表した「大統領教書」で日本に言及した部分は次のとおりであり、渡米実業団の訪米の成果を評価している。

大日本帝国と我々の伝統的関係は、これまでどおり円滑なものである。日本の代表として、久邇宮〔邦彦〕王殿下がハドソン・フルトン祭に参加した。日本で大歓迎を受けた米国西部の商業会議所の賓客として来米した日本の著名な実業家一行の最近の訪米は、太平洋を越えた貿易の増大に貢献するだけではなく、相互理解から進んで、お互いを高く評価し合う関係になることに貢献することは疑いもない。一九〇八年の移民労働に関する紳士協定は満足いく形で機能している。一九一二年に期限が切れる日米条約の改正については、既に両国において検討がなされている。(筆者訳)

写真 5-4　サンフランシスコ商議所会頭ジェイムズ・マクナブと武営

税制整理の実現

武営の帰りを待っていたかのように、渡米実業団一行が帰国した翌日の一二月一八日、政府は各政派の代表者を官邸に呼び、一九一〇年度予算概要を示した。税制整理を目玉とし、官吏増俸と国債償還額増額を盛り込んだ。

政府はそれまでの税制整理について検討した結論を踏まえ、宅地地価修正や所得税、営業税、相続税、三税（通行税、織物消費税、塩専売）、砂糖消費税などの減税を盛り込んだ包括的な税制整理案を提案した。総額は一千万円であったが、桂は、一年前に武営が主張していた、一度に三税廃止を実現することはできないとしても、「政府は〇九年中に財源を見出し、一〇年から税制整理を実施すべき」との要望に応えた。

ところが、第二十六回議会において予算案の審議が始まると予想外のことが起こった。米価が下落するなか、商工業者への減税に刺激され農村地主から忽然として地租軽減の要求が湧き上がったのである。衆議院議員選挙権者のほとんどを占め、圧倒的な政治力を持つ農村地主の要求に対して、政府も政友会も抵抗できず、地租の八％減税（七百五十六万円）が認められた。このため他の税種の減税額や官吏増俸が大幅に減額されることになった。

営業税は、政府提出案では一部の業種が増税になったためその調整に揉めたが、最終的に減税率が、政府の当初案であった六・六％から、地租と同様に八％減に引き上げられ、総額二百六万円の減税が実現した。さらに、課税標準算定に対する不服の救済機関である営業税審査委員会も設置された。

三税については、地租減税のために市内通行税の廃止が犠牲になったが、織物消費税（百万円）、塩専売（九十万円）の減税が実現し、砂糖消費税（二百万円）も減税された。所得税減税は、高額納税者に対して増税になるという理由から銀行業界が反対して撤回された。

地租減税が優先された結果、減税額に不満は残ったが、ここで日露戦争後初めて、商議所連合会が求めていた税制整理が実現することになった。

商議所連合会では、三税よりも全業種に関わる営業税の減税を求める声が大きくなっていた。また、前年には三税廃止に反対した政友会も、衆議院議員選挙では都市部で惨敗したことから商工業者への減税に前向きとなっていた。

この後の一九一一年八月、桂首相の退任前に条約改正に関する論功行賞が行われた。武営には大浦農商務大臣と小村外務大臣からの提議で、勲四等瑞宝章が授与された。六十三歳の時であった。

叙勲の理由には、実業界の先覚者で、常に意を本邦商工業の振興に注ぎ、久しく東商会頭として本邦産業興隆に貢献したこと、常に公明正大で一点の私心を挟まず、実業界の種々の紛擾は錯綜してくると推され調停の労をとり問題を解決することが多いこと、日米両国の疎通を図ることに尽力し双方実業団の往来となり、いわゆる国民的外交の実を挙げたこと、渡清実業団派遣を計画していることなどが挙げられている(「叙勲裁可書」)。

武営の憂慮

武営が国民的外交に力を注いだのは日米関係だけではなかった。叙勲の理由にも挙げられているように、実業界の立場で中国との関係改善にも力を注いだ。

中国は、現在は第一流の文明国ではないが、将来一層大きな勢力になることは疑いない、日本の位置からすれば、西に中国と提携する必要があるのは、東に米国と提携する必要と相比すべく、日本、中国、米国という太平洋上の三国の連衡は、以って裕に全世界の実業に当るに足りる、と認識していたからである。(52)

日清戦争後、ドイツが山東半島の膠州湾を租借したのを皮切りに、ロシアは日本が三国干渉で手放した旅順と大連を租借し、英国は九竜半島と威海衛を、フランスは広州湾を租借するなど列強による中国分割が進んだ。厳しい状況に置かれた中国では、日本の明治維新にならった近代化のための制度改革（戊戌の変法）によって科挙制度が廃止されたことなどから日本への留学生が急増した。

日露戦争における日本の勝利に刺激され、中国では民族主義が高まり、ロシアから日本に引き継がれた南満洲における利権の扱いをめぐり日本への不信感が芽生え始めた。

こうしたなか、一九〇八年二月に日本商船の第二辰丸が中国側に拿捕された事件への対応をめぐり、広東で初めての日貨排斥運動が発生した。翌年八月には、東京在住の留学生が安奉鉄道交渉をめぐり反対運動を始め、全土に日貨排斥運動が波及した。

武営はこの事態を憂慮した。

成長していた中国市場に欧米が競って参入しようとしている時に、中国と地理的に近く文化的にも歴史的にも深いつながりがあるはずの日本が、その強みを活かすことができず、逆に中国からの反発を招いていたからである。

特に、近来我が国に来る清国留学生の数は数万となるが、我が国を第二の故郷として親しみを持つのではなく、自ら学んだことを復讐の武器としようとする傾向がある、と中国人留学生が反日運動の中心になっていることを問題視した。

〈支那〔ママ〕は真実、日本を怨《うら》んでいる。日本人を敵としている。いつか機会《おり》があれば一矢酬《むく》いようと考えている。米国のそれとは大違いである〉[53]、〈対米問題は誤解に出たる恐怖にして対清問題は怨恨より発する敵意なり〉と述べ、米国人の誤解を解くのは難しくないが、清人の悪感情を解き転じて肝胆相照らし意気相許すことは難事中の難事であり、積極的に国民的外交に当たることが必要であると訴えた[54]。

このような認識により〇八年、日本の六商議所が中国各地を訪問することにより実業界どうしの親善交流を図ることを計画した。しかし外務省から、中国各地で反日感情が高まっており、訪問には適当な時期ではないとの反対を受け、計画を延期した(「官庁往復書簡」)。そこで日中関係が落ち着いた一〇年に、日本郵船の近藤廉平社長を団長とした渡清実業団が組織され、南京での南洋勧業会を視察しつつ、北京や天津などを訪問して実業界の交流を実現した(『日米民間経済外交』)。武営はこの団に加わらなかったが、この派遣を積極的に支援した。

翌年一一年の秋、次は武営が中心となって上海、北京、蘇州、重慶、香港、広東、南京など各地の商務総会(日本の商議所に相当)の実業家や各省の有力者などからなる中国の実業団を日本に招聘する計画を立て、これを実行した。しかし、中国側の一行はいったん各地から上海に集合したものの、折しも辛亥革命が勃発したため足止めとなり、そのまま訪日は中止となってしまった(55)。

サーベルとピストル

次に朝鮮との関係について、武営がどのように考えていたか見たい。

一九一〇年に日韓併合条約が締結された。その翌年に京城で開催された臨時連合会に出席するため武営は初めて朝鮮に赴き主要都市を巡り、次のような趣旨の感想を述べている(56)。

米国大統領官邸のホワイトハウスは世界に響き渡っているが実に質素である。しかし人民の邸宅、人衆が集まる図書館などは実に立派である。人民は非常に富裕な生活をしており、気性も活発である。これに対し朝鮮では、昌徳殿や景福殿などの王室の御殿は壮大であるが、人民は気の毒な生活をしている。王権が強く官権が強いため、人民が誅求聚斂に苦しめられてきた。（中略）朝鮮は土地が悪いわけでもなく人民が劣等でもなく内地に勝る気候のよい天恵の国土でありながら、政治の仕方が悪いために衰退してきた。我新領土になった以上内地の同胞から心力を尽くして彼らの不幸を助けるのが母国たる義務だと思う。

この意見を発表してから二年後の一九一三年、日韓併合以降の日本の朝鮮統治を見た武営は「寺内〔正毅〕総督の朝人に対する政策を見るに、伯は自己の思うがままの鋳型《いがた》を作り、被治者の自由意思も、人格も能力も総てこれを無視し、サーベルとピストルとを擬し、威脅的に国民を鋳中追込まんとするにあり。故に一言にして評せば、伯の政策は鋳型政策なり、高圧政策なり」と強烈に批判した(57)。

本土と朝鮮の間の貿易や資本の流れを自由化することにより、朝鮮の経済を発展させていくことが双方にとって利益になると考えていた武営は、経済を知らない寺内総督が、内地からの資本投資を制限し、小さい企業の設立を認めないなどの規制を行っていたことを見過ごすことはできなかった。

衆議院議員選挙への不出馬

政府と政友会が協力しながら、次々に政府提出の予算や法律が通過していく状況を見て、政界再編が起こっていった。

一九一〇年二月、戊申倶楽部の一部は、桂に近い大同倶楽部と合同し、中央倶楽部を結党した。三月には憲政本党、又新会、無名会、戊申倶楽部の一部が合同して国民党を結成した。しかし武営は、いずれにも加わることなく無所属となった。

この頃、大浦から自分が作る党の統率者になってほしいとの依頼があったが、「一党一派に偏ることを好まない、自主独立で行く」(『七十年』)と、その場で断ったと伝えられている。これは中央倶楽部の党首になってほしいとのことだったと思われる。

一二年五月に衆議院議員選挙が予定されたが、武営は再び立つことはなかった。東京から出馬すれば商工団体からの支持により、当選は間違いなかったが、代わりに東京印刷社長で、東商副会頭、東京実業組合連合会長であった星野錫《ほしのしゃく》に託した。

選挙を控え、武営は、〈前期選挙に自分は実業家の出馬を促し、自分自身も東京市から選出されたが議院で思うように実業団を組織することができなかった。これは各選挙地に実業団の地盤ができていなかったからであった〉と、反省の弁を述べ、次回の選挙には党派にかかわらず実業家が出馬し議会で実業界のために貢献していくことを期待した(58)。

ところで商工業者を代表する議員の選出を促進するためには、普通選挙制度を実現することが最も有効であったはずである。しかし、この点について武営は意見を発表していない。

一九〇〇年に、実業家の選出を促すため市部の選挙区が独立した経緯を踏まえ、まずはその特権を活かすべきと考えていたからである。改進党以来、中流以上の階級が政治に当たる英国流の立憲君主政治をめざしていた武営は、この時点では普通選挙制度導入は時期尚早と考えていたのかもしれない。

贅沢は罪悪なり

ここで武営の日常生活ぶりを紹介したい。

邸宅には、和室と洋室の客間があった。和式の十二畳の座敷の客間には、山水人物絵が掛けられ、鯉を打ち出した青銅の大花瓶、壁には生き生きと「大象無形」と記した勝海舟の揮毫が吊るされ、床には青磁の花瓶が置かれていた（『東朝』08・12・17）。

もう一つの西洋式の応接間の方には、雑書が並ぶ書架、那須与一の額図、春の樹木を描いた油絵の額、錦手の花瓶一対、備前焼の布袋《ほてい》の置物、孔雀の羽根などがあり、ガス暖炉が置かれた（『中外』16・06・19）。武営は自ら客間の書絵画を季節によって入れ替え、花瓶にいつも新鮮な花を挿していた。「隠居したら植木屋になる」と言うほど植木いじりが好きで、盆栽の趣味もあった。狭い庭園であったが、自ら草をとり箒を持って掃除することが多かった。

薄茶を好み、茶席に出たこともあったが、濃茶の本席の所作を知らず笑われたこともあったという。それでも父から、茶会に備え庭や床の間を整えるような風流は受け継いでいた。

この時代、大倉喜八郎が大倉美術館を、根津嘉一郎が根津美術館を設立し、安田善次郎が茶の湯を趣味とするなど、成功した実業家が美術品や骨董品、茶道具などを収集することが流行した。

武営も古書画や骨董品に趣味があったが「贅沢は罪悪なり」との思いから、高価な物を求めず、もっぱら父祖伝来の所蔵物を使った。

また、居間には机や書棚を置かず、文を書く時は紙を手にして直ちに書き下ろすことを例とした。若い時は筆まめであったが、激務になってから自分で書簡を書くことは稀になったという（『香川』19・04・12）。

しかし、晩年には揮毫し、郷里の知人などに与えることを楽しみにした。若い頃、指南を受けた北原梅庵の影響を受け、剛直な筆に濃い墨を十分含ませた字が好きであった。

当時の有力者は、東京に豪邸を、郊外には別荘を持つ者が多かった。武営の家の敷地は市区計画で削られ狭いままであり別荘を持つことにも関心はなかった。その代わり、年の暮れに箱根湯本の萬翠楼福住で過ごすことが多かった。小田原電気鉄道社長時代からの馴染があったのだろう。

3　陸軍二個師団増師問題と大正政変

大整理を命ずる

一九一一年八月、約三年にわたり在任した桂が辞職し、政友会による第二次西園寺内閣が組閣された。原の要求を受け容れ、桂が再び政権を譲渡した。

この政権交代について武営は、政友会と現内閣の一部が「いわゆる情意投合という八百長相撲《やおちょうずもう》をとっている」と批判した(59)。自ら信じる主義や政綱を国民の前に明瞭に示し、その支持を得たものが為政の局に立つことによってこそ本来の立憲政治の実を上げるべきとの信念があったからである。

ところが大蔵大臣に民間人出身として初めて元日銀総裁の山本達雄が起用されたのを見た武営は「大蔵大臣を民間より選抜したことは確かに憲政の一進歩である」と評価し、「国民の後援を頼みとして、遠慮なく思い切って、財政上に大鉈《おおなた》を揮《ふる》うべきである」と、党利を優先する党人ではなく、経済に精通していた山本に大きく期待した(60)。山本は、原と西園寺の後継を争い、財政を重視していた松田正久との関わりが深かった。

この頃になると、日露戦争後の軍事支出や政友会の積極政策による財政赤字をまかなうために起債した外債の元利払いの増大や貿易収支の赤字の継続により、日本銀行保有の正貨は減少し始め、明治末年には兌換制度(紙幣を金の正貨と交換することを保証)の維持も困難な状況になりつつあった。

こうした経済情勢に危機感を抱いた元老松方は、一九一二年度の予算編成を前に明治天皇に拝謁し、外債の非募集と財政緊縮の必要を上奏した。元老井上馨も渋沢を伴って西園寺首相と原内相、山本蔵相に対し、国債の既定償還や行財政政費節約、税制整理（営業税減税）などを提言した。

この時、同席した原は「二老人を相手に論究するも無益」「実業家なるものは自己の利害には敏捷ならんも、国家の財政に関しては殆んど取るに足らざる説多きを常とせり」と記している（『原敬日記』11・11・20）。

そこで西園寺首相は、山本蔵相に日本の財政状況を一覧できる資料を作成させ、山本を随行させて明治天皇に拝謁し、根本的な行政整理、財政整理、税制整理を断行することが必要であると上奏した。これを受けた明治天皇は、西園寺に「大整理を命ずる」と指示したという（『山本達雄』）。

明治天皇の強い意向を受け、西園寺と山本は一二年度予算に向けて緊縮予算の編成に取りかかり、新規事業の中止、陸軍の二個師団と海軍の建艦要求を抑えた。それだけではなく、内務大臣と鉄道院総裁を兼ねていた原に対しても、電話拡張と港湾改修築事業の凍結、鉄道院の鉄道拡張と改良費の打ち切りを求めた。

これに対し原は、公債によって得られる財源を鉄道拡張に充当するように西園寺に直接かけあったが、西園寺は山本を支持したため、これを不服として辞意を表明する事態に至ったが、西園寺に慰留されることとなった。

武営は山本の方針を支持し、商議所連合会としても歳出の削減を最優先とし、まずは政府の財政整理の成果を見た上で、改めて営業税減税や鉄道網の整備などを要望することとした。

こうして西園寺と山本は、陸軍、海軍、政友会、商議所の要求を一律に抑え、一九一二年度は緊縮予算を組むことに成功した。

減税か陸軍増師か

続いて一九一三年度予算要求の検討が始まると、陸軍は寺内正毅総督が駐在する朝鮮への二個師団の増師を、海軍は前年度決定した「海軍軍備緊急充実ノ議」の実施のための予算要求を計画した。原は、衆議院議員選挙で政友会が過半数の議席を制したことから自信を深め、公共事業の拡大を狙った。商議所連合会も、内閣が真剣に行財政整理に取り組んでいるため、日露戦争後から求めてきた本格的な減税が実現できるのではないかと期待した。一二(明治四十五)年二月の帝国議会で山本蔵相が、税制も減税の意味で整理することになっており営業税、塩専売も改正したい、所得税も改正したいと答弁していたからである。

このように陸軍、海軍、政友会、商議所連合会のそれぞれが次年度予算の獲得に向けて期待を高めつつあった七月三〇日、明治天皇が崩御した。

明治天皇は病中でも徳大寺実則侍従長を召して「あれはどうなったか」と行財政整理の進捗を気にかけ、勅使として徳大寺を山本の許に派遣するほどであった。

山本はその御遺志を受け、不退転の決意で作業に当たった。

崩御ひと月後の一二(大正元)年八月末、山本は西園寺の命で山県を訪ね、一三年度の一般財政計画案の概要を説明した。減税千五百万円、海軍充実費一千万円などを増額するため四千万円の財源不足となるが、そのために陸軍が九百万円を節減することが必要であるという案であった。

これに対し山県が、「財政の窮困今日の如くにして、なお減税の余地ありや」と問うたのに対し、山本は、〈減税のことは前期の議会に公約してあり現内閣成立の当時、議会において減税の要求が盛んであるために内閣にてもこれを公約することに決し、自分が議会に臨んでこれを宣言したので、程度については何らの兼約はないが、減税ということだけは今さらいかんともできない〉と応じた。また山県に増税の可能性について問われると、山本はいろいろ調査したがその余地はないと答えた。

山本が辞する時、山県は山本が示した行財政整理の資料を差し戻したが、山本はご参考のために差し上げたいと言ってそのまま置き留めた（『山県有朋政変思出草』）。

このように陸軍と内閣が緊張関係を強めていた時期、薩摩閥で海軍に近い元老の松方は、二人の元老、大山巌（薩摩）と井上馨（長州）とともに閣議に乗り込み、正貨流出を抑えるための財政緊縮を訴えた（『原敬日記』12・10・15）。

そして、政権内部では行財政整理に邁進する西園寺首相と山本蔵相が主導権を握り始め、原が影響力を低下させていった。

こうした時期に武営は商議所連合会を招集した。連合会では、財政緊縮を求める元老の動きなどを踏まえつつ、政府が、それまで商議所連合会が主張してきたことをようやく実行しようとしていることを歓迎し、翌年度の予算編成に向けて内閣を支援する方針で、それまでの建議の内容を総括し、「財政経済に関する建議」をとりまとめた。

建議書には「一　政費の膨大・負担の過重、二　軍事費の過大と産業の過少、三　官業の膨張・民業の圧迫、四　通貨の膨張・物価の高騰」などの項目を挙げ、中央政費の緊縮を図り国民の負担を減ずべきこと、偏武的政費の使途を改めて適正化することが財政整理の要義であること、鉄道や造船などの官業を民業にすべきことなどを求めた（「第十九回商議所連合会議事録」）。

大正政変の火蓋を切る

一九一二年一一月一〇日、西園寺首相は山県を訪ね、制度整理の観点から二個師団の増師を拒否すると伝えた。

これに対し山県は「国防は本にして財政は末なり」と「海軍のみ拡張し、かつその財源を陸軍より取らるるは、決して公平の処置に非るのみならず、予はこれを以て、非常に重大なる結果を伴うに至るやも測られざる一大事件なりと信ず」(『田中義一伝記』)と激昂した。海軍予算を増やし、減税を実施するための財源を捻出するために陸軍予算を削るとは、山県にはこの上もなく屈辱的なことであった。

そこで、陸軍だけは、内閣全体として剰余金を捻出すべく各省はそれぞれ制度整理に取り組んでいたにもかかわらず、捻出された財源が海軍拡張や減税に用いられることを拒み、増師と切り離して予算案を提出することはできないと主張した。そして、自らの整理によって捻出された剰余金は「天引き的」に増師のための予算に充てようとした。

武営は、陸軍だけが内閣の推進する制度整理を無視するものであるとして師団増師に絶対に反対した。そして、一一月一七日、東商の大橋新太郎副会頭とともに山本蔵相を訪ね、午前午後二回にわたり合計八時間、数字を挙げながら議論を行った。そして、山本も同意見であったことから、主張を変えないように勧告をして別れた(『東経新報』12・12・05)。その上で、陸軍が「真に国事を料理するの識見と至誠とを有するあらば、その整理を完成して然るべき後に徐《おもむ》ろに増師案を提出すべき筈なり」と批判した(『日米』13・01・07)。

武営の反対があまりに激しいので、陸軍で二個師団増師を主導していた長州出身の軍務局長田中義一が、元老の井上馨邸に渋沢や三井、三菱の実業家を招いて説得し「マンマと口説き落した」との報道が流れた(『東朝』12・11・23)。

すると武営は、仮に報道が事実であったとしても、それは渋沢個人の意見であり、決して実業家全体を代表するものではないと論評した。その後、渋沢は武営の自宅を訪ね、田中が制度整理に累を及ぼさない範囲で増師を実行するというので反対しないと答えただけだと釈明した。

一一月二二日、閣議で上原勇作陸軍大臣が朝鮮における二個師団の増師案の概要を説明した。

こうした動きを見た武営は「陸軍と決戦せん」と、「不急なる増師問題を提出するが如きは現内閣の施政、すなわち国民の要望に全然背馳するの挙動にしてもし陸軍側にしてあくまでもこれを主張、強要するにおいては我日本国民は挙《こぞ》ってこれと戦かわざるべからず」と反発し、二六日に東商の議員協議会を開催し、増師反対の決議をまとめた(『時事』12・11・26)。

そして、〈商議所連合会は全国の実業家からの熱烈な委託を受けて、行財政整理の主張を貫徹すべき大きな責任を有するが故に、多少の非難があっても旗幟《きし》鮮明《せんめい》に主張の貫徹に努めるべきである。(中略)もし現内閣が軍国主義者のために敗れることがあれば、代わって出てくるかもしれない恐るべき武断政治に対しては挙国背水の陣をしいて大正第二維新の劈頭を飾るべきである〉と、激越な口調で増師反対を訴えた(『時事』12・11・27)。

「大正第二維新の劈頭を飾るべき」という言葉には、大正という新しい時代となったことを機にそれまでの偏武的政治から国民の世論に基づく政治に転換すべきとの期待がこめられている。

この翌日、東商の決議をもって西園寺首相を訪問し、連合会の建議の内容を一時間半に及んで説明し、

「内閣の玉砕」をかけて、陸軍の横暴である二個師団増師要求に反対すべきことを申し入れた。西園寺も、前内閣でできなかった行財政全般の制度整理を遂行すると決心している、西園寺も増師と制度整理を混同すべきではない、と応じたという(『大朝』12・11・28)。

武営の気迫に触発され、各地の商議所が増師反対の決議を行い、増師を批判する声が全国の商工業者に広がった。

こうした商議所の突出した激しい動きを見た徳富蘇峰は、朝鮮総督の寺内正毅あてに「東都及各地商業会議所が増師反対やら西園寺内閣賛成やらの決議をなし、丸で此れも政党かぶれ」(「寺内文書」)と伝えている。

武営の動きがその後の大正政変の火蓋を切った様子は次のように描写されている。

両政〔財政税制〕整理の障碍物たる増師は容認すべからず、内閣督励、軍閥撃滅、この二個の問題は、ただに全国政友会支部が、自党内閣掩護の目的を以てする以外、東京商業会議所を始め、博多、大阪その他全国連合会の呼応するところとなり、東京会議所会頭中野武営は檄《げき》を飛ばして、全連合会開催を首唱す、忽《たちまち》にして全国の同志、声の響に応ずるが如く、両政整理の実行を保護せざるべからずとなし、増師反対の声威はさながら破竹の如く、政治家起《た》ち、実業家起ち、新聞記者起ち、所在に陸軍を標的として勇往邁進せんとする者頻出す、二個師団増設なる小石は投ぜられ、池水は漣波頻《しき》りに動いて、ついに我国政界の波瀾重畳を呈するを観《み》る、国民党の態度また漸《ようや》く国論と合致し、先ず閥族打破、憲政擁護の声を以って、鼓を鳴らして躍進せんとす。(『大正の政変』)

増師反対運動から政変へ

一九一二年一一月三〇日、西園寺内閣は、臨時閣議で陸軍が提案した増師案を否決した。これに対し上原陸軍大臣は一二月二日、帷幄上奏権《いあくじょうそうけん》（軍部が軍事に関する事項を天皇に直接上奏する権限）により、内閣を経ずに天皇に対して辞表を提出した。西園寺首相は、後任の陸軍大臣の推薦を求めたが陸軍がこれに応じなかったため、内閣総辞職に追い込まれた。一連の陸軍の動きは「陸軍のストライキ」と評され、世の中に陸軍やその背後にある山県ら閥族の横暴を強く印象付けた。

武営は、理由を明らかにして退陣したことが立憲政治の一進歩であるとして、[61]「文治派の大棟梁の伊藤〔博文〕公によっても対抗できなかった陸軍に対して、毅然として自己の主張を枉《ま》げなかった西園寺侯及び山本大蔵大臣らの態度は実に見上げたものである」と賞賛した。[62]

同じ政友会の内閣であったが、第一次西園寺内閣の場合は、武営が増税問題で内閣に反対したことが倒閣につながり、第二次西園寺内閣の場合は行財政整理に取り組む内閣を支持したことが倒閣につながった。

この商議所の激しい動きに刺激され、政治が動き始めた。

政友会の幹部は二個師団増師問題について態度を留保していたが、内閣総辞職を見た各地の政友会の地方支部や院外団から、陸軍や閥族の横暴に反発する声が上がっていった。

ここで、増師問題という財政問題が政治問題に転じた。

慶應義塾出身者の社交クラブである交詢社での集いをきっかけとして、政友会の尾崎行雄や岡崎邦輔、国民党の犬養毅が中心となって憲政擁護会を結成し、一二月一九日に第一回憲政擁護大会を開催すると約三千名が集まり、「閥族打破」と「憲政擁護」を唱えて憲政擁護運動を展開した。そして、尾崎と犬養は「憲政の神」と呼ばれるようになっていった。

西園寺首相の後継には、大正天皇即位後、内大臣・侍従長に就任していた桂が宮中から戻され、一二月二一日、第三次桂内閣が誕生した。

しかし、窮すると天皇の詔勅を利用した桂は「宮中府中の別を擾《みだ》す」ものと激しい反発を受けた。その上、政友会との縁を切り、大石正巳や島田三郎ら国民党の改革派、加藤高明ら官僚出身者、大浦ら中央倶楽部からの参加を得て立憲同志会(以下、同志会)を新たに設立し議会を乗り切ろうとしたことが、政友会や国民党を一層刺激した(『大正政治史の出発』)。

桂に反発する数万の民衆が議事堂を包囲するなか、政友会と国民党が内閣不信任上奏案を上程し、尾崎は「玉座をもって胸壁となし、詔勅をもって弾丸に代えて政敵を倒さんとするものではないか」と著名な演説を行い、追い詰められた桂内閣は約六十二日で退陣した。

「大正政変」である。

大正政変は憲政史上、単に閥族や陸海軍、政党などの権力の内部にとどまらず、国民からの突き上げによって初めて政権を交代させた事件であった。藩閥を中心として行われてきた政治の一角を崩し、日本の民主主義の歴史に新しい一歩が刻まれたのである。

大正政変を生み出した原動力について、日本史研究者の宮本又久は、憲政擁護運動の立役者の一人であった岡崎邦輔が「憲政擁護会の二〜三の人が、一度口を開けば其声忽ち全国に響応して、地方の末々津々浦々に至るまで相唱和し、殆んど天下を風靡《ふうび》するの概あるは、実に天下の人心期せずして相一致したのであって、単に交詢社や国民党や政友会のストーヴの傍に於て此事が語られたのみならず、又或は小さな商店の隅っこに於てまで噂されていたのであろうと思う」(『中央公論』(13・02)と述べていたことを引用し、「この、小さな商店の片隅に至るまでの政治的自覚の高まりこそは、日露戦後以来の減税運動の成果だったのであり、またこの商店の片隅での噂を、一つの政治的な力にまで結集せしめるに当って、商業会議所とその連合会とが果した役割は大きく評価さるべきであろう」(『明治政治史と商業会議所』)と評している。

満洲を我が勢力範囲に置くことは百害あって一利なし

武営は大正政変を概括し、次のとおり『東洋経済新報』(13・02・25)に「偏武的政治と我財政」という論文を発表した。少々長いがここで全体を紹介したい。(63)

官僚の実力未だ倒れず　今回の政変はともかく民衆の勝利となったが、決して官僚の実力を倒したわけではない。ただ気勢において彼らに勝っただけである。(中略)本邦に純政党内閣を見るのはまだ多少の時日がいるだろう。

偏武的政治の極弊　我ら国民は、国家の生存上必要な国費は、たとえ鍋釜を質に置いても負担を辞する者はいない。しかし、今日のように政治家が皆、極端な偏武主義を採り、国家全体のことを考えずに、陸軍は陸軍でいわゆる大陸主義の下に師団の増設を図り、海軍は海軍でむやみに軍艦ばかりを建造しようとしているようでは、国民はその弊に堪えられない。今日の政治がいかに極端な偏武主義に陥っているかは、例えば陛下出御の御召服は必ず軍服である。ほとんど陸軍の軍服であり、海軍の軍服を召されることは少ない。(中略)陸軍の微々たる戸山学校の卒業式にすら、陛下の臨幸を仰ぎながら、一般の学校には帝国大学以外はいかなる大学、専門学校の卒業式にも行幸されたことはない。これらは輔弼の臣が偏武主義であるからに他ならない。

国防は国民の国防なり　国防は国家の生存上一日も欠くことはできない。自分もこれを重視しているが、その計画は厳に国是と一致すべきであり、軍人が勝手に決めるべきものではない。国防計画は軍人の専門に属することではなく、国民全体の討議の上になるべきものである。しかし、我が国の現在は国防計画の権は全く軍人の手中にあり、陸軍と海軍と各その思うがままに振る舞い、国民はいたずらに負担に苦しんでいる。自分はいかにしても国防計画の権を国民の手に収めたい。さもなくは我が国政の前途は、到底暗澹たるを免れない。

亡国の民を羨む　偏武主義の結果、国民がいかに苦しみつつあるかは、例えば、朝鮮の経営を見れば明らかである。内地の民は地租、所得税などの直接税の負担が大きいのみならず、煙草にも塩にも砂糖にも悉《ことごと》く重税課され、生活難がますます甚だしくなっているが、朝鮮の民は租税の負担がほとんど無く、内地の民を苦しめて取り上げた租税のうち一千万円余りを毎年彼らのために費やしている。内地の民が少し眼を開いて事実の真相を見れば、おそらく亡国の民はかえって幸福であることを羨むべきであろう。属領になった以上は、しっかりその経営を行わなければならないが程度の問題がある。現下の我が国は、偏武主義が極端に跋扈《ばっこ》しているので朝鮮、関東州、台湾のように皆、軍人を総督とし、彼らは国家全体のことは一向わからず、ただ自己の功名に焦る連中なので、競って贅沢な施設を建設し、このために内地の国民の負担をますます加重している。

首相財政状態を知らず　我が国は極端な偏武主義の弊に陥り、軍人が跋扈しているが、一面から見ると、我が財政状態が一般の国民のみならず蔵相のほかの他の閣員にさえ知られていないような有様であるためである。例えば、西園寺侯は、山本氏を蔵相としてはじめて財政に関する内情が多少わかったと言った。これは山本氏が素人であるために、何事も首相に打ち明け相談したためである。しかし、それ以前の蔵相は、多く大蔵省の官吏上がりであり、事はみな大蔵省限りにして秘密に附し、首相にもその他の閣員にも打ち明けず、いわんや国民にもこれを知らしめることは絶対にないので、陸海軍は財政のことには構わずむやみに経費を要求し、首相も国民もこれを制する途がない。(中略)首相さえ知らない財政の下に、立派な政治を布《し》く道理がない。

陸海軍拡張の要無し　要するに、我が国の目下の急務はまず、財政の状態を明らかにし、国防計画の権を国民の手中に収め、もって、健全なる国政を布くことにある。もしいわゆる大陸主義の下に支那〔ママ〕分割を夢見るようなことは、絶対に反対するところであり、自分に言わせれば満洲のようなものもこれを我が勢力範囲に置くことは百害あって一利なし。満洲を我が勢力範囲とし、また、ややもすれば支那〔ママ〕分割などということを考えればこそ陸軍の不足も感ずるだろうが、そうでなければ目下の十九師団でもなお余裕がある。自分は陸軍の拡張には絶対に反対する。

海軍については目下の勢力以上に拡大する必要は少しもない。ただ軍艦には一定の年齢があるので新陳代謝を図らなければならず、また、常に艦隊の整備を考えなければならない。したがって、トン数においては現在よりも増加する必要はないが、その勢力を維持するには相当の費用が必要になるであろう。これはやむを得ない。しかし、国防計画の権が我が国民の手中に在る以上は、決して今日のように陸海軍競争のために無益な負担を国民に課せられるような憂いはなくなるので自分の苦痛は非常に減少するであろう。自分がどうしても打ち破りたいのは、実に目下の偏武的政治である。

実業界のトップにいた武営がここで、「満洲のようなものもこれを我が勢力範囲に置くことは百害あって一利なし」と陸軍の大陸主義を公然と批判していたことは、あまり知られていない。

強い味方の存在

ところで、武営がこれほど直截的に陸軍の批判を行いながら、この時代に政府や軍部から直接に弾圧を受けなかったことは不思議に思える。

武営はジャーナリストや学者ではなかった。実業界を代表する人物であり、決して軽々な発言はできない立場にあった。正論の実現のために「千万人といえども我行かん」との精神を発揮したが、「石橋を叩いて渡る」と評されていたような慎重な人物で、よく人の話を聞き緻密に考え抜いた上でしか行動しなかった。

その武営がこのような意見を公言できたのはなぜか。

それは海軍という潜在的に強い味方がいたからであった。

日露戦争後、英国にドレッドノートという大型戦艦が登場したため、世界で建艦競争が激しくなり、日露戦争に使った戦艦が無力化することになったため、海軍は激しい焦りを覚えていた。陸軍がむやみに大陸に展開することにより膨大な軍事予算が使われれば、海軍の軍備の充実が遅れるからである。

こうした危機感を背景にして、海軍軍略家の佐藤鉄太郎は、英国や世界の膨大な戦史を精緻に分析し、一九〇八年に『帝国国防史論』を発表していた。その中で、国防の本義は敵をして一歩も帝国の領土内に入れないことを第一とすべきであり、日本が英国と同じく島国であるという天与の恵福があることを踏まえれば、軍事力は、領土の防衛と日本の海外発展の保護に資する海軍を主とすべきと主張したのである。

そして、ロシアに対して満洲を日本軍の第一作戦地として攻勢作戦をとれば、戦時に五、六十師団があっても不足するだけではなく、大陸での戦力増強や鉄道敷設にも膨大な追加資金が必要となり非現実的である、満洲方面は武断的独占的態度をとらず、中国の猜疑心を払拭させできるだけ平和的に各国協調して中立的な緩衝地帯とすることが望ましい、満洲を維持するために海軍の武力を削減することは、国防上の危機を招きかねないと論じた。

これは、必ずしも海軍の公式見解を示したものではないが、海軍の方針と基本的に大きな違いはなかった。海軍はこのような考え方に基づき具体的に内閣を動かしていた。

ここで少し遡ると、陸軍増師が大問題になった一二年度の予算編成に向けて、海軍は大幅な建艦予算の計上を控えたが、それに先立ち海軍大臣斎藤実《さいとうまこと》は、西園寺に対し各省の経常経費を削減して海軍充実費を捻出すべきと説得を続けていた。山本蔵相はこれに抵抗したが、最終的に内閣はこの考え方を受け容れ、一一年一二月、西園寺は自らを総裁として制度整理事務局を設け、行財政整理に取り組み始めた。海軍は、この行財政整理の結果によって一三年度以降の海軍予算の拡充が実現されることを期待した（「海軍拡張問題の政治過程」）。

西園寺は、それまでの桂園体制で続いていたように、原を窓口にして桂を通じて陸軍やその背後にある山県と協調するのではなく、山本蔵相や松田正久とともに陸軍を押さえ、海軍軍備を充実させる方向に舵を切っていたのである（『大正政変』）。

実際、海軍次官財部彪《たからべたけし》が、増師問題をめぐる議論が沸騰している最中に西園寺に対し、「目下の十九箇師団の戦時兵員にてさえ戦時満洲に繰出し適当に作戦するの計画は立ち難き」と述べて増師が無益であることを一時間にわたって論じると、西園寺は満足していたという(『財部日記』12・11・26)。陸軍の大陸進出を警戒する点で、武営と海軍は一致していたのである。

大日本国防義会会長

このような海軍や内閣の動きを察知していたのであろう、武営は、一九一二年の初め頃から、国防予算については陸海軍が相対峙して争いをするのではなく、国防上真に急を要するものを優先させるべきであると論じ、海軍予算は従来の予算を活用した艦船の更新は必要であるので認めるが、陸軍の組織を改正し、常備兵数を二分の一から三分の一に減らすことを望む。現時のように多数の常備兵を養うことは困難である。日露戦争の経験から三十万の陸兵を一カ年大陸に動かすには十億円以上の経費がかかる(『太陽』12・01・01)と論じ始めていた(64)。

こうした発言に注目して接近してきたのが、海軍関係者であった。『朝野新聞』の記者などを経て、武営との面識があった在野の海軍拡張家の安井正太郎が、同年二月に武営の自宅を訪れ、英国ではロンドン商議所を母体に海軍協会が設立されているように日本でも東商を背景にして海軍協会を設立するように奮起を促した(『海之世界』32・07)。

武営はこの説得に応じたが、実業界には国防に対する理解がないため、まずは国防一般の研究機関を設け、国防の基礎知識ができた上で海軍協会にしたらどうかと提案した。安井らもこの意見を尊重し、国防全般について検討する「大日本国防義会」(以下、「国防義会」)という組織を設立することにした。この時、安井は渋沢にも協力を求めに行ったが断られている。

海軍当局も水面下で協力した。この動きを事前に了解していた海軍大学校校長八代六郎は、「国民の国防という事は、軍人を中心にしては、いろいろの障りが起こるから、実業家にやらせるのが宜しい」(『七十年』)と述べていたという。この頃、同校教頭に在任していた佐藤鉄太郎も、国民一般に国防に対する理解を深めさせることを重視しており、八代と同郷で、海軍に通じた成田鉄道社長の山田英太郎や、海軍の竹内平太郎《たけのうちへいたろう》を同会の調査部長に紹介するなど、国防義会を設立するための協力を惜しまなかった。

国防義会の設立に向けて武営は、経費を負担したり、有力者を紹介したりするなど積極的に協力し、陸軍二個師団増師問題が激化する前の一二年一〇月、同会の設立趣意書・規約を発表した。

賛成者には、田川大吉郎(国民党)や床次竹二《とこなみたけじ》郎《ろう》(政友会)、森久保作蔵(同)ら衆議院議員、柳原義光や大《おお》木《き》遠吉《えんきち》ら貴族院議員、郷誠之助や根津嘉一郎をはじめとする実業家に加え、海軍少将竹内平太郎、陸軍大佐山本米太郎などの軍人や国家主義者の頭山満や葛生恵介、『東洋経済新報』主筆の三浦銕太郎などが名前を連ねた。

そして一三年一月、国防義会は次のような内容を骨子とする宣言書を発表し、この趣旨を実行するために賛同する者の参加を募った(『大正維新政変之真相』)。

ここには、武営と佐藤鉄太郎の考え方が色濃くにじみ出ていると思われる。

- 国防は一国の国命が繫がるところであり、文明的施設も政治的施設も経済的施設もこれを擁護する武力がなければ、空しく砲弾の犠牲になる。
- 吾人の国防とは皇国の国体を擁護する軍備であり侵略的な意味を有するものではない。
- 国力に適応しない軍備は国家を興隆するものではなく、かえって衰亡させる要因となる。

• 国防上、一国の軍備に陸海軍の区別はなく、吾人は之を一国の国防機関としてみたい。
• 国防の整備をするには、まず本国を擁護するために必要な軍備を整え、次いで在外の領土を防衛する軍備に及び、これにより国権の伸張に資することを目指す。本末軽重を誤らないようにしたいからである。

国防義会の設立に向けて国防問題についての理解を深めていった武営は、移民を満洲や朝鮮に集中していくべきとの意見について、気候不順で生活程度も低い満洲に移民することは不適当であり、朝鮮では土地の買収が必要であることから「一種の政略問題で一顧の価値もない」と反対した(65)。また、海外領土の獲得についても〈たとえ何らの収得がない瘠地《せきち》であっても一度これを領有するときは国家の体面上、一歩も外人の侵略を宥《ゆる》すことはできなくなる。このため軍備拡張の必要が生じ無理な算段を敢えてするようになる。軍部が一時の快挙を貪るために領土獲得をしようとすれば国家百年の大計を誤ることになる〉と、軍部の大陸進出に釘を刺した(66)。

その後、ジーメンス事件や第一次世界大戦への参戦などがあり国防義会の発会は遅れ、設立趣意書を発表してから二年経た一四年一一月となった。武営が会長に、渋沢が名誉会員に就任し、有力実業家や在郷軍人、三浦銕太郎など、当初賛成者として名を連ねた者が評議員に就任した*。

やがて海軍は国防義会とは別に海軍協会を設立することになったが、国防義会は実業家と軍人が経済と軍事について情報交換する貴重な場となった。武営の没後は、渋沢が会長を引き継ぎ、四四年まで活動が継続した。

＊小日本主義の源流

大陸への展開を否定するいわゆる「小日本主義」という思想は、三浦銕太郎が『東洋経済新報』誌上に発表した論説「満州放棄乎《か》軍備拡張乎《か》」（一九一三年一月から三月）によって満洲放棄論を展開したことや、その約十年後の一九二一年に石橋湛山が同誌に発表した論説「一切を棄つるの覚悟」で朝鮮、台湾、樺太、満洲など植民地を一切放棄すべきと主張したことが注目されてきた。

これについて大正デモクラシー研究者の松尾《まつお》尊兊《たかよし》は、前述の「偏武的政治と我財政」で満洲放棄を訴えた武営の主張に着目し、三浦や石橋の「小日本主義」の所説は、日露戦争後有力な社会層として登場しつつあった中小商工業者や都市の新中間層の要求を代弁し、三悪税廃止や偏武的財政を批判し、いち早く増師反対を表明した商議所連合会の指導層の要求を最も純粋かつ先鋭に代表したものであると分析した（「日露戦後における非軍国主義の一潮流の一波頭」）。

これは小日本主義の思想の源流に、武営の存在があったことを意味している。国防義会に三浦銕太郎が参加していることはそれを裏付けるとともに、この当時の海軍の考え方が小日本主義の思想にも関係していたことを示唆している。

威武も屈する能わず

このように激しく権力と対峙した武営ではあったが、「節を薩長に屈し巧みに遊泳せば男爵くらいは贏《かち》得たろうが、之なきところが即ち彼〔武営〕の生命だ」（『人物評論奇人正人』）と評されているように、実業家としては富を殖やし、時の権力者と正面から衝突することを避けながら、その時代の社会的栄誉を勝ち得るという別の道もあったはずである。実際、若い頃から活動を共にしていた実業家などが、武営の晩年には次々に「大富貴」となり、元老に評価されて「大官爵」を受け始めていた。

これに対して武営は、〈自分は政界にも実業界にも立ち、時の問題に対して自己の所信をあくまでも主張し、その貫徹に一心乱れずやってきた。意見を異にするものや利害を別にするものからは、頑固であると言われたかは知らないが、大事に当っては良心の命ずるところに従い、進退した一点の内に疚《やま》しいことがないから、過去を顧みて悔いることはない。自分が社会上に活動を休《や》めないのは、要するにこの確信があるからであり、この確信がなかったならば私の存在はないものとなる〉と断言している。(67)

この生き方を支えたのは、座右の銘とした、『孟子』の「天下の広居に居り、天下の正位に立ち、天下の大道を行う。志を得れば民と之れに由り、志を得ざれば独り其の道を行う」と、それに続く「富貴も淫する能わず、貧賤も移す能わず、威武も屈する能わず。此れを之れ大丈夫と謂う」という言葉であった。これは天下の正道を実現するため「いかなる富貴栄華によってもその志を乱さず、いかなる貧賤困窮によってもその志を変えず、いかなる権威武力の圧迫によってもその志を屈服させない。このような剛毅健全の志操があってこそ、真に立派な人物だ」という意味である。

武営は、これこそ世に立つにおいて我が守るべき道と思った金言であり、何かあると幼少の頃から頭に刻まれたこの金言が心頭に発し自分を強くするとして、いかなる大富貴も大官爵も到底この言葉の精神に及ぶものではないと信じていた。

そして、いずれの時代にも正理公道があるがそれが行われず、不正や情実が勝り国家の福祉や人類の発達が阻害されることがあるのは、薄弱の人間が事に当たっているためであると考え、どんな境遇に置かれても自分の良心の命じるところに従って正道を追求する強い心を持ち続けることを信条としたのである。

4　営業税は最大悪税なり

排日土地法案阻止に向けて

一九一三年二月、大正政変で第三次桂内閣が倒れた後の元老会議で、西園寺は桂の後継に薩摩出身の海軍大将山本権兵衛を推挙し、大命が降下した。第二次西園寺内閣は海軍軍備充実を重視して行財政整理に取り組んでいたことから、西園寺には海軍の指導者を推薦することが自然な流れであったのだろう。

しかし、政友会が山本内閣と提携することを表明すると、閥族打破を訴え憲政擁護運動を展開した政友会が、長州閥から薩摩閥に変わっただけの山本内閣に協力することに対して批判が起こり、尾崎行雄は政友会を脱して政友倶楽部を組織し、国民党の犬養毅は内閣に厳正中立をとることを宣言した。

山本内閣の組閣直後に大問題となったのは、米国のカリフォルニア州議会に提出された日系人による土地所有を認めない法案(以下、「排日土地法案」)への対応であった。同州議会には多数の排日法案が提出されていたが、共和党のルーズベルト大統領やタフト大統領は排日の動きに断固として反対しており、このような法案が通過することはなかった。

ところが、一九一三年初めに民主党のウッドロー・ウィルソンが大統領に選出されると、急に排日土地法案成立の可能性が高まった。大統領選挙戦中に、ウィルソンが排日運動に理解を示したことが、共和党の強いカリフォルニア州で民主党が勝利を収める要因となっていたからである。

こうした動きに危機感を持った武営は、サンフランシスコで開催される予定であったパナマ運河開通を記念する巴奈馬《パナマ》太平洋万国博覧会への日本の参加にも関わるとして、サンフランシスコ商業会議所に打電するとともに、在京米国臨時代理大使を訪ね、法案の成立阻止を訴えた。

政府もこの事態を憂慮し、山本首相が武営を官邸に招き、法案阻止への協力を求めた。そこで武営は、ロサンゼルスなどカリフォルニアに所在する商議所会頭あてに法案通過阻止を要請する電報を打つとともに、三井物産や日本郵船などの米国店員や取引先などに、排日土地法案阻止に向けて協力を要請した。また、武営は日本の強い世論を米国側に発信するため、超党派の議員や実業家、有識者を集め、「日米同志会」を立ち上げた。会長は渋沢としたが、病気であったので武営が中心となって調整を行い、米国側に適正な行動をとるように訴えた。

続いて、臨時商議所連合会を招集し、排日土地法案に反対する意見をまとめ、会長名でウィルソン大統領と全米商議所会頭、ジョンソン・カリフォルニア州知事などに排日諸法案に対する懸念を打電した。

ところが、外交ルートによる珍田捨巳駐米大使の激しい抗議だけではなく、このような武営ら実業界や米国人宣教師の努力も実らず、一三年五月、カリフォルニア州議会で排日土地法が成立した。州法であったがこの法律の成立は、日本の親米感情に大きく水をかけることになった。

その後、二〇年代になると排日運動は連邦レベルで広がり、約十年後の一九二四年に連邦法である新移民法が成立し、全米で日本人移民の入国が原則禁止されることになる。

山本内閣への期待

一九一三年六月になると、山本内閣は第二次西園寺内閣時代から検討されてきた行財政整理の方針を取りまとめ発表した。

大幅な法律勅令の制定改廃や官吏削減などにより政費節減額は、一般会計(三千八百四十七万円)と特別会計(三千百九十万円)の合計七千三十七万円と、一三(大正二)年度の一般会計総額の一割以上に相当した。

このような思い切った行財政整理を実行したことを高く評価した武営は、山本内閣に謝意を表するため、七月二六日、閣僚を招待して午餐会を開催した。山本首相、原内相、牧野伸顕外相、山本達雄農商務相、高橋是清蔵相など、ほぼ全閣僚や主要省次官が参加した。これだけの政府要人が揃って参加するのは、東商史上初めてのことであった。挨拶に立った武営は、「言うは易し之を行うは難し」と述べ、山本内閣が、商議所が長年求めながらそれまでのいずれの内閣も成し遂げられなかった行財政整理を実現したことを賞賛した(68)。

この後、武営は国防義会の設立準備をしたり、商議所連合会に海軍中佐を招いて講演させたりするなど、海軍との関係を強化した。さらに、山本首相は渋沢や武営が要望していた明治神宮造営(第六章２)について正式に検討を始めるなど、それなりの信頼関係が構築されていった。

行財政整理の発表により恒久財源が捻出されたことを踏まえ、一〇月に開催された商議所連合会では、日露戦争後から主張してきた本格的な減税がいよいよこの内閣で初めて実現できるのではないかとの期待が高まった。

ところが、連合会開催前に大蔵省幹部から説明を受けたところ、行財政整理で捻出された恒久財源から、既に同年三月の第三十回議会で決定した所得税減税などを控除すると千二百万円ほどしか残らないと伝えられた。

そこで、できそうもない議論を行って政府と対決するよりも、政府に意思さえあればこの程度は必ず実行できる、という範囲での要望をする、との考え方により、営業税は元来性質が良くない税制なので全廃を希望する。しかし、財政状況を踏まえ少なくとも三割の七、八百万円以上の減税を求めることにした。営業税の廃止には、二千五百万円程度の財源が必要であったからである。これに通行税全廃、米及び籾の輸入税全廃などを加え、二千万円の範囲で減税を求める建議をまとめた(「第二十回商議所連合会議事録」)。

ここで営業税全廃だけを求めなかった理由として武営は、営業税には免税点があるために所得が少ない営業者が除外されており、社会政策の観点から見れば、営業税全廃だけでは低所得者層への恩恵がないことを挙げている(69)。

内閣の方針を見極める

ところが、一一月に閣内で一九一四年度予算編成案の検討が始まると、陸軍の増師要求が控えられるなか、行財政整理により捻出された剰余金の使途をめぐり斎藤実海相と原内相が激しく衝突し、財源を奪い合った。そして、海軍の大幅な拡張と、政友会が求める治水や教育基金の充実の方針が決まった。これに大蔵省が、それまで取り崩した国庫の様々な基金の補塡のための予算を潜り込ませた。その結果、高橋是清蔵相が提案した営業税軽減を一九一四年度から実施することは見送られることになった(『原敬日記』13・11・04)。

高橋はこれに不満があったに違いない。高橋が「営業税は悪税なれば全廃に同意なり」と密《ひそ》かに述べていたと、後に営業税廃税運動の中心人物となった国民党の高木益太郎が語っていたことを知った原は、高橋に対し、たとえ「営業税は悪税なれば漸次減税をなして遂に全廃すべし」との持論があったとしても軽々しく口外しないように注意している(『原敬日記』04・01・20)。

このような動きが漏れていたのであろう、年明けの一九一四年一月五日、憲政擁護会の尾崎行雄と犬養毅は、営業税と織物消費税、通行税の全廃を求める悪税反対の第一声を上げ、東京市会議員有志も営業税全廃同盟会を発足させるなど、廃税を求める運動が始まった。

ただし、武営はここで直ちには尾崎らの動きに同調しなかった。大正政変の後、勢いを失っていた憲政擁護会が悪税反対を唱えるのは「敵本主義」、すなわち、真の目的は廃税ではなく政府と政友会に対する政争の具とするために主張しているのではないかと疑っていたからである。廃税要求が三税廃止運動や増税反対運動の時のように、非政友諸党と与党の政友会の間の党派問題に発展すれば、今回も面子をかけて政友会が政府の立場を支持し、三割減の可能性さえ失われてしまう恐れがあった。

こうしたなか、一三日、政府から発表された一九一四年度予算編成要綱には多額の海軍の継続費が計上される一方、営業税については減税が一切盛り込まれず、逆に自然増収が計上されていた。

そこで武営は、東商の臨時総会を開催し、対応策を審議したが、この時点では山本首相が所信表明演説で、いずれ明らかにすると言明していた税制整理の方針が、まだ発表されていなかったため、前年に決めた営業税の三割以上の軽減などの方針を貫徹することを確認するにとどまった。

ところが、憲政擁護会や営業税全廃同盟会の動きに刺激され、中小の物品販売業者が多く加盟する東京実業組合連合会が営業税の全廃を求めて動き始め、商議所に対しても営業税の全廃の方針に変更することを求めるなど、全国的に営業税廃税を求める声が燃え上がり始めた。そして、国民党、中正会、同志会の非政友三党も一致して、営業税や通行税などの全廃を求める方針を決めた。

このように全国的に営業税の全廃を求める声が高まってきたことから武営は、一月三〇日、臨時商議所連合会を招集し、営業税について「三割以上減」のままとするか「廃税」に方針変更するのか諮った。

商議所連合会には政友会関係者も参加しており、現実にできないようなことを求めることは慎重さに欠ける、廃税を求める政党の提灯持ちをすることになるなど、廃税を求めることには強い反対意見が出て、賛否両論大きく分かれ、議論が伯仲した。しかし、最終的に前年秋の連合会が判断した時よりも多くの剰余財源があることが判明したことを根拠にして、営業税の全廃を求めるという方針に転換した(「第二十回(継続)臨時商議所連合会報告」)。

猛然と廃税に舵を切る

営業税廃減税が大きな政治問題として盛り上がりつつあった時、一九一四年一月二三日の衆議院で、同志会の島田三郎がジーメンス商会による海軍高官への贈収賄事件(以下、ジーメンス事件)を取り上げ、追求を始めていた。

こうしたなか、山本首相が予告したとおり、政府は二月三日、営業税減税法案を提出した。しかし、減税額は四百七十万円程度であり、一九一五年一月一日から実施するという、内容の乏しいものであった。

山本内閣がそれなりの減税を実施することを、最後まで期待していた武営は、ここで内閣に誠意がないことを見極めた。

そして商議所連合会で政府が海軍を押し通すか、民意を容れて廃税するか二つに一つの選択の問題であると断言し、「吾々実業家は恒久的財源に余裕ある今日、これを営業税の全廃に充当せずして海軍拡張案に取り上げんとするが如きは大反対を表する所にして、もし廃税案が海軍拡張のために犠牲に供せれんか、吾人は大決心を有す」(『都』14・02・05)と述べて廃税に舵を切り、山本内閣の敵対勢力に転じた。[70]

廃税の方針が決まった後の武営の動きには凄みがあった。

まず、商議所連合会の決議実行委員を増やし、地域ブロックごとに議員に働きかけさせた。さらに東京実業組合連合会の星野錫会長を商議所連合会に招いて活動状況を説明させた上で、各地の商議所が地元の実業団体などと積極的に協力して運動を展開するように指示した。

すると、全国各地の商議所、実業団体、商工団体、県民大会、市民大会などの廃税運動に弾みがつき、次々と廃税の決議や請願を提出し始めた。大阪の堂島の「廃税大演説会」には三千人の聴衆が参加した。

こうした商議所や実業団体の説得、世論の高まりに動かされ、政友会の東海や中国、四国、近畿など地域ブロックの代議士会が動かされ、営業税を含め千五百万円以上の減税を行うべきとの意見を決議するようになっていった。大正政変の時と同じく、政友会では院外の地方支部の方が先に動き始めたのである。

さらに武営らが「毫《ごう》も其歩調を緩めずして専《もっぱ》ら政友会市部選出議員に肉薄」していくと(『大正政戦史』)、脱党しても営業税廃税を支持するという議員が出始めた。

このような激しい廃税運動を受け、追い詰められた政友会は、二月七日、代議士会を開き営業税を含め千五百万円以上の減税を求める方針を固め、幹部に一任した。

九日には、廃税運動を展開した商議所連合会有志、全国実業組合各団体、東京実業組合連合会、東京市全区連合会、東京府市会議員有志、営業税全廃同盟会が一堂に会し、全国から五百人を超える参加を得て営業税全廃大演説会を開催した。

ここで武営が座長となり、満場一致で「営業税は最大悪税なり、全国有志大会は誓って之が全廃を期す」と決議した上で、「吾人同志は営業税全廃案に反対する代議士を再選せざることを誓う、右の趣旨に基づき全国代表者はその地選挙区に於てこれが実行を期する事」との申合せを行った(『大朝』14・

02・10)。そして演説会終了後、朱丸の中に廃の字を記した旗を立て、星野賜を先頭に実行委員を乗せた数十台の車が衆議院に陳情に押しかけるという光景が見られた。

この日、国技館で、ジーメンス事件について政府を激しく糾弾する海軍廓清演説会も開催され、営業税廃税運動とジーメンス事件が合流し、内閣を批判する世論の勢いが激しさを増していった。

翌日の一〇日、日比谷公園でジーメンス事件について内閣弾劾国民大会が開催され、内閣弾劾決議案が政友会によって否決されたことを聞いた民衆が激昂し、国会議事堂に押し寄せた。これに対し、政府は警察と軍を動員して民衆運動を厳しく取り締まり、政友会の中央新聞社の前で示威運動を行った者に対して、警官が抜刀し流血する騒ぎが起こるなど、首都は騒然とした。

営業税関係法案の審議が近づいた一二日、武営は営業税全廃を求める東京や地方の商工業団体関係者などの有志からなる「大日本商工協会」を設立し、「営業税全廃に反対したる代議士に対し将来衆議院議員及び其の他総ての公職に選挙せざるは勿論、併せて一切の交誼を絶つ」と決議した(『大朝』14・02・13)。

危機感を抱いた原は、ぎりぎりまで様子を見極めた上で、一三日、営業税三割減と地租、相続税、通行税、織物消費税などを合わせて約千八百万円の減税を求める方針を、党として最終決定した。

そして、政友会員が切り崩される前に、非政友諸党が提出した営業税の廃止法案などを直ちに葬る作戦を立て、一四日、急遽、委員会を開会し、関係法案の審議を始めた。

審議の引き延ばしを狙った非政友諸党に対し、政友会は実質的な審議をすることなく討議終結の動議を提出して採決に入り、政友会提出の営業税の減税法案などを可決し、同志会、国民党、中正会などが提出した廃税法案を全て否決した。

ところがその時、議会に政友会事務員の徽章をつけた壮士が紛れ込み、同志会の議員の顔面を殴打する事件が発生し、議場は紛然となった。

それにもかかわらず政友会は、その日のうちに衆議院本会議に法案を緊急上程し、成立を図ろうとした。本会議が始まると、野党から議員殴打事件による秩序紊乱の理由により三日間の休会動議が出されたが、これを否決した政友会は、一切の質問及び動議を提出させないという動議を可決し一挙に法案の採決に移ろうとした。

これに対し「議場の囂々《ごうごう》は、宛《さなが》ら地獄の釜底の沸き立つに似たり」(『大朝』14・02・15)と、議員が足音を鳴らし、同志会の小泉又次郎(小泉純一郎元首相の祖父)が憤慨のあまり「此首が落ても投票を為さしめず」(『東朝』14・02・15)と啖呵《たんか》を切り、議長席に駆け上がって怒号するなど、議場は手が付けられない状況になった。そこで議長は休会を宣言し、採決が延期された。

写真5-5　日比谷公園での内閣弾劾国民大会(1914年2月10日)

多数の力によって討論も許さずに決議に持ち込もうとした政友会の強引なやり方は「議院開設以来の横暴」と批判された。

翌々日に持ち越された本会議では、政友会提出の営業税減税法案などが可決され、非政友諸党の廃税法案は全て否決された。これを見た原は、日記に「大風一過の観あり」と記している(『原敬日記14・02・16』)。

衆議院で可決された政友会案が貴族院に送られると、通行税や織物消費税の減税は否決されたが、営業税三割減と地租、相続税の減税を含む総額千五百万円の減税法案が可決され、法案が成立した。

廃税は実現できなかったものの、前年秋に商議所連合会において決議した営業税三割減を含む減税が実現した。しかも、営業税の最低課税額が二倍に引き上げられたことから、納税者の約三割が免税となった。これは、政府提案の四百七十万円程度の営業税減税額を大幅に上回り、日露戦争後初めての本格的な減税となった。

当初から武営が懸念していたように、議会では減税か廃税かをめぐり与野党間の激しい攻防となった。しかし、かつての三税廃止運動や増税反対運動とは違い、今回は、政友会にも都市部を中心に商工業者の立場を理解する議員が増えていた。その上で商議所が各地の実業団体などと協力し、地元から政友会の議員を個別に切り崩すことに成功し、下から、原などの党幹部を動かしたのである。

営業税を廃止することはできなかったが、これだけ全国の商工業者が廃税運動を展開していなければ、当初案のように海軍と政友会の予算要求が優先され、営業税の三割減税を実現させることができなかったことは間違いない。*

この後、貴族院では、山本内閣への批判を強めた山県系の田健治郎が中心となって海軍予算案を削減したため、貴衆両院協議会が開催されたが、貴族院が協議案を否決し調整がつかず、政府予算案が不成立となった。これを見て三月二三日、山本内閣は総辞職した。

＊営業税三割減か廃税かは階級問題か？

日本史研究者の江口圭一は、武営が営業税の廃税を直ちに支持せず、中小事業者を中心とする実業組合連合会などの運動に押される形で廃税の方針に転換したことを根拠にして、営業税廃税運動を推進したのは中小企業などの「小資本家・小ブルジョアジー」であり、武営は大企業を含む商議所という「上層のブルジョアジー」を代表していたために廃税に消極的であったと解釈している（『都市小ブルジョア運動史の研究』）。

実業組合連合会などが、営業税全廃に積極的であったことは確かであるが、江口はその理由として、営業税は中小企業の方が大企業に比べて負担感が大きかったことを挙げている。しかし、巨額な売上高を誇った繊維商社が積極的に営業税廃税運動に参加し、やがて所得に応じて課税される営業収益税に替わると問題が終息したように、営業税の問題は利益の有無にかかわらず課税される外形標準課税であったことにあり、本質的に企業規模や階級によって利害が対立する問題ではなかった(第三章2参照)。したがってこの後も、商議所連合会と実業組合連合会などが協力しながら廃税の実現に向けて積極的に取り組んだのである。

特に武営は、三税廃止運動や増税反対運動、営業税廃減税運動でも税制改正に当たって一貫して低所得者層に社会政策的な配慮をすべきと主張しており、大企業の利害を代表したため、中小企業などに対して冷淡であったとの指摘は当たらない。

本文に記したように、当初武営が廃税に慎重であったのは、基本的に政府や与野党の真意を確認するためであり、政府が海軍予算を優先し減税に消極的であることを見極めた後は、全国各地の実業組合連合会などと密接に協力しながら猛然と廃税運動を調整・推進したことはそれを示している。

政局を動かす商議所連合会

欧米に留学し地元で民衆のデモを見て帰国したばかりの吉野作造は、営業税廃減税問題とジーメンス事件をめぐり、民衆運動により山本内閣が崩壊に追い込まれた現場を直視し、評論「民衆的示威的運動を論ず」(『中央公論』14・04)を発表し、「日本の今日の憲政の発達という上から見て、この民衆的示威運動という現象は一つの喜ぶべき現象である」と論じて、民衆運動によって民衆の判断が政治に反映されたことを評価した。

これ以降、吉野は民本主義の考え方を深め、評論「憲政の本義を説いて其有終の美を済《な》すの途を論ず」などを発表し、学者の立場から大正デモクラシーの気運を高めていく。

ところで、一九〇五年に東商会頭に就任して以来、武営は政党の党首などの政治主体ではなかったが、実質的に内閣の存立にも一定の影響を与えることができたのはなぜだろうか。

この点について日本史研究者の坂野《ばんの》潤治《じゅんじ》は、日露戦争後は、厳しい財政状況の下で軍備増強をめざす陸海軍と、鉄道や港湾の整備などの積極政策を通じて党勢拡大をめざす政友会、そして減税を求める商議所連合会が財源の分配を求めて競争するなかで、商議所は自らの要求する減税を阻んでいるものが、ある時は政友会の積極政策、ある時は陸軍の師団増設や海軍の建鑑要求と映り、その都度、少数政党や言論界、民衆運動などの味方を見出して、その力を実力以上に発揮させたからであると解釈している（『大正政変』）。

すなわち、武営は政局に直接関与できる立場にあったわけではないが、生活に密着した経済という現場から商工業者の声を結集し、世論を大きく動かすことによって政治のパワーバランスに影響を与えたのである。

振り返れば、第一次西園寺内閣の増税に激しく反対したことが倒閣の要因の一つとなった。そして、巨艦ドレッドノートの出現以降、海軍が強力に建艦費の増加を求め始め、陸軍と力を拮抗させる状況で、武営が海軍の立場を支持し陸軍二個師団増師に強く反対したことが、その後の大正政変をもたらす力を生み出した。

続いて、行財政整理と減税の実施を期待して海軍を背景とした山本内閣を支持し、その安定に寄与していたが、営業税問題を軽視したことから内閣の敵対勢力に転じ、ジーメンス事件を機に貴族院を通じて攻勢を強めた陸軍とともに内閣を倒す力になったのである。

第六章

晩年の総決算

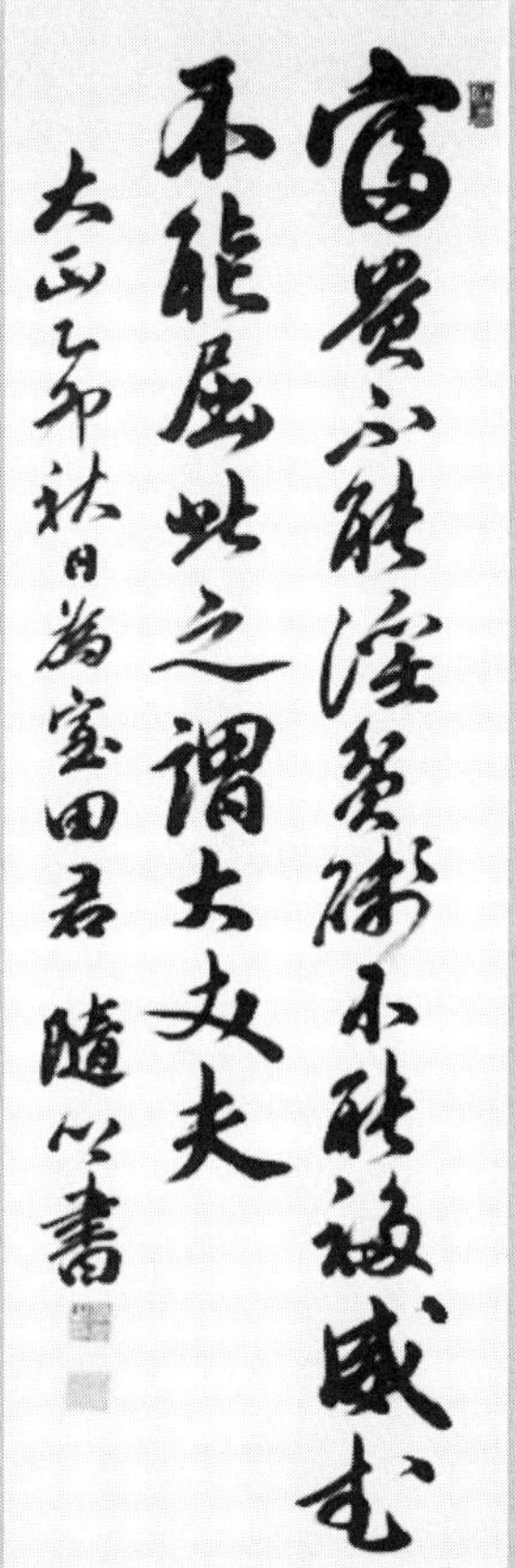

中野武営の書
「富貴不能淫　貧賤不能移　威武不能屈　此之謂大丈夫」
大正乙卯(1915 年)秋日為　宝田君　随郷書

「天佑」といわれた第一次世界大戦の勃発により、日露戦争後、長い不況と厳しい財政状況、国際収支の制約に腐心していた日本経済は、開戦後しばらくの間、工業原料の輸入の途絶などにより混乱したが、二年もすると輸出の増大や海運・造船業の発達などにより空前の大戦景気を迎えた。

大隈内閣が発足してから一九一八年に武営が没するまで、残されていたのはわずか四年間のことであった――。

1　戦時経済への対応

一六年ぶりの大隈内閣

山本内閣が総辞職した後、元老会議が何度も開催されたが、後任の首班の選定は難航した。大正政変で陸軍が批判され、ジーメンス事件で海軍が傷つき、閥族と組んで政権に固執する政友会への反感が高まり、貴族院出身者では衆議院を抑えることもできなかったからである。最終的に元老の井上馨が、在野にいて「民衆政治家」として高い人気を誇っていた大隈を推薦し、元老会議もこれを了解した。

大隈は首相への就任の打診を受けた後、渋沢と武営を招いて意見を求めた。二人は、政治の圏外に立って時弊を救拯する道もあるだろうと、進言したが、大隈の蹶起《けっき》によって収拾するしかないとの事情があればやむを得ないと伝えたともいう(『報知』14・04・12)。武営は晩節を汚す恐れがあるとして、大隈の出馬に慎重であった。

この後、大隈は首相就任を受諾し、一九一四年四月、約十六年ぶりに第二次大隈内閣が発足した。七年ぶりに政友会が政権から離れ、加藤高明を党首とする同志会や尾崎行雄を党首とする中正会が与党となったが、国民党の犬養毅は入閣に応じなかった(『大隈重信　下』)。

大隈内閣が組閣されると国民や言論界は歓迎し、熱狂的な大隈人気が沸騰した。日露戦争以後続いた不況と、藩閥と政友会の妥協政治の継続により閉塞感が強まっていたため、大隈であれば民意を反映して政界に新風をもたらすだろうとの期待が高まったからである。

吉野作造も、従来の内閣は衆議院で多数党の政友会と官僚・元老の二勢力が決定してきたが、大隈内閣が「不完全ながらも此の一大勢力の外に立って、新なる国民的勢力を基礎として内閣を構成したのである」(「変態立憲政治より正態立憲政治へ」)と、憲政の発達の観点から歓迎した。

第二次大隈内閣が発足した時、武営は六十六歳であった。大隈内閣時代は、首相が大隈であったばかりでなく、政友会よりは近い非政友諸党が与党となった。また、第一次世界大戦勃発によりいったん景気が落ち込んだが、やがて空前の大戦景気が到来し、日本経済もそれまでの不況と財政制約から解放された。武営はこうした恵まれた活動舞台を与えられ、東京市会議長を務めながら、大隈内閣を支持し、渋沢との関係を深めながら、国家的、公共的プロジェクトの実現や社会的問題の解決に奔走する。

重化学工業化に本腰を入れる

営業税の全廃を煽った同志会や中正会が大隈内閣の与党となったこともあり、武営は営業税の廃止を求め、手を緩めることなく内閣に迫った。しかし、いったん内閣に入ると、同志会の若槻礼次郎蔵相は財政上の観点から慎重となり、大隈自身も内心は廃税に強く反対していた。商工業者からの期待を受けた内閣は苦しい立場に置かれ、営業税廃税について曖昧な態度をとり続けた。

こうしたなか、一九一四年七月に第一次世界大戦が勃発し、世界の金融・保険市場が混乱して海運が滞り、ドイツからのソーダ、染料、医薬品、鉄鋼など、産業や国民生活に不可欠なものの輸入が途絶えるなど日本経済に大きな混乱が起こった。

大戦により国内経済の混乱が続く状況で八月下旬に日本政府がドイツに宣戦布告したことから、武営は営業税廃税運動の中核的推進母体となった大日本商工協会の幹部と協議し、政争を排し、挙国一致して戦時に対応する必要があるとして全会一致で営業税廃税運動を一時中止する方針を決めた。

そして戦時経済の対応、特に工業品の自給率向上のため、化学工業や鉄鋼業など重化学工業の育成に注力する。

何よりも戦時の自給率向上が最重要課題となり、農商務省が中心となって設立した国産奨励会の幹事に就任した。

また、ドイツからの輸入染料が途絶し、染物の色がだんだん薄くなっていくといわれ、窮地に追い込まれた染料業者からの要請を受けて、大阪商議所の稲畑勝太郎や渋沢とともに染料製造工場の設立を農商務省に働きかけた。政府は、これを受けて染料医薬品製造奨励法を制定したことから、一六年二月、日本染料製造株式会社（現・住友化学）が設立され、武営は監査役に就任した。

さらに、鉄鋼の自給度を上げるため、商議所連合会として民間の製鉄会社の設立促進を建議し、これを受けて政府は製鉄業奨励法を制定した。同法による支援措置を活用し、一七年一一月に武営は渋沢らと東洋製鉄株式会社（現・日本製鉄）を設立した。そして、渋沢からの依頼を受けて同社社長に就任した。

武営が工業に力を入れ始めたのは自給率の向上のためだけではなかった。

それまでは、外貨獲得と増加する日本の人口に対応するため、西欧諸国のように移民を有力な選択肢として考え、これを推進していた。しかし、カリフォルニア州の排日問題などを経験し、「日本人はどういう訳か外国人より頗る排斥を受ける」と述べて、移民の拡大は困難であると認識するようになった。

その上で、「今日の世界は決して侵略的に他国の国を取って我版図を広めることはできない、将来決してすべきものでない、（中略）日本のように人口が多く土地の狭い所では工業に従事するのが一番適当であると思う」と認識し、日本の発展の方向は、侵略的に海外領土を拡張することではなく、国内の工業を振興し、貿易を発展させていくことを基本とすべきであるとの信念を抱くようになっていた[71]。

独創的発明による工業の発達を

重化学工業化の推進のため、武営は渋沢とともに理化学研究所の設立に貢献した。

アドレナリンの発見などで世界的な業績を上げていた高峰譲吉が一九一三年に帰国し、渋沢に化学研究のための国民科学研究所の設立をもちかけた。渋沢は武営と高松豊吉に相談し、上野精養軒に朝野の名士を招いて高峰の講演会を開催した。そこで高峰は、軍艦一艘建造する資金を研究所設立に費やせば必ず二、三の世界的大発明がなされ、富を起こす基礎が立つ、と訴えた。

そして渋沢と武営は、高松と池田菊苗、田原良純、桜井錠二、鈴木梅太郎とともに、今後の日本は学者に自由研究できる道を与え、独創的発明を奨励しなければ模倣的工業の域を脱することができず、将来永く工業の発達を望むことはできない、との「化学研究所設立ニ関スル請願」をまとめ、政府に対しカイザー・ヴィルヘルム研究所（現・マックス・プランク研究所）や米国のカーネギー研究所、ロックフェラー研究所のような化学工業の発達を目的とする自由研究所の設立を求める請願を行った。

その後、第一次世界大戦勃発により化学製品の輸入が途絶えたことを契機に、産業界全体で化学産業を自立させることの緊要性が認識されるようになり、商議所連合会会長として政府に対して同構想を実現するための理化学研究所の設立を建議した。

大隈内閣はこれに応じ、一六年、理化学研究所に対する国庫補助を行うための法律を制定し、武営は渋沢とともに研究所の組織づくりや寄付金集めに力を注ぎ、一七年三月、皇室からの下賜金も得た上で伏見宮貞愛親王殿下を総裁とする財団法人理化学研究所が設立された。

実業界の双璧

このように初代と二代目の東商会頭である渋沢と武営という実業界の大物の二人が密接に協力し、国家や公共のために「好一対」となって貢献していたことが注目され、二人は「実業界の双璧」として信望を集めるようになった。

明治二十年代に出会った頃には、明治政府に近い渋沢と、政党政治家であった武営は立場が異なることが多かったが、やがて東商の活動を通じて信頼関係を深めていった。武営が渋沢の後継として東商会頭に就任してからも、折に触れ渋沢に協力を求めることがあったが、特に渡米実業団で一緒に訪米して以降、二人の絆は一層強くなったといわれる。

そのような武営は、渋沢について次のように評している。

> 渋沢男は公平無私な人である。社会のあらゆる階級においてまず私の知れる人の中では、男爵くらい公平な誠実な人はあるまいと確信している。国家のため、社会のためという考えが常に男爵の頭を去らない。あるいは智力、手腕等においては男爵より以上の人があるだろう。けれども総ての事をあの位に公平に天真爛漫にやる人は無かろうと思う。決して自分一個の利益のみを図らず、何でも国家のためということを主にしておられる。(72)

官尊民卑を打破し実業界の地位を向上させること、国家や公共のために貢献することについて二人の、武営と渋沢の思いは一致していた。渋沢は武営から話をよく聞き、良いと思ったことについては協力を惜しまなかった。武営も渋沢から協力を求められると、持ち前の実行力を発揮してそれに応えた。
この点について大隈は、「渋沢男爵は最も多く氏〔武営〕の長所を認めた人で、氏のためには無二の知己であった」(「噫 中野武営君」)と評している。山県や原から警戒されていた武営にとって、渋沢の協力を得た方がものごとを進めやすかった面もあるだろう。
こうした二人の関係について、次のように言われている。

渋沢中野両翁の関係は、双方相持ちの化合作用であって、渋沢翁単独ではできそうもない事を中野翁との共力でやって退けた事が多かったろうというもので、之《これ》は水魚の仲とも言えましょう。真に得難き知己の間柄であったのです。故に中野翁の仕事は、全部が、単独自力でできたとは言えぬが、また全部が渋沢翁の取次ぎであったとも言えず、中野翁にしては、良き助言者を渋沢翁に得、渋沢翁にしては良き実行者を中野翁に得たと言えましょう。一方だけでできないものが、双方の化合作用によって、できたようなものです。(『七十年』)

他方、政治の舞台に身を置き、正論を通すために政府と対峙することも辞さなかった武営と、政治と距離を置きながら全方位で権力との円満な関係を築いていた渋沢の持ち味の違いは、次のようにも伝えられた。

〔武営は〕渋沢栄一と協力して、藩閥・官僚の政府に対抗して、一般実業家の地位を高めるために、死ぬまで活動したのだが、渋沢は円満な人物であり、彼は力にまかせて仕事をする方だったから、結局、いつも憎まれ役は彼が引受けることになった。之を敵にしては恐ろしく、味方に持てば強くて実に頼もしいというのが、彼の昵近者の間の定評であった。人に対しては温情をもって接する彼も、いざ闘うとなると、一歩も退かない剛毅硬直な性格を発揮したのである。（『日本英雄伝』）

大隈内閣支持を貫く

大正政変やジーメンス事件が続き、陸海軍が競い合って予算要求することの弊害が誰の目にも明らかになり、大隈は一九一四年六月、首相の下、外相、陸相、海相、蔵相、参謀総長、海軍軍令部長を構成員とする防務会議を設置し、陸海軍の軍備に関する重要事項を審議する体制を整えた。ところが同会議が開催された直後に日本が第一次世界大戦に参戦したため、当初期待されていた両軍の調整には十分に入りきれずに、それぞれの予算を削減した上で軍艦三隻の継続費化と陸軍二個師団増師の方針を決定した。

そこで、政友会総裁に着任した原は、この増師に反対することにより、大隈内閣を追い詰めようとした。しかし、第一次世界大戦に参戦したことから、大正政変前のように陸軍増師を否定する世論は弱まり、政友会の中にも増師を支持する声は強かった。そこで原は、山県の反発を買わないように内々の了解を得た上で、あくまでも二個師団増師に反対するわけではなく、増師については大戦が終結した後に研究するのがよいという理由により、翌年度予算から増師予算案の削除を求めた（『東朝』14・12・24）。

これに対し渋沢と武営は、政争が激化すれば三年続けて予算が不成立となるなど、経済を一層混乱させるとして大隈と原の双方に自制を求めた。特に武営は、生糸や綿糸の輸出が途絶し、金融界が大きな打撃を受けるなど開戦後の危機的な経済情勢に対応するために政治の安定を最優先し、「挙国一致」ということで営業税廃税運動を中止したという思いがあっただけに、政友会がことさらに政局をめざそうとすることを牽制した(『世界』14・12・04)。

しかし、大隈と原のいずれの気持ちも固かった。実業界の仲裁努力にもかかわらず政友会は二個師団増師予算を否決した。そこで大隈は衆議院を解散し、一五年三月に総選挙が実施された。

この時の選挙では、大隈人気などから総議席数三百八十一人のうち、大隈の与党である同志会が百四十四人と中正会が三十六人、大隈を支持する早稲田大学校友(卒業生)が中心となって設立し武営も参加した「大隈伯後援会」が二十九人当選して過半数を制した。その一方、政友会が七十八議席を減少させ百六人、国民党は二十七人となった。

こうして圧勝した与党の支持を得て、大隈内閣は陸軍二個師団増師の予算を成立させた。

実業は平和の畑でなければ成木しない

さて、大隈内閣で大きな問題となったことが対中政策であった。

第二次西園寺内閣の時代、辛亥革命によって清が滅び、一九一二年一月に中華民国が建国された。しかし、その前後の中国の内乱を通して、中華民国を建国し初代大総統に就任した孫文と、その地位を奪った袁世凱のいずれを支援するのか、また、中国に干渉するのか、中立を保つのかという点について、日本としての統一的な方針が固まる前に、政府や陸海軍、政党、大陸浪人などがそれぞれの思いを持って動いていた(『辛亥革命』)。

こうした情勢の下で、一四年二月に中国政府が、日本が最初に先鞭をつけていた、延長と承徳の油田の権益を米国のスタンダード・オイルに与えるという事態が発生した。

これを見た武営は、中国をめぐる列国の角逐が激しくなるなかで日本が出遅れ、日中協力により実施すべきこの事業を失ったことを嘆いた。そして、対中外交を刷新し、日中親善関係を強化するために、公使館の大使館への格上げや領事館の増設、商務官の配置、各方面からの識見才幹のある人材の登用など、経費を惜しまず体制を整備すべきと訴えた(73)。

この頃米国は、北京に米国への留学生の予備校として清華学堂(現・清華大学)を設立し、中国人の米国留学を促進するなど、中国政府の心を捉えようとしていた。

その後、日本が第一次世界大戦に参戦し、膠州湾のドイツ根拠地の青島を占領した二か月後、大隈内閣の加藤高明外相は袁世凱大総統に対し、山東省のドイツの権益や、ポーツマス講和条約でロシアから受け継いだ南満洲や東内蒙古の権益と地位の承認などを求める、対華二十一カ条要求を提出した。

これに中国側が激しく反発したため政府は、秘密事項として提案し日中交渉で最大の争点となっていた第五号の「中国政府に政治財政及び軍事顧問として有力なる日本人を招聘すること」との希望条件を削除した上で、一五年五月に最後通牒を発し、その受諾を迫った。

結果として開戦には至らず、中国側が要求を受諾したが、中国のみならず同盟国の英国や、米国からの日本政府への不信感を強め、その後各国との関係悪化を招くことになった。

この交渉内容は、事前に中国側から外部に漏らされていたが、加藤は元老に対しても話をせず秘密交渉を行っており、武営がどこまで政府の方針を知らされ、いかなる意見を持っていたかを史料で確認することはできない。

ただし、日中交渉妥結後、武営が中華民国の駐日公使に対し「我々実業は平和の畑でなければ成木致さぬのであります、成長致さぬのであります、何れの国に対しても平和を我々は求めている、いわんや中華民国との間におきましては益々親善を保ちしかして東洋の平和を維持し東洋の発展を図ることを努めなければならぬのであります[74]」と述べているように、日中間の紛争を何としても避けるべきと考えていたことは間違いない。

日中交渉が始まってから中国では日貨排斥運動が発生し、中国への綿糸や綿織物の輸出が多い大阪が打撃を受け、三井物産も日貨排斥による損害の方が問題であると漏らすなど（『実業之世界』15・08・25）、実業界では権益の獲得よりも、日中関係の悪化により市場を損なうことを懸念する向きが強かった。

他方、武営は「欧米人の対東洋策の根本義が、日支〔ママ〕の離間にあることは火を視るよりも燎《あきらか》である」と指摘し、日中両国民は、欧米が日中を対立させて漁夫の利を得ようとしていることを自覚すべきであると警告した[75]。さらに、〈中国の当局者は、夷を以て夷を制するというような旧策を踏襲し、中国に対する日本の態度も常に一致を欠き動揺を生ずるため、両国民間に誤解が生じ嫉見反目する結果を生じさせている。このようなことは、実に由々しき大事であって、この状態が続き革正できなければ東洋は遂に大なる破壊あるのみである[76]〉と、中国側の対応を批判すると同時に、日本側にも一貫した方針がないことへの危機感を露にしている。

こうした思いから武営は、実業界においてできる範囲で日中親善交流を深めることに力を注ぐ。

引退時に政府が介入

武営は、政友会によって剝奪された商議所の強制経費徴収権を復活させる機会を辛抱強く待っていたが、一九一六年四月、大隈内閣の下でこれを実現した。七年ぶりのことだった。これを見届けた上で、一七年一月開催の商議所連合会の後、東商会頭の職を辞することを表明した(『東朝』17・01・30)。既に前年の一六年一〇月に約二年半続いた大隈内閣が退陣し、山県直系の陸軍の寺内正毅《てらうちまさたけ》に大命が降下し、政友会との提携も進めていたことから、潮時であると考えたのであろう。

武営が東商会頭の時代は「一再ならず外圧との抗争をひき起こしたが、逆に東商内部では一致団結、商工業者協調の精神がよく発揮された」(「東商人物一〇〇年史　5」)と評され、留任を求める声は大きかったが本人の気持ちに変わりはなかった。

ところが、ここで政府が介入する。

武営と渋沢は、後任の会頭候補に第一次大隈内閣の大蔵省次官で、初代日本興業銀行総裁や鉄道院総裁などを歴任して報知新聞社長であった添田寿一を推薦した。しかし、寺内内閣の農商務大臣仲小路廉《なかしょうじれん》は、この人事に反対した。『報知新聞』は旗幟鮮明な政治新聞であったという理由からだった。添田は山県が嫌う大隈に近かったのである。

武営と仲小路はお互いに譲らなかった。しかし、紛議を長く重ねると官民の軋轢《あつれき》となる恐れがあるとして、最終的に添田は会頭を受けることを辞退し、藤山雷太が会頭に選出された。

藤山は三井銀行に入り王子製紙専務などを歴任し、渋沢の紹介で大日本精糖社長としてその再建に力を発揮した生粋の経営者であった。息子は後に政財界で活躍した藤山愛一郎である。

東商会頭を辞した後も、武営は、渋沢や藤山とともに災害対応などに力を発揮した。

一七年一〇月、東京を台風が襲い、関東地方の広範な地域に被害が発生した際、「東京風水害救済会」を設立し、東京府や東京市の立案する救済事業の補充や被災者の生活支援を行った。また、翌月、天津で大洪水が発生した時には天津水害義助会を設立し、天津の在留邦人や地元の人々への支援に当たった。さらに一八年八月、シベリア出兵を機に物価が高騰し、全国で米騒動が勃発した時は「東京臨時救済会」を設立し米の廉売を促進した。

いずれの場合も三人が発起人となって実業界からの義捐金を集めるとともに、皇室からの下賜金も得て、当局と密接に協力しながら迅速に対応を行った。

2 東京市に貢献する

しゃがれ声の議長

ここで少し遡って、大隈内閣が組閣された頃の東京市政に目を転じてみたい。

大正政変やジーメンス事件、営業税廃税運動を通じて大正デモクラシーの風潮が高まるなか、政友会系の常盤会によって長年支配されていた市政の刷新を求める声が高まっていた。

東京市は電車や電灯、ガスなどの公益事業の許認可権限を持っていたが、その運用をめぐり汚職の噂が絶えなかった。これに加え、政友会所属の市助役が営業税の廃止に反対したことに対し、市会議員や商工業者の間から強い批判が起こっていた。

そこで、東京市会議員選挙が近づくと、東商副会頭の大橋新太郎が、市政を刷新するため市会に政党色の少ない実業家を送り込むことを思い立ち、有力実業家に出馬を促した。

大橋の要請を受けた武営は、大橋や豊川良平(三菱)、加藤正義(日本郵船副社長)、星野錫とともに一九一四年六月の市会議員選挙に出馬し、当選を果たした。このように実業界を代表する著名な人物が揃って市会に進出したことは稀有なことであった。

この時の選挙では全七十五議席のうち四十八議席を制していた政友会系の常盤会が二十議席へと激減し、財閥五人組といわれた、武営ら実業界の重鎮や非政友会系の五十四人が当選し、新たに市政倶楽部を結成した。

現在でも東京都議会選挙の結果が次の衆議院議員選挙の結果を占うというが、この時の東京市会議員選挙も国政選挙の前ぶれとなった。翌年三月に大隈内閣の下で行われた衆議院議員選挙において政友会は大敗を喫するのである。

改選後に行われた市会議長選挙では、常盤会の議員も二十人いたが、全七十五議席のうち武営が七十二票をとり、圧倒的多数で議長に選出された。

ここで余生を東京市政に捧げようと考えたとしても不思議ではない。

そもそも武営は地方官吏上がりで、愛媛県会議長や香川県会議員を務めた経験があり、米国の健剛な地方自治に共鳴していた。そして、「国家内治の盛衰いかんは同時に一村一町一市一郡一県の自治の盛衰いかんに関す。自治は実に国家内治の最重要なり」として、国政の基礎としての地方自治を重視し、特に東京については「今日の東京は最早日本の東京たるに止まらず、進んでは世界の東京たる地位に入りつつあり。（中略）全国の模範都府として模範的自治の実を全うすべきである」と論じていた。[77]

東京市は東商の地盤であり、一二年七月に渋沢の女婿の阪谷芳郎が東京市長に就任したことを歓迎していた。[78]また、東京電燈取締役の経験もあり、東京瓦斯と千代田瓦斯の合併問題の仲裁をしたり、問題を抱えていた市電や電灯事業は、東京馬車鉄道の後身の東京鉄道から市が買収した事業であったりしたことから、市政のあり方には関心が深かったのであろう。

東京市会議長に就任した武営は、東商会頭を続けながら没するまで、御大礼奉祝会の開催、市電料金の改定、電灯統一、市長の銓衡《せんこう》〔選考〕など、この時代の市政の重要問題に取り組んだ。

市会議長としての武営は「しゃがれ声」ではあったが、議会が騒がしくなると、議長ぶりを発揮し荒武者も憤らせなかったと言われた(『時事』18・10・09)。長年、市会議員を務めた野々山幸吉は、議長の武営について「議長中の議長と認めます。議長には、意見を発表ということがなく、議員の意見をまとめるところが能なのです。私は二十八年間も、東京市会におったのですが、一番議長らしい議長は中野武営氏であったと信じております」(『七十年』)と評している。

新たな御代を奉祝する

お代替わりに伴う大正の即位の礼は、昭憲皇太后が一九一四年四月に崩御したことから延期され、一五年一一月一〇日に京都御所で執り行われた。東京市を代表して奥田義人市長と市会議長の武営が賢所大前の儀と紫宸殿の儀に参列した。

即位の礼の後東京に戻った大正天皇は、一二月九日に上野公園で開催された東京市御大礼奉祝会に行幸した。奥田市長と武営が出迎え先導し、御休息のための便殿《びんでん》で拝謁した。

万歳旛《ばんざいばん》が立てられ、大勲位の松方と東郷平八郎、閣僚などが整列し、五万人の参列者が見守るなか、奉祝殿の中央の玉座に着席した天皇に対し、奥田市長が賀表を奉読し、万歳三唱を高唱した。

続いて天皇は、便殿の隣室に設けられた教育学芸品や東京市生産品陳列所に立ち寄り、奥田市長に対し「是は何《ど》う云《い》う範囲の学校の生徒が作った成績であるか」「却々《なかなか》能く出来て居る」(『東京朝日新聞』15・12・10)と述べたり、女子の製作品を手に取ったりして予定の時間を超過するほど関心を示した。

政治学者の原武史によれば、勅語を別にするとこの場の発言は、大正天皇の生の言葉が報道されたほとんど唯一の事例であったという(『大正天皇』)。

武営は、即位の礼に先立ち、前年三月に開催された大正天皇の即位奉祝と産業の発展を目的とする東京大正博覧会の開催に力を入れた。明治天皇御即位五十年記念として一七(明治五十)年に開催される予定であった大博覧会が中止されたため、全国の商工業者からの期待が高かったものであり、武営は博覧会協会副会長として各地からの出展の勧誘や外客の接遇などに貢献した。この博覧会には、エスカレーターやロープウェイ、「ダットサン」の起源となる国産自動車のＤＡＴ号、森永ミルクキャラメルなど最先端の技術や製品が出品され、七百五十万人の来場者を得た。

市政最大の問題の解決

武営が東京市会議長に就任した時の最大の課題は、電灯統一問題であった。

東京市への電力供給は、初めは東京電燈が独占的に行っていたところに東京鉄道が参入し電力供給を始めた。東京鉄道を買収した東京市電気局がこれを引き継いだ後、日本電燈株式会社も参入したことから、一つの道路に電柱が何本も立つといわれるなど、三社が料金を引き下げて需要者を奪い合う激烈な競争が繰り広げられた。

市電の運賃だけではなく、電灯料金の値上げも市民からの反発が強かった。このため値上げが政治的に難しく、鉄道事業と電力事業を実施していた東京市電気局の経営は厳しくなっていた。

そこで、阪谷東京市長は、渋沢の斡旋を得て、三電灯を統一して市有化することをめざした。しかし、武営もこの案には否定的で、調整に失敗した阪谷は、一九一五年二月に辞職に追い込まれた。

阪谷が辞職した後、武営は後任の市長候補を選ぶ市長銓衡委員長となり、大蔵官僚出身の奥田義人に

写真 6-1　奥田義人市長(右から 2 人目)と中野武営議長(中央)(『東京朝日新聞』1915 年 6 月 23 日)

目をつけた。体調を理由に固辞する奥田に対し、武営が再三懇請して引き受けさせた。市会には政友会員であった奥田に対して抵抗感があったが、武営が説得し奥田市長を誕生させた。

市長に着任した奥田は、手始めに電気局の赤字の原因となっていた電車料金問題の解決に着手した。

一五年一〇月、奥田は市参事会に市電気局の電車及び電灯事業の収支を開示した上で、電車料金の案として

甲案　普通乗車賃をそのままとして、割引券、軍人券等の全廃を図る
乙案　乗車賃を値上げして、学生労働者、下士官以下の軍人に割引券を発行する

という分かりやすい二択の案を示して市会での成立をめざした。

武営が属した市政倶楽部には値上げに反対する者も多かったが、武営が調整に動き、乙案が採択され、積年の課題であった電車料金の値上げが実現した。

かつて市電の料金値上げに反対して暴動が起こった記憶が残るなか、「電車の値上げなんていうことでも、アレは奥田市長と中野市会議長の二人でできたものだ、ということは誰が見てもわかる。もし二人の中一人でも欠ければ、焼打くらいは始まっていたかも知れない」(「隠退したる中野武営」)といわれた。

続いて奥田は、最大の懸案であった電灯の体制問題の解決に着手した。

電車料金の場合と同様、奥田は三電灯の関係について、いくつかの選択肢を市会に示した上で、市会での審議を求めた。その結果、三社が新規需要開拓を行う地域を確定し、料金などの条件を統一する方針を決定した。これにより問題となっていた三電灯による需要争奪戦に終止符が打たれた。

ところがこの二大問題を解決した後、奥田は持病の肝腫瘍が悪化し、急逝した。武営はこれに衝撃を受け「自分が、無理に迫って、市長にしたために、奥田氏の寿命を縮めたようなものだ」(『七十年』)と悔やんだ。

奥田の没後、武営は再び市長銓衡委員長となった。武営を市長に推薦する声も出たが、自ら市会議員からは推薦しないと仕切り、大蔵次官を経て会計検査院長であった田尻稲次郎を推薦した。

こうして一八年四月に田尻が市長に就任し、その後行われた市会議員選挙で政友会系の七日会も復活したが、改選後の市会議長選挙では、七日会の票も得て圧倒的多数で議長に再任され、副議長には同会の鳩山一郎(後の首相)が選出された。

明治神宮と乃木神社の造営

武営は明治神宮や乃木神社の造営や表参道の整備、田園調布の実現などにも力を注いだ。初めに明治神宮造営について紹介したい。

一九一二(明治四十五)年七月三〇日に明治天皇が、崩御した。

崩御の翌日、武営は『国民新聞』に「報恩の機無きを憾《うら》む」と題して、明治天皇は古今東西不世出の名君である、自分は過分な光栄を授かってきたのにもかかわらず、その御恩に報いる機会がなかったことが自分の一生の後悔である、と哀悼の意を表した。(79)

明治天皇の御不例が発表されると、天皇の平癒を祈願するため自然発生的に多くの人々が皇居前広場に集まり平伏する姿が見られていた。崩御の直後、このように明治天皇を慕う東京市民から、御陵墓を東京に設けてほしいとの強い声が上がった。

しかし、先帝の御遺志により既に京都の桃山に設けることが内定していたため、武営はそれに代わる御記念物として明治天皇を祀るための明治神宮の造営をめざす。

ところで、明治神宮の造営については阪谷東京市長と渋沢、武営の三人が大きく貢献したことが知られているが、阪谷は特に武営の果たした役割を次のように述べている。

明治天皇崩御の際、明治神宮を造る、また多摩御陵を造る事について、私は東京市長在職中の事とて、当然関係が深くなり、渋沢子爵中野武営君と共に、いろいろと計画もし、奔走もしましたが、なかんずく、中野君は、最も尽力されたのです。それから記念事業として、神宮外苑を造るにつき奉賛会を造り、中野君は、その副会長として、一千万円の予算で外苑を造ったのです。(『七十年』)

明治天皇崩御の二日後の八月一日、武営は東商に阪谷、渋沢、三井や三菱からなど、有力な実業家を招集し、「明治天皇の御記念物として、国民が中心となって明治神宮を奉斎すること」という合意を早々と形成した。そして四日の『国民新聞』紙上に、明治神宮は「神宮」と、それに附属する万国に誇るべき清浄広大なる神苑、という二苑を持つ神宮とすべきと提唱した(80)。

続いて、九日、渋沢、阪谷、武営が中心となって有志の実業家や政治家など百二十人を集め明治神宮奉建委員会を設立し、その実現をめざす方針を決定した。ここで具体案の検討を任された武営と阪谷の

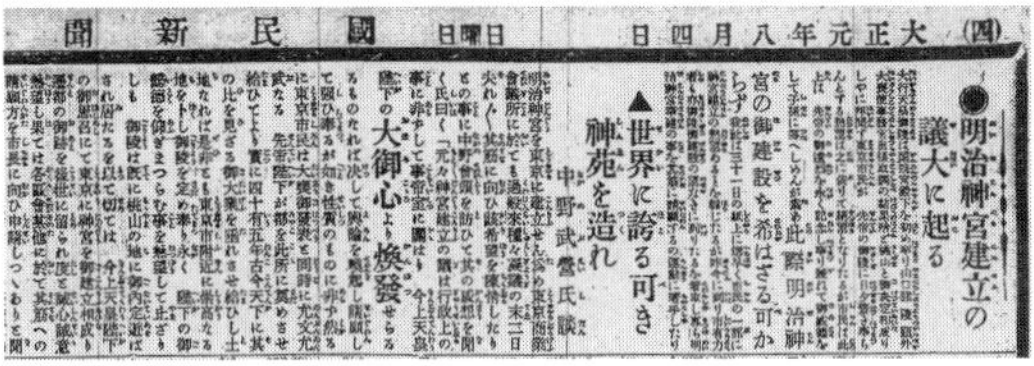

写真6-2 「世界に誇る可き神苑を造れ」(『国民新聞』1912年8月4日)

二人が、明治神宮は代々木の御料地を内苑に、青山練兵場を外苑に充て、内苑は国費で、外苑は国民からの献費で造営するという趣旨の基本構想をまとめた「覚書」案を作成し、多数の有志の実業家や政治家などの合意を得た。

崩御からわずか二週間あまりのことであった。

世の中では、明治天皇の御記念物として銅像や記念塔、公会堂、記念公園、さらには石橋湛山(後の首相)によるノーベル賞をモデルにした「明治賞金」の創設などが提案されていた。

しかし、武営は迷うことなく神宮造営をめざした。

それは、もとより皇室崇敬と敬神の念が強かったこと、そして、東京の主要な神社をつなぐ東京馬車鉄道や伊勢神宮に通じる関西鉄道、川崎大師に通じる京浜電気鉄道、琴平神社に通じる讃岐鉄道の経営に携わり、明治中期から鉄道の発展とともに広がった初詣の風習など、人々の神社参拝への思いをよく理解していたことが大きいと思われる。

さらに、自ら推進していた大博覧会が直前に無期延期(第四章2)となり、代々木の御料地と青山練兵場が新たな神宮の敷地として利用可能であることを熟知していたこともある。

世界の人々を招く予定であった大博覧会への思いもあり、東京の中心に明治神宮が造営されれば、国内のみならず、日本の誇るべき名所として多くの外国人の参拝客も訪れる地となると考えていたのであろう。

ところが、明治神宮造営構想が打ち出されると、立地場所として陸軍戸山学校敷

写真6-3　阪谷芳郎

地、豊多摩郡和田堀大宮(杉並区大宮)のほか、明治天皇は東京市民だけの天皇ではないとして国府台《こうのだい》(千葉県市川市)、箱根、富士山、筑波山など、関東周辺で多くの地域が名乗りを上げた。しかし、最終的に「覚書」のとおり、代々木の御料地と青山練兵場に落ち着いた。

明治神宮造営に当たり、武営が最もこだわっていたことは、外苑は政府ではなく国民の力によって造営することであった。実業界で活躍していた武営にとって明治天皇の恩に報いることの象徴が、国民の力を合わせて外苑を献納することであったからである。

そこで、大隈と協力しながら、渋沢や阪谷とともに明治神宮奉賛会を創立し、渋沢とともに副会長に就任し、商議所連合会などを通じ国の内外から外苑造営のための資金を集めることに貢献した。

一八年に没した武営は、二〇年に執り行われた鎮座祭や完成した外苑を見ることはできなかったが、明治天皇崩御後わずかの間に、武営と阪谷がまとめた「覚書」で示された基本構想がほぼそのまま形となって具体化した。内苑(神苑)に加え、大正デモクラシーの気運を反映して国民に開放された外苑を合わせて一体とする二苑の構造を持つことを最大の特徴とする明治神宮が出現したのである。

武営の深い思いと、それまでの人生で蓄積してきた目に見えない資産の総集がなければ、これほど順調に実現することはできなかったであろう。

もう一つ明治神宮に貢献したことが、表参道の拡幅であった。

明治神宮造営に合わせ、東京市は幅員を十五間(二七・三メートル)とする表参道の整備を決めていたが、東京市会議長であった武営は内務大臣に対し、幅員を二十間(三六・四メートル)に設計を変更すべきとの建議を行った。表参道は、天皇が明治神宮参拝をしたり、観兵式のために青山練兵場に行幸したりする場合の唯一の道路であるが、完成した時に、人や車、馬の交通量がどのように激しくなるか予測が難しいという理由からであった。

政府はこれを受け、建議のとおり幅員を拡幅して竣工した。この思い切った建議によって拡幅していなければ、表参道に歩道と並木を設ける空間は得られず、緑陰があり、内外の人々でにぎわう現在の景観を作ることはできなかったであろう。

さらに、明治神宮と並行して進んだ、乃木神社の造営にも貢献した。

この点について阪谷は「明治四十五年の御大葬の日、乃木〔希典〕大将切腹の事もあり、よって乃木神社を造る事となり、中野君は、これがために骨を折って、乃木会を造り、今日のように、乃木邸をも立派に跡を残すまでに運びをつけた事は、中野君与《あずか》って力があったのです」(『七十年』)と証している。

一二年九月一三日、乃木大将夫妻が殉死し、邸宅を東京市に寄付するとの遺言を残し、東京市がこれを管理することになった。さらに南朝の忠臣の楠木正成を祀る湊川神社があるように、乃木を神社に祀るべきとの主張が寄せられるようになり、神社創建運動が始まった。

こうした動きを背景にして、東京市長の阪谷芳郎を会長として自ら副会長となり、武営は乃木邸の保存や乃木神社を建立するための乃木会の設立に貢献し、寄付金集めなど中心的役割を果たした。

武営は乃木会に尽力する理由について、実業に身を置きながら乃木大将を追慕しているのは軍人ということではなく、その人格、気風というものが手本になると尊敬しているからである、乃木邸は実に質素であり、これを後世に伝えることが実物教授のために非常にためになる、と述べている(81)。

乃木は、香川県善通寺市にあって四国全域を管区とした第十一師団長として三年近く駐在し、武営と親しい漢学者の黒木欣堂に書道や詩歌を習っていた。日露戦争開戦とともにこの第十一師団は乃木の第三軍に編入され、激戦となった旅順攻略に従軍し多くの軍人が戦死した。善通寺市にも乃木神社が建立されている。

東京に田園都市を

武営が最後に関わった事業が、田園都市株式会社（現・東急）の設立であった。

東京郊外の荏原郡の地主が、渋沢のもとに郊外住宅地の開発計画を持ち込んだことがきっかけであった。東京市会議長として市政にも通じ、鉄道事業者としても経験豊富であった武営は渋沢に協力し、土地建物の分譲と鉄道事業を行う会社を設立する。

渋沢は欧米の大都市では、職場は都心にあるが住宅は郊外にあることを見て、日本でも郊外住宅の造成が必要であると考えていた（『竜門雑誌』27・07）。武営も日本の都市は職住が混在し、邸宅の大きさも不揃いであり統一感がないことから、ビジネスを発展させていくためにも職住分離が必要と考えており(82)、二人の街づくりへの思いが一致した。

そもそも田園都市構想は、英国のエベネザー・ハワードが、産業革命以降の都市の生活環境の悪化に対応するために、郊外住宅を建設することを唱えていたことが始まりである。日本では井上友一《いのうえともいち》を中心とする内務省地方局有志が一九〇七年に『田園都市』という本を発表してから広まっていった。井上はその後、内務省神社局長に就任し、渋沢や武営とともに明治神宮造営に携わり、東京府知事就任後は、東京風水害救済会や東京臨時救済会を通じて二人と深く関わった。

田園都市株式会社の設立趣意書には「紅塵万丈なる帝都の巷《ちまた》に棲息《せいそく》して生計上衛生上風紀上の各方面

より圧迫を蒙《おお》いつつある中流階級の人士を空気清澄なる郊外の域に移して以て健康を保全し、且つ諸般の設備を整えて生活上の便利を得せしめんとするにあり」と、その目的が述べられているが、会社名に「田園都市」が入ったのは井上からの影響があったからだと思われる。

渋沢と武営は協議を重ね、一九一八年九月初めに田園都市株式会社が設立された。初代社長に武営、専務取締役に竹田政智、取締役に京橋や日本橋の紳商として著名な服部金太郎、緒明圭造《おあきけいぞう》、柿沼谷雄、星野錫が着任し、本社は武営が社長をしていた日清生命保険のビルに置かれた。

武営は同社設立の翌月に没した。このため会社の実際の経営にほとんど関わることができず、田園調布と武営のつながりについての記憶はその後すっかり失われてしまった。

武営の子どもたち

ここで武営の子どもたちについて触れておきたい。

武営の長男の岩太は、共立学校（現・開成中学校）から大学予備門（後の第一高等学校）、東京帝大法学部に進み、旧高松藩士の牛窪求馬の妹の秀と結婚した。しかし秀に先立たれ、後妻として求馬の長女で高松高等女学校卒の祝《トキ》と再婚した。

岩太は、武営が自宅で謡の会を開くなど謡曲に熱中しているのを見て門前の小僧のように謡曲を学び、能も舞い葛野流《かどのりゅう》太鼓も打った。

一九一〇年に雑誌『能楽画報』が行った全国謡曲家投票で、岩太は全国で七万二千六百二十二票を獲得して九位となった。この時、益田孝が二千七百七十八票、山県が千七票など、名士が並ぶ中で岩太は際立った評価を得ているが、武営はわずかな票しか獲得できていない。

写真 6-4　中野営三と繁の結婚披露宴(1916 年 3 月 27 日，高松市新常盤にて)
中列：左から小田知周，渡辺真通，中野武営，中野営三，繁，中野仙，渡辺利世

政財界で活躍していた武営の嫡男だけに、重圧は大きかったはずであるが、岩太は謡曲の世界では「素人としては天下の白眉」といわれ武営を超えた。

次男の武二は、東京高等師範学校附属中学校(現・筑波大学附属中学校)から第一高等学校、東京帝大法学部に進んだ後、野球界で活躍した。東京ドームの野球殿堂博物館には武二のレリーフが掲げられ、その功績について「明治三〇年代一高の名二塁手でその好守は旅順要塞「老鉄山」にたとえられた　当時は選手が審判をつとめたが　その厳正明確な判定は高く評価され野球審判官の権威を確立した　卒業後常に後輩を指導して野球精神の真髄を宣揚し　又芝浦野球協会の設立を推進して野球場を建設するなど明治から大正にかけて野球界の指導者として活躍した」と紹介されている。武二は丸亀高等女学校(現・丸亀高等学校)卒の馬場貞と再婚している。

三男の営三は、慶應義塾から東京美術学校(現・東京芸術大学)に進み、洋画を専攻し帝国美術院展覧会に入選する洋画家となったが、兄の岩太について謡曲の世界に入り、幸流《こうりゅう》の小鼓の名手になった。

営三は、綾歌郡松山村青海の地主であり漢学者であった渡辺真通の娘の繁と結婚した。武営が高松高等女学校（現・高松高等学校）を訪問した際、女学生を代表して茶を点てた繁を目に留め、息子の嫁に決めたと伝わる。

一人娘の芳は、東京女子高等師範学校附属高等女学校（現・お茶の水女子大学附属中学校・高等学校）の優等生であり、香川県三豊郡笠田村出身で東京帝大法学部を卒業して三井物産下関支店に勤務していた池田卓一と結婚した。篤農家であった池田の父は卓一の生後直後に急逝し、母方で豪農の鳥取家に預けられて育てられた。東京にある松平家と三豊郡の寄宿舎を一本化すべきと武営に直談判に来た在京の学生の中に池田もおり、ここで武営は池田に初めて出会った。

「家庭教育は木地で、学校教育は箔のようなものである。いくら箔が立派でも、木地が悪いと、長い間使っているとだめになる」との考えで家庭教育を重視したが、放任主義で、子育ては妻の仙に任せた。武営は自分の仕事を子どもに引き継がせたり、閨閥を築き上げたりする野心を全く持っていなかった。こだわりがあったのは嫁や婿に讃岐出身者を迎えることだけであった。

3　一点の私心を挟まず

徳義裁判所の最終審判官

武営が活躍したもう一つの舞台が、実業界などで起きる様々な紛争の仲裁や調停であった。

先に述べたように政府が叙勲理由に、公明正大で一点の私心を挟まず、実業界の種々の紛擾は錯綜してくると推され調停の労をとることが挙げられているように天分を発揮し、その調整力は「徳義裁判所の最終審判官」（岳淵「中野武営氏」）と称された。

武営が仲裁に長けていた理由については次のように評されている。

大義名分に通じること、理義の明晰なこと、彼の人格の高貴なことから、大抵の紛議を和解するに至る。（中略）紛糾錯綜する事件はたいてい双方に相当の言い分があるので、単に理屈を以て裁判をしようとすれば、事は多く失敗に帰す。ただ徳望と根気あってよく双方の意見を聞き、公平無私の念を以て之を裁断する者にあって初めてできるもので、その間に一点の私心あれば、こと必ず破れるのみならず、その人の信用声望も地を払って失するしかない、仲裁調停は真《まこと》に難中の難事であって、彼がこれに当って辞さない勇気と、これを成功成就できる徳望手腕とは真《しん》に現代の一品であり、誠に得難い人材と言わざるを得ない。（『財界の巨人』）

取り組んだ案件は、不良債権問題で倒産の危機に瀕した帝国商業銀行の再建、浅野セメント（現・太平洋セメント）深川工場からの降灰事件をめぐる住民と会社の紛争の仲裁、新技術を用いて醬油醸造を行った日本醬油醸造の経営破綻の処理、経営危機に陥った千代田瓦斯と東京瓦斯の合併、配当の増加などを求める日本郵船の株主と経営陣の対立などが挙げられる。さらに東京高等商業学校（現・一橋大学）申酉事件や早稲田騒動にも対応した。

以下、このうちいくつかを紹介したい。

公害問題を仲裁

初めに浅野セメント降灰事件を紹介したい。

この事件は足尾鉱毒事件に続く大きな公害問題で、都市公害の走りといわれた。

浅野セメントは、浅野総一郎が渋沢の支援により官営工場の払下げを受けて設立した会社であった。同社の深川工場の二十本余りの煙突からセメントの粉末原料などが飛散し、周辺住民の庭や屋根には灰白色の粉末が固着し、大気汚染により数多くの呼吸器疾患患者が出たりするなど、一九〇七年頃から大きな苦情が出始めていた。そこで被害を受けた住民の若者が「深川青年団」を結成して会社に押しかけ、除害工事を施すか、三年以内に工場を移転するか迫った。衆議院でも質問主意書が提出されるなど、政治問題化した。

一一年三月、武営と柿沼谷雄が会社側の、河野広中と浜口吉右衛門が住民側の立会人として選ばれ、青年団と会社との交渉に立ち会ったが、この交渉が決裂したことから、改めて双方から武営や河野らが仲裁人に選ばれ、無条件の一任を得て仲裁に当たった。

会社側は十年以内の工場移転を譲らなかったが、仲裁者は一七年に大日本博覧会が予定されていることを理由にして、五年後の一六年末までに深川工場を廃止し、川崎市鶴見の埋立て地に移転すべきと提案し、この裁定を両者が受け容れ、事態は収束した。

仲裁者は実業家なり

続いて東京高等商業学校申酉事件を見たい。

一九〇九年五月、東京高等商業学校の専攻部高等科(現・一橋大学)が大学昇格を望んだにもかかわらず、文部省がこれを廃止し、高等教育部門を東京帝大に一元化する方針を決定した。そこで、これを不満とする約千三百人の学生が一斉退学して抗議するという事件が発生した。

渋沢は文部省に対応を求めたが、文部大臣は山県系の小松原英太郎であり、聞く耳を持たなかった。武営はこの騒動の解決に入り、学生の復学と高商の大学への昇格に貢献する。

武営がこの騒動に加わったのは、『毎日新聞』の記者であった石橋湛山らの依頼を受けたからであった。石橋は、学生が総退学した事態を心配した若い記者が自分のところにきて「中野武営氏を動かし、彼に調停の労を取らせるのが最も有効だろうということに相談が一決した。ふたりは早速中野氏を訪問し、その決起を勧説した。(中略)彼はわれわれの勧説に対し、新聞記者の諸君がそうもまじめに心配してくれるかと喜び、努力を誓った」(『湛山回想』)と伝えている。

そこで東京などの五商議所と同校の商議員、父母保証人会の三団体は、学生の代表六名を東商に招いた。武営がまず学生の主張を聞くと「一、商業大学を一橋に設置すること　二、右商大設置を見るまで厳正なる現状維持たるべきこと」という二点であることが確認された。そこで、自分は学生と政府の仲裁を行うつもりはない、学生の復校問題と大学昇格の問題は別問題である、大学昇格という大目的を実現することについては自分達を信じて欲しい。その目的達成のためには無条件に復校することが不可欠である、と復学を説得した(83)。

その勧告には熱意と温情とが「声涙倶《とも》に下る」趣があったという。学生の中には無条件で渋沢と武営に一任することに反対する者もあったが、二人を信じた学生たちは、全員復学した。

学生復学後、約束したとおり、渋沢と武営は文部省に働きかけて専攻部を存続させることに成功した。その後も二人は文部省に働きかけ、二〇年に大学昇格が認められ東京商科大学(現・一橋大学)が設立された。

申酉事件は新聞に大々的に報道された。これを見た夏目漱石は日記に次のように記している。

四月二十五日　商科大学を大学に置くというので高商の生徒が同盟罷校一同母校を去る決心の由諸新聞に見ゆ。由来高商の生徒は生徒のうちより商買上のかけ引をなす。千余名の生徒が母校を去るの決心が恫喝《どうかつ》ならずんば幸也。況《いわ》んや手を廻して大袈裟な記事を諸新聞に伝播せしむるをや。渋沢何者ぞ。それ程渋沢に依頼するなら大人しく自己の不能を告白して渋沢にすがるのが正直也。高商の教授校長二三辞職を申し出ず。尤《もっとも》也。早く去るべし。

五月二十二日　高商問題方付かず、中野武営仲裁に入る。

五月二十四日　高商生徒無条件にて復校ときまる。仲裁者は実業家也。高商生徒は自分等の未来の運命を司どる実業家のいう事はきくが、現在の管理者たる文部省の言う事は聞かない（中略）要するに彼等は主義でやるのでも何でもない。あれが世間へ出て、あの調子で浮薄な乱暴を働くのだから、実業家はいい子分を持ったものである。明治の日本人は深く現今の実業家に謝する所なかるべからず。（『漱石全集　日記及断片』）

この頃、武営は「喧嘩の仲裁も、最初、双方気が立って前後忘却、夢中でいがみ合っている時には誰にしたって手が出せるものでない、潮時を見るのが肝腎だ。双方疲れて、お互、多少後悔の気も萌《きざ》したところへ、まま待ったと割って入る、滅多に飛沫も喰わずに済もうというものさ」（『七十年』）と漏らしていたという。

時に応じて宜しきを制す

最後に一九一七年夏に発生した早稲田騒動について見たい。

この事件は早稲田大学創立以来、最大の危機といわれ、この騒動に加わった尾崎士郎が『人生劇場』という小説の題材にしたことで有名である。

天野為之が学長の時代、大隈総長の綾子夫人の銅像を大学の敷地内に建設する計画が明るみになり、少壮教職員の中から大学と大隈家の関係を含め、大学統治のあり方を問う声が上がり始めた。

こうしたなか、大隈内閣の文部大臣であった高田早苗が、天野の後任として学長に復帰するとの噂が流れると、東洋経済新報社に移っていた校友の石橋湛山が天野を支持し、高田の復帰に強く反対した。

この問題を契機に、校友や教授、維持員、学生などが高田派と天野派に分かれ、激しい対立を始め、石橋など、天野を支持する「革新団」が講堂などを占拠する事態に至った。

騒動は広がり、「早大は戦乱の如し」「あゝ阿鼻地獄！」(『東日』17・09・13)と報道され深刻な事態となった。そこで警視庁の正力松太郎監査官(後の読売新聞社主)が、石橋らに退去勧告を出したところ、石橋らは大きな抵抗もせず占拠を解除して撤退した。

この時に退却した理由について、後に石橋は、大学側が大隈邸で騒動への対応について検討した結果、断然大学を廃校するに至ったとの噂を聞き、大学を潰せば自分たちの立場がないと考えたからである、と述べている(『石橋湛山全集』)。

東京高等商業学校申酉事件の時、石橋は武営に収拾を依頼する立場にあったがこの時は紛争の主役となったのである。

紛争は長引いた。胆石による重病から復したばかりの大隈は、渋沢、武営、森村市左衛門(森村グループ創立者)、豊川良平という有力実業家を招き「我輩は今日まで泣き言と愚痴とをいったことが無かったが、今度こそは困った。どうか援《たす》けてもらいたい」(『早稲田学報』27・11)と協力を求めた。
こうして外部から渋沢や武営が新たに維持員に起用され、渋沢を委員長、武営を副委員長とする校規改訂調査委員会が設置された。

改進党員であった武営は、東京専門学校(現・早稲田大学)の創立以来、大学と関わりが深く、東商会頭時代には渋沢とともに理工学部創設のための募金集めなどに貢献している。

また、早稲田大学は高松松平家とのゆかりが深かった。大隈庭園はもともと高松藩下屋敷として第十一代藩主松平頼聰の正室の弥千代が滞在した地であった。また、第十二代当主の松平頼寿は校友であり、評議員会会長を務め、早稲田騒動の最中に学長に推される場面もあった。

高田や天野など紛争の当事者たちと深いつながりを持っていた武営は、校規の改訂と同時にこの二人を含めた人事の調整にも尽力した。

写真 6-5　松平頼寿

校規改訂調査委員会は、新たな維持員が選任されやすいように校規を改め、大学運営の透明性を高めた。そして渋沢と武営、高田、坪内雄蔵(逍遥)、三枝守富が総長選出の終身維持員に、塩沢昌貞、田中穂積、平沼淑郎、松平頼寿などが有期維持員に選任された。

一方、大隈の養子である大隈信常と天野為之は維持員から外れた。調整の過程で渋沢と武営は天野の復帰を提案したが、大隈に拒否されたという。

「はじめに」で紹介したように、一八年一〇月八日午前九時から、事態が収拾された後、新校規に基づく初めての維持員会が開催された。ここで大隈が改めて総長に、平沼淑郎が学長に選出され学園が正常化した。この後の午餐会で渋沢は「今日大病に悩める中野君の考がもっとも公平にして、適当の手段を尽し万事宜しきにかない、漸次其歩を進めり(中略)余は何等の力をも添えず、時に応じて宜しきを制せしは中野氏の力もっとも大なりとす」(『早稲田学報』18・11)と語った。

4　巨星隕つ

新しき富豪振りが見たい

第一次世界大戦が始まるといったん日本経済は萎縮したが、参戦から二年も経つと輸出が急増し巨額の外貨が流入しはじめ、一九一八年までに日本は債務国から債権国に変わった。金融が緩和し株価は高騰し、日露戦後の長引く不況に悩んでいた日本経済は空前の大戦景気に躍った。世の中がバブル経済に酔う中で、武営は次のようなことを訴えた。(84)

富者が富を得るのはその才幹技倆によることは言うまでもない。しかし、いかに才識卓越した人であっても、自分の力のみでは偉大なる成功を見ることは難しい。社会の人が助けたからこそ巨富を積むことができたのである。富者は常に社会の恩を忘れず、得たものを社会のために尽瘁すれば、その得たものを失わずに益々富を増加することができるのである。

そして、米国の富豪アンドリュー・カーネギーが、社会の恩を思い報謝の心を持って様々な公共的な事業のために財産を寄付しているように、日本の富豪も積極的に公的事業に寄付を行うべきであり、それは自らのためにもなるからだと訴えた。

武営はカーネギーを高く評価していた。独力で正直かつ勤勉に富を築き上げたことばかりではなく、社会を益する慈善の最良法は、有望な青年が更に向上できるようにすることが最も重要であるとの考えに立ち、得られた莫大な富をカーネギー・ホールやカーネギー研究所、カーネギー技術学校(現・カーネギーメロン大学)の設立など、広く社会公共のために巨額の寄付をしたり、国際平和基金を設立したりするなど世界平和のためにも尽力していたからである(85)。

武営は多くの国家的、公共的事業のため民間から寄付や出資を仰いだが、理化学研究所の設立への寄付は遅れていた。そこで死の直前まで、次のような厳しい口調で寄付を求めた(86)。

古茶碗一個に万金を投ずる人はあっても、国家事業に対し僅かの出金も之を惜むとはいささか嘆ぜざるを得ない。自分の儲け得た金で勝手の振舞をするのは敢て差支えないようであるが、国家大局の上から考えて貰わねばならぬ。世に生活難をかこちつつあるものの多き今日、世間一般の人民はいかなる感想を抱くであろうか。

「平和の戦争」に向けて

第一次世界大戦により打撃を受けた英国は、粗製濫造を理由に日本からのメリヤスや玩具の輸入を制限した。これを見た武営は、粗製濫造品が海外に出回ると日本製品の信用が失墜し、それを口実に輸入国の保護主義が正当化されることを懸念した。そこで商議所連合会として輸出品検査制度の導入を政府に建議し、これを受けて政府は重要物産同業組合法によりマッチやメリヤスなどの輸出品を検査する制度を初めて導入した。

欧州各国が戦禍で苦しむなか、英国やフランスなどが連合国経済同盟会議を開催し、日本もこれに参加した。ここで連合国は、戦争中に敵対国に対して経済制裁を科すことだけではなく、大戦終了後も自国の復興のために敵対国に恒久的な差別措置を講じることを認めた。

このような矛先はいつ日本に向かってきても不思議ではない。戦争で荒廃した欧州の不穏な動きを見た武営は、第一次世界大戦後、世界に保護主義が台頭し、日本が孤立してしまう可能性があるとの危機感を持った。そして、日本が好景気なのは欧州戦乱という他動的な要因によるものに過ぎないと警鐘を鳴らし、大戦後の日本は工業の自給力を高め世界の競争場裡で勝ち抜くだけの「自動的活躍」ができるような産業競争力をつけていくことが重要であると訴えた。

このような危機意識から、一九一八年初め、今後厳しくなることが予想される世界の経済競争、すなわち「平和の戦争」において勝利していく必要があるとして、改めて今後の日本のあるべき方向性について次のように訴えた。(87)

今日の大勢を看れば侵略的に版図を広めるということは至難である。否将来決してなすべきものではない。(中略)限りあるこの領土内では商工業を奨励しこれに従事するということでなければならぬ。ことに日本のような土地の狭隘な国では工業に従事するのが一番適当なことであると思う又日本の人種は性質よりしても、工業に適するものである。(中略)

今日はむろん将来とも、兵力を以て国防の安全を図るということは国家独立の前提であるが、経済的独立、経済的国防計画が必要である。すなわち大に商工業を興し平和的国防計画の充実を計らねばならぬ。すなわち平和の戦争である。

唐崎の松も老たり我も老たり

一九一八年八月に、比叡山根本中堂で開催された国産奨励会夏期林間講演会で「来るべき平和の戦争と国産奨励」という講演を終えて下山した武営は、帰途、琵琶湖西岸の唐崎神社に立ち寄った。近江八景の唐崎の夜雨として選ばれた景勝地である。

境内にある大きな霊松(黒松)を見ながら、次の歌を詠んだ。

共に知れ世の味《あじわい》の唐崎《からさき》の松も老《おい》たり我も老たり

この松は、樹齢三百三十年であったといわれ、この三年後に枯れている。

肉体の衰弱と気力の減退が漂う。正道の実現のためどんなに奮闘してもなかなか思うように世の中が正しい方向に動かないことへのもどかしさも感じられる。

ここで死期を悟ったのだろう、比叡山から帰宅した武営はそれぞれの子どもに毛筆で遺書を書き、表装を仕立てて渡した。

この後、北海道で開催された保険業会社協会全国大会に、議長として参加し、開道五十年を記念した北海道博覧会を視察するなど、多忙な旅程をこなして帰京してから体調を崩した。九月一八日、無理を押して前東京市長の奥田義人の墓参に出かけたところ、墓の前で屈み込んでしまった。

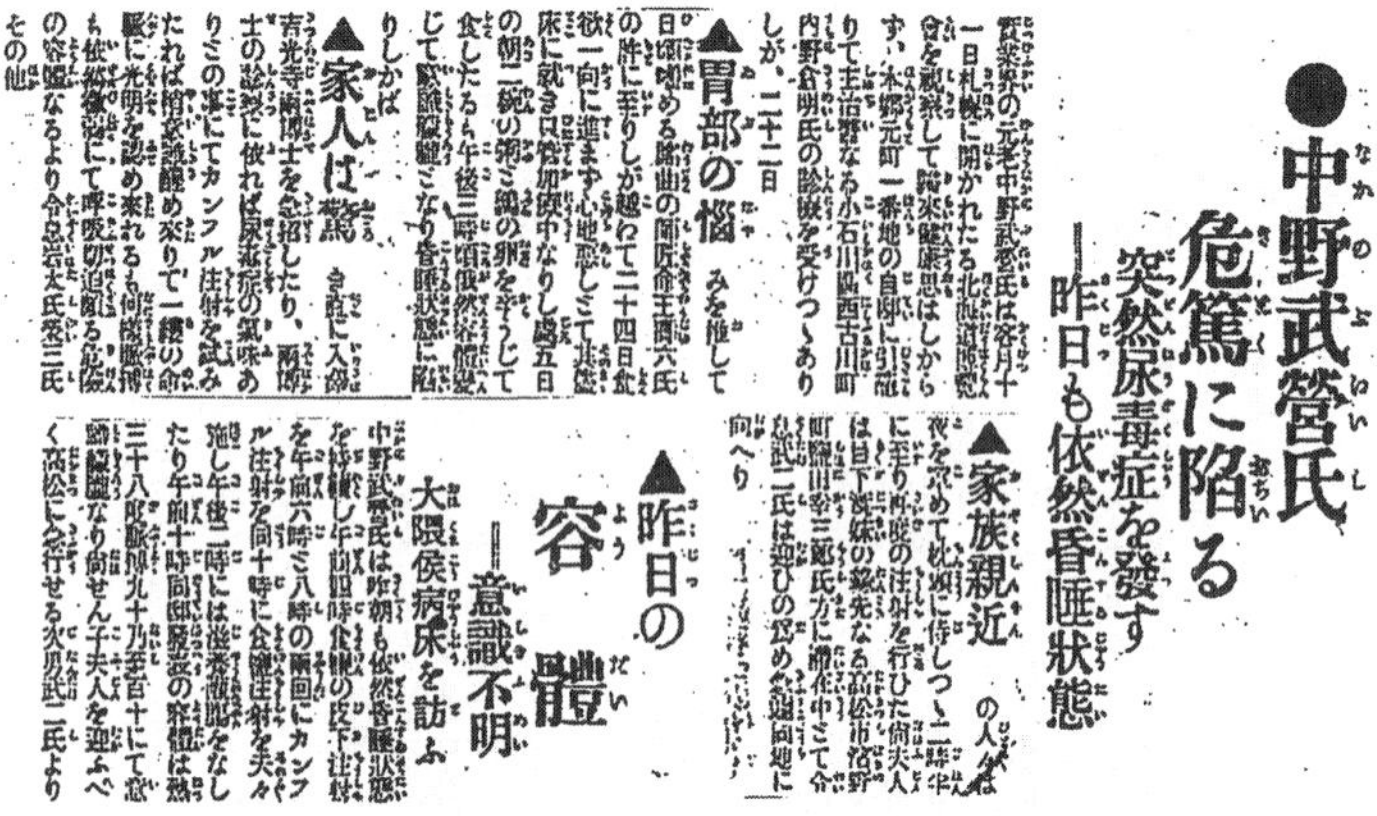

●中野武營氏《なかのぶえいし》危篤《きとく》に陥《おちい》る
突然尿毒症《とつぜんにょうどくしょう》を發《はっ》す
―昨日《さくじつ》も依然昏睡狀態《いぜんこんすいじょうたい》

實業界の元老中野武營氏は客月十一日札幌に開かれたる北海道[illegible]會を視察して歸來健康思はしからず、本郷元町一番地の自邸に引籠りて主治醫なる小石川區西古川町内野倉明氏の診察を受けつゝありしが、二十二日

▲胃部の惱みを催して日に[illegible]める[illegible]の[illegible]六氏の[illegible]に至りしが越えて二十四日食欲一向に進まず心地惡しとて其儘床に就き只[illegible]中なりし處五日の朝二碗の粥と[illegible]の卵を辛うじて食したるら午後三時頃俄然容態變じて昏睡狀態に陷りしかば

▲家人は驚き直に入澤[illegible]吉光寺[illegible]博士を急招したり、兩博士の診察に依れば尿毒症の氣味ありとの事にてカンフル注射を試みたれば稍意識醒め來りて一縷の命脈に光明を認め來れるも何樣脈搏も微弱にて呼吸切迫なる危險の容體なるより令息岩太氏茂三氏その他

▲家族親近の人々は夜を籠めて枕頭に侍しつゝ二時半に至り再度の注射を行ひた[illegible]夫人は目下[illegible]の[illegible]先なる高松市[illegible]町[illegible]田幸三郎氏方に滞在中とて令息武二氏は迎ひの爲め同地に向へり

▲昨日の容體
―意識不明
大隈侯病床を訪ふ

中野武營氏は昨朝も依然昏睡狀態を持續し午前四時食鹽の皮下注射を午前六時と八時の兩回にカンフル注射を同十時に食鹽注射を夫々施し午後二時には灌腸をなしたり午前十時同邸發表の容體は熱三十八度脈搏九十乃至百十にて意識朦朧なり向せん子夫人を迎ふべく高松に急行せる次男武二氏より

写真 6-6　「中野武営氏危篤に陥る」(『東京朝日新聞』1918 年 10 月 7 日)

世の中では、九月二一日、寺内正毅首相が米騒動の責任をとって退陣し、後継に原が就任し、初めての本格的政党内閣を組織した。爵位を持たない初の「平民宰相」といわれ、国民から歓迎された。

一〇月二日、武営は意識を失い、危篤となった。

そこで、渋沢と田尻東京市長が、実業界に顕著な貢献をした功労により武営が男爵に叙せられるように、それぞれが首相の原と波多野敬直《はたのよしなお》宮内大臣を訪問して働きかけた。だが、渋沢らの要請は聞き届けられず、その代わりに原首相が叙位の上奏を行い、特旨により位は四位進められ正五位に昇位された。

一度に四位も位階が進むことは例外的なことであった。しかし、日本の実業界を代表する東商会頭に長い間在任し、実業界の発展のために顕著な貢献をしてきたにもかかわらず、三十三歳の時に正七位の叙位を受けて以来、それまでこれが引き上げられていなかったことの方が異例であった。

武営が没して約二か月後、高橋新吉(元・日本勧業銀行)が死の直前に男爵を授爵され、併せて益田孝(三井)や園田孝吉(元・十五銀行頭取)も男爵を授爵された。

これに対し、この三人に授爵の恩典を奏請するくらいなら、何といっても実業界の大功労者の武営の死に際に知らんふりをしたのか、このやり方は露骨すぎると批判が出た（『東朝』18・11・29）。

巨星隕つ

武営が危篤となってから、病状の刻々とした変化や、伏見宮家から見舞いが派遣され、政財界の要人が次々に見舞いに現れた様子が主要紙に報道された。

いよいよ末期の水を与えるとなった時、家人が「あれほど好きな酒を代用したら」ということで、愛玩《がん》の盃で一杯口に注いでみようとしたが、うまくいかないので脱脂綿で口に含ませた。

この時唇が動き「うまい」とかすかな声を出し、娘の芳を見て「よっちゃんか」と言葉を発したので皆驚いた。お酒の効果により一日は命を永らえることができたといわれた。

一九一八年一〇月八日、武営は家族全員に温かく見守られながら穏やかに息を引き取り、七十年の人生の幕を閉じた。

葬儀の後、東京・根津の妙極院に、半年後に高松市浜ノ丁の蓮華寺に葬られた。

戒名は生前に自分で決めていた「入菴随郷居士」であった。

妙極院は、高松の天神前の自宅前にあった大護寺（真言宗霊雲寺派）の総本山である東京・湯島の霊雲寺の塔頭《たっちゅう》であり、蓮華寺は、生家の近くの若一王子神社の別当寺であった。

引用した中野武営の論考一覧

＊を除き、拙編『中野武営著作集』（早稲田大学出版部、二〇一七年）に所収

（1）「家厳の四教訓」『商工世界太平洋』第六巻第二六号、一九〇七年一二月
（2）「奇怪なる男色事件」『冒険世界』第一巻第一号、一九〇八年一月＊
（3）「奮闘には『忍耐』の二字が大基礎たるを知れる余の実験」『実業之日本』第一三巻二二号、一九一〇年一〇月
（4）「大丈夫論」『日本一』南北社、一九一六年八月
（5）「予は二十歳より三十歳まで何を為しつゝありしか」『商工世界太平洋』第七巻第二二号、一九〇八年一〇月一日
（6）「租税徴集の為めに大問題を起して竹槍にて突き殺されんとす、当時二十五歳」『商工世界太平洋』第七巻第二二号、一九〇八年一〇月一五日
（7）「熊本県戦況報告書」一八七七年三月九日、早稲田大学図書館蔵
（8）（6）に同じ
（9）「森林法律ノ特設セザルベカラザル所以ヲ論ス」（及び前号続）『林学協会集誌』第三号・第四号、一八八一年
（10）「竜門社春季総集会に於て」『竜門雑誌』第一一〇号、一八九七年七月
（11）「古の能役者気質」『能楽』第七巻第五号、一九〇九年五月＊
（12）「私設鉄道買収法案審査特別委員会ノ報告」一八九一年一二月二三日、「衆議院第二回通常会議事速記録第二十一号」
（13）「余が財産は何人にも渡すことは出来ぬ」『実業之日本』第一六巻八号、一九一三年四月一五日
（14）「高松市民と衛生」『香川新報』一九〇二年八月二四日・二五日・二七日
（15）「中野武営氏の鉄道叢談」『東洋経済新報』第二二号、一八九六年六月一五日
（16）「棉花輸入税廃止論」『立憲改進党党報』第二一号、一八九三年一二月五日

(17)「国立銀行延期論」『立憲改進党党報』第三七号、一八九五年一月二五日
(18)「最悪税たる営業税と理義に叶へる所得税」『実業の世界』第一〇巻第七号、一九一三年四月一日*
(19)(10)に同じ
(20)「賜主義の財政」『太陽』第三巻第一七号、一八九七年八月二〇日
(21)「帝国現時の経済界(上)・(下)」『実業之日本』第二巻第三号・第四号、一八九九年四月五日・二〇日
(22)「藩閥衰へて商閥起らんとす」『進歩党党報』第五号、一八九七年七月一日
(23)「株式取引所」『明治商工史』報知社、一九一〇年
(24)(2)に同じ
(25)「商業会議所の組織改造及び廃止説は愚論なり」『工業之大日本』第六巻第一号、一九〇九年一月*
(26)「戦争と株式との関係を論じて軍国将来の経済に及ぶ」『実業世界太平洋』第三巻第六号・第七号、一九〇四年九月一五日・一〇月一日
(27)「増税反対意見」『銀行通信録』第四五号第二六八号、一九〇八年二月一五日
(28)「戦後の財界に処する覚悟」『東洋経済新報』第三五四号、一九〇五年一〇月五日
(29)「鉄道国有に就て」『東洋経済新報』第三六七号、一九〇七年二月一五日
(30)「鉄道国有に就て」『東京経済雑誌』第五三巻第一三二八号、一九〇七年三月一七日
(31)「新事業の勃興と財政方針」『東洋経済新報』第三八九号、一九〇七年九月二五日
(32)「職工適材教育法に就きて」『工業』第三号、一九〇九年六月一日
(33)「中野会頭の講演」『東京商業会議所月報』第五巻第一号、一九一二年一月二五日
(34)「青年方向の選択」『東京商業会議所月報』第五巻第三号、一九一二年三月二五日
(35)「本邦に万国大博覧会を開設すべし」『実業時論』第三巻第三号、大日本実業学会、一九〇三年三月一日
(36)「大博延期は絶対反対なり、されど今後の問題は如何にして五十年開設を成功せしむべきかにある」『工業之大日本』第五巻第一〇号、一九〇八年一〇月一日
(37)「大旅館の設備は戦後経営の急務なり」『実業之日本』第九巻第一二号、一九〇七年六月一日
(38)「政府財政計画の無謀」『東洋経済新報』第四三八号、一九〇八年一月二五日
(39)「増税反対論」『太陽』第一四巻第二号、一九〇八年二月一日
(40)「増税断じて不可財政は大整理を要す」『実業之日本』第一一巻第三号、一九〇八年二月一日

(41)(27)と同じ
(42)「軍備の過大の弊害」『東洋経済新報』第四四四号、一九〇八年三月二五日
(43)(25)に同じ
(44)「対米及対清所感」『東京商業会議所月報』第一巻第六号、一九〇八年一二月二五日
(45)(25)に同じ
(46)「財政及税制整理に就て」『東京商業会議所月報』第二巻第二号、一九〇九年二月二五日
(47)「実業家たる立脚点より当期議会中の最大問題は何か、採るべき態度は如何」『実業世界太平洋』第八巻第二号、一九〇九年一月五日
(48)「衆議院本会議非常特別税法中改正法律案第一読会」一九〇九年三月九日、「第二十五回帝国議会衆議院議事速記録第十七号」
(49)(3)に同じ
(50)「北米行の発途に臨みて」『東京商業会議所月報』第二巻第八号、一九〇九年八月二五日
(51)「北米巡遊所感」『東京商業会議所月報』第三巻第二号、一九一〇年二月二五日
(52)(44)に同じ
(53)「予は此の心を以て渡米せんとす」『商業界』第一一巻第八号、一九〇九年九月一日
(54)(44)に同じ
(55)「中野武営氏談(清国実業家視察団歓迎について)」『香川新報』一九一一年九月二一日・二二日
(56)「朝鮮視察談」『東京商業会議所月報』第四巻第六号、一九一一年六月二五日
(57)「鋳形師寺内伯」『朝鮮公論』第一巻第四号、朝鮮公論社、一九一三年七月
(58)「全国実業家の奮起を希ふ」『東京商業会議所月報』第五巻第四号、一九一二年四月二五日
(59)「中野武営君談(政友会論)」『太陽』第一七巻第一二号、一九一一年九月一日
(60)「中野武営君談(新内閣評論)」『太陽』第一七巻第一三号、一九一一年一〇月一日
(61)「予の海主陸従論」『海之世界』第七巻第一号、一九一三年一月一日
(62)「全国民を敵とせる陸軍」『太陽』第一九巻第一号、一九一三年一月一日
(63)「偏武的政治と我財政」『東洋経済新報』第六二五号、一九一三年二月二五日
(64)「中野武営君談(四十五年度予算計画批評)」『太陽』第一八巻第一号、一九一二年一月一日

(65)「日本の国是と移民問題」『海之世界』第七巻第四号、一九一三年四月一日
(66)「モンロー主義が我民族の海外発展に及ぼす影響(上)」『海之世界』第七巻第五号、一九一三年五月一日
(67)「縦横自在の活動力は此三箇条」『実業之日本』第一六巻第一四号、一九一三年七月一日
(68)「山本内閣総理大臣及諸閣員招待」『東京商業会議所月報』第六巻第八号、一九一三年八月二五日
(69)「減税の財源と税目」『太陽』第二〇巻第二号、一九一四年二月一日
(70)「実業家の減税運動」『日本経済新誌』一九一四年二月一五日
(71)「商工補習教育に就ての実業家の希望」『商工補習教育講演集』一九一四年一二月
(72)「公平無私の長者」『実業之世界』第六巻第五号、一九〇九年五月一日*
(73)「噫また対支外交の失敗」『実業之世界』一九一四年三月一五日*
(74)「中野会頭挨拶」『東京商業会議所月報』第八巻第八号、一九一五年八月二五日
(75)「日支両国民の自覚を促す」『東京商業会議所月報』第七巻第一二号、一九一四年一二月二五日
(76)「支那問題と両国民の自覚」『朝鮮及満州』第一〇六号、一九一六年五月一日*
(77)「自治制論」『香川新報』一九〇八年一月二七日*
(78)「現在得らるゝ最良の市長(阪谷市長論)」『中央公論』第二七巻第八号、一九一二年八月
(79)「頌徳の微忠を表し奉れる事なし」『国民新聞』一九一二年七月三一日*
(80)「世界に誇る可き神苑を造れ」『国民新聞』一九一二年八月四日*
(81)「京都における講演会　開会の辞」『乃木会講演集』第四回、中央乃木会、一九一四年一〇月*
(82)「我が国民の則る可き米国都市の繁栄策」『商業界』第一二巻第三号、一九一〇年三月一日
(83)「中野武営氏」『一橋会雑誌』第一〇四号、東京高等商業学校一橋会、一九一四年一二月五日
(84)「新しき富豪振りが見たい」『実業之日本』第一九巻二号、一九一六年一一月五日
(85)「富の象徴カーネギイ」『学生』第五巻第一〇号、一九一四年九月*
(86)「戦後の経営と自給策」『国産時報』一九一八年一〇月一日
(87)「戦後の大反動に処する工業立国策」『朝鮮公論』第六巻第一号、一九一八年一月

参考文献一覧

一　全体に関わる文献

1　中野武営全般

薄田貞敬『中野武営翁の七十年』中野武営伝編纂会、一九三四年(本文中、『七十年』と記載)
故中野武営翁記念号『香川新報』一九一九年四月一二日
石井裕晶『中野武営と商業会議所――もうひとつの近代日本政治経済史』ミュージアム図書、二〇〇四年
『中野武営著作集』石井裕晶編、早稲田大学出版部、二〇一七年
佐賀香織『国家形成と産業政策――中野武営の実業政策論』志學社、二〇一五年
「中野武営」『讃岐人物風景 11――明治の巨星たち』四国新聞社編、丸山学芸図書、一九八四年
『香川県「独立の父」中野武営』中野武営顕彰会、二〇一八年一〇月
『BUYEI』中野武営顕彰会会報、1号(二〇一九年)〜6号(二〇二四年)各年

2　主要共通史料

『本邦商業会議所資料』山口和雄編、雄松堂フィルム出版、一九七九年
『全国商工会議所関係資料』東京商工会議所所蔵、全国商工会議所関係資料刊行委員会編、雄松堂書店、二〇一一年
『帝国議会議事録』、『渋沢栄一伝記資料』、『原敬日記』原奎一郎編、福村出版(本文中、巻数は省略)

3　新聞・雑誌等　(　)は本文中の略号

『海南新聞』(『海南』)、『予讃新報』(『予讃』)、『香川新報』(『香川』)、『改進新聞』(『改進』)、『扶桑新聞』(『扶桑』)、『時事新報』(『時事』)、『大阪朝日新聞』(『大朝』)、『東京朝日新聞』(『東朝』)、『東京日日新聞』(『東日』)、『読売新聞』(『読

売』)、『中外商業新報』(『中外』)、『日本経済新聞』(『日経』)、『都新聞』(『都』)、『万朝報』、『日米新聞』(『日米』)、『社会新聞』(『社会』)、『世界新聞』(『世界』)
『東京経済雑誌』(『東経雑誌』)、『東洋経済新報』(『東経新報』)、『東京商業会議所報告』、『東京商業会議所月報』(『東商月報』)、『実業之日本』、『実業世界太平洋』(『実業世界』)、『商工世界太平洋』(『商工世界』)、『実業之世界』、『太陽』、『中央公論』、『新日本』、『日本及日本人』、『日本一』、『向上』、『東京エコー』、『立憲改進党報』、『進歩党報』、『政友』、『海之日本』、『海之世界』、『東洋文化』、『竜門雑誌』、『教育報知』、『一橋会雑誌』、『早稲田学報』、『讃岐学生会雑誌』、『能楽画報』、『能楽』

二　中野武営についての論評

「中野武営氏」『帝国衆議院議員実伝』関谷男也編、同盟書房、一八九〇年
「中野武営君の伝　東京株式取引所副頭取」『東京商業会議所会員列伝』山寺清二郎編、聚玉館、一八九二年
「中野武営の因果車」『実業家奇聞録』実業之日本社、一九〇〇年
岩崎徂堂「中野武営の着実」『人物と長所——立身資料』大学館、一九〇一年
岳淵生「中野武営を論ず」『当代の実業家人物の解剖』実業之日本社編、実業之日本社、一九〇三年
「取引所界の両大関中野武営と磯野小右衛門」『人物と事業』石尾信太郎編、大日本家業学会、一九〇三年
「東京商業会議所会頭　中野武営氏の平生」『実業世界太平洋』第四巻第八号、一九〇五年四月一五日
塩島仁吉「中野武営氏の商業会議所革新意見を読む」『東京経済雑誌』第一二八四号、一九〇五年五月
島田三郎、前大会社社長、政治家実業家某大会社社長、尾崎行雄、早川鉄治「現代人物合評　中野武営論」『商工世界太平洋』第八巻第一一号、一九〇九年五月一日
「中野武営氏」『財界名士失敗談』上巻、朝比奈知泉編、毎夕新聞社、一九〇九年
白石重次郎「予が中野会頭の特色として認めたる四点」『実業世界太平洋』第九巻第七号、一九一〇年四月一日
「全国謡曲家投票当選披露」『能楽画報』第二巻第五号、能楽書院、一九一〇年五月
「東京商業会議所長　中野武営氏」『現代名士の活動振り』井上泰岳編、東亜堂、一九一一年
大輪董郎「中野武営」『財界の巨人』昭文堂、一九一一年
戸山銃声「存外無慾もの　東京商業会議所会頭中野武営」『人物評論奇人正人』活人社、一九一二年

烏有山人「商業会議所会頭中野武営翁」『新日本』第二巻第六号、一九一二年六月
「中野武営 酒の気焔」『実業之日本』第一六巻第一六号、実業之日本社、一九一三年八月
中野せむ子「私の一家はお灸療治の信者です」『実業之日本』第一六巻第六号、一九一三年三月一五日
佐藤舷浪「中野武営と郷誠之助」『新日本』第三号、冨山房、一九一三年九月
山路愛山「株式取引所の歴史と中野武営氏」『現代富豪論』中央書院、一九一四年
斎藤芳之助『謡曲名家列伝』能楽通信社、一九一四年
長江銈太郎「東京商業会議所会頭 中野武営君」『東京名古屋現代人物誌』柳城書院、一九一六年
丁雄「実業家帖資料」『中外商業新報』一九一六年六月一九日
築地住人「隠退したる中野武営」『日本及日本人』一九一七年三月一五日
築地住人「嗚呼中野武営」『日本及日本人』一九一八年一一月
岳淵生「中野武営氏」『実業之日本』第二一巻第五号、一九一八年三月一日
大隈重信「噫 中野武営君」『日本一』第四巻第一一号、一九一八年
渋沢栄一「故中野武営氏の霊柩に対して」『向上』第一二号第一一巻、一九一八年
山崎楽堂「中野随郷翁の長逝を悼む」『能楽』第一六巻第一一号、一九一八年一一月
斎藤香村「噫 中野武営翁」『能楽画報』第一二年第一二号、能楽書院、一九一八年一二月
「原内閣劈頭の二大失態」『一大帝国』第四巻第一号、一大帝国社、一九一九年一月
中野武営翁追悼号『讃岐学生会雑誌』第六六巻、一九一九年一二月
「株界の恩人中野武営」『東京経済雑誌』二〇四八号、一九二〇年三月二〇日
市島春城「中野武営氏」『春城代酔録』中央公論社、一九三五年
市島謙吉「声の清濁」『文墨余談』翰墨同好会、一九三五年
「中野武営」『日本英雄伝』第七巻、日本英雄伝編纂所編、非凡閣、一九三六年
「中野武営」『財界物故傑物伝』下巻、実業之世界社編輯局編、実業之世界社、一九三六年
野依秀市「中野武営氏の巻」『人物は躍る』秀文閣、一九三七年
山路愛山『現代金権史』明治文学全集 第35、筑摩書房、一九六五年
内橋克人「東商人物一〇〇年史 4・5」『日本経済新聞』一九七八年三月四日・六日
日詰裕雄「讃岐学生会雑誌が伝える中野武営の横顔」『香川県「独立の父」中野武営』中野武営顕彰会、二〇一八年

田山泰三『カラヤンと中野武営』羽野編集事務所、二〇二一年
山下淳二・竹内守善『ブエイ伝 「香川県独立の父」篇』石井裕晶・中野武営顕彰会編集委員会監修、二〇二二年
加藤きよ子「武営さんと能」『BUYEI』中野武営顕彰会会報、6号、二〇二四年
櫻木直美「香川新報が伝える「独立万感 頼聴伯里帰り日記I〜Ⅳ」」『BUYEI』中野武営顕彰会会報、2〜5号

三 関係者の回顧録・伝記・日記など

渋沢栄一『青淵回顧録』上巻、青淵回顧録刊行会、一九二七年
渋沢栄一『論語と算盤』忠誠堂、一九二七年
新渡戸稲造『武士道』矢内原忠雄訳、岩波書店、一九七四年
『鷹邨言行録』三、安藤保太郎編、一九二三年
『公爵山県有朋伝』下巻、徳富猪一郎編、山県有朋公記念事業会、一九三三年
『世外井上公伝』第五巻、井上馨侯伝記編纂会編、一九三四年
高橋是清『高橋是清自伝』千倉書房、一九三六年
『鼎軒田口卯吉全集』第六巻、鼎軒田口卯吉全集刊行会、一九二八年
馬場恒吾『木内重四郎伝』ヘラルド社、一九三七年
『山本達雄』山本達雄先生伝記編纂会編、一九五一年
『田中義一伝記』上、原書房、一九八一年
『小村外交史』下、外務省編、新聞月鑑社、一九五三年
若槻礼次郎『古風庵回顧録 明治・大正・昭和政界秘話』読売新聞社、一九五〇年
『松平頼壽傳』松平公益会、一九六四年
御手洗辰雄『三木武吉伝』四季社、一九五八年
石橋湛山『湛山回想』毎日新聞社、一九五一年
『石橋湛山全集』第一五巻、東洋経済新報社、一九七二年
「海舟日記」『勝海舟全集』21、勝部真長・松本三之介・大口勇次郎編、勁草書房、一九七三年
「日記及断片」『漱石全集』第十三巻、岩波書店、一九六六年

四　関係分野史

『香川県史』第五巻、通史編 近代一、香川県編、一九八七年
『讃岐の歴史』香川地方史研究会編、講談社、一九七五年
木原溥幸ほか『香川県の歴史』山川出版社、一九九七年
『愛媛県議会史』第一巻、愛媛県議会史編纂委員会編、一九七五年
『明治大正昭和香川県民血涙史』香川文庫三、十河信善編、讃岐総合印刷出版部、一九七六年
荒井とみ三『高松繁昌記』第一巻、讃岐郷土史研究会、一九六〇年
『四国新聞六十五年史』四国新聞社編、一九五五年
『高松電灯株式会社小史』四国電力株式会社香川支店編、一九七五年
『高松商工会議所百十年史』高松商工会議所一一〇年史編集委員会編、一九九一年
『箱根の鉄道 馬車鉄道から山岳鉄道開通まで』箱根町立郷土資料館編、一九九四年
『東京市電気局十年略史』東京市電気局編、一九二一年
『日本興業銀行五十年史』本編、日本興業銀行臨時史料室、一九五七年
『東京株式取引所沿革及統計 自一八七八年至四十年』東京株式取引所編、一九〇八年
根本十郎『兜町』広陽社、一九二九年
野城久吉『商機』民友社、一九一〇年
『日本商業会議所之過去及現在』商業会議所連合会編、一九二四年
『経済団体連合会前史』経済団体連合会、一九六二年
『明治大正財政史』第一巻、大蔵省編、一九四〇年
『立憲政友会史』第二巻、西園寺総裁時代、小林雄吾編、立憲政友会史出版局、一九二四年
『立憲民政党史』立憲民政党党史編纂局、一九三五年
『渡米実業団史』巌谷季雄編、一九一〇年
北崎進『日米交渉五十年史』大日本文明協会編輯、一九〇九年五月
佐藤鉄太郎『帝国国防史論』上・下、東京印刷、一九一〇年

上田外男『大正の政変』明治出版社、一九一三年
『大正維新政変之真相』木学散人編、学海指針社、一九一三年
半沢玉城『大正政戦史』国民時報社、一九一四年
『東京市会史』第四巻、東京市会事務局、一九三五年
『乃木神社御鎮座之記』乃木神社御鎮座之記編集委員会編、二〇二三年一一月
『早稲田大学百五十年史』第一巻、早稲田大学百五十年史編纂委員会、二〇二二年

五　史料

「中野岩太備忘録」中野家蔵
「所有権番号控簿」中野家蔵
「愛媛石鉄神山官員履歴」愛媛県行政資料、愛媛県中央図書館蔵
「秘　政党員名簿」明治二十一年愛媛県秘書雑書、愛媛県中央図書館蔵
『三島通庸関係文書』国立国会図書館憲政史料室蔵
「愛媛県事件」（同県別途金一件関係書類）『中山寛六郎関係文書』六・一一二、東京大学法学部近代法政史料センター原資料部蔵
「府県分県ニ関スル内務省上申書」（一八八五年九月一〇日）『梧陰文庫（井上毅文書）』国学院大学図書館蔵、国立国会図書館憲政資料室蔵マイクロフィルム
「府県分合及府県会議ノ件」公文録（副本）、一八八三年第三十巻、同年五月、内務省第一、国立公文書館蔵
「山口県地租改正再審ニ関スル法制局上申書」早稲田大学総合図書館蔵
「議員中野武営内藤利八質問地租ニ関スル件」『公文雑纂』一八九一年、第三一巻、帝国議会第一回、貴族院・衆議院
「新株式取引所ニ対スル鄙見」谷元道之・中野武営、早稲田大学中央図書館蔵
「欧米取引所調査特別報告」江口駒之助編、一九〇二年五月
「全国商業会議所ニ同盟スベキ建議」中野武営提出、一八九四年、東京商工会議所蔵
「税法調査資料」商業会議所連合会、東京商工会議所蔵
「桑港問題書類　明治四十年」中、東京商工会議所蔵

「官庁往復書簡」丙号、一八九七〜一九一六年、東京商工会議所蔵
「米国太平洋沿岸各都市代表実業家招待一件」外務省外交史料館戦前期外務省記録三・四・一
「米国太平洋沿岸連合商業会議所ヨリ本邦名士招待接伴一件」外務省外交史料館戦前期外務省記録三・二・一
「陸軍中将男爵伊地知幸介外六名外国勲章受領及佩用ノ件　叙勲裁可書・明治四十年・叙勲巻十一・外国勲章受領及佩用七止」国立公文書館蔵
『寺内正毅関係文書』三三〇・三、国立国会図書館憲政資料室蔵
「大日本国防義会設立趣意及規約」一九一三年一一月七日決議、国立国会図書館蔵
「化学研究所設立ニ関スル請願」国立研究開発法人理化学研究所蔵
「明治神宮ニ関スル書類・全一冊」自大正元年至大正三年、東京市、東京都公文書館蔵
「御大典奉祝日録」東京市役所、一九一六年一一月一〇日
「乃木邸・全一冊」大正七年、東京市、東京都公文書館蔵
明治二十九年十一月「臨時商業会議所連合会報告(同)議事速記録」
明治三十年十二月「臨時商業会議所連合会報告(同)議事速記録」
明治三十八年十月「第十四回商業会議所連合会報告(同)議事速記録」
明治四十一年一月・二月「臨時商業会議所連合会報告(同)議事速記録」
明治四十一年十二月「臨時商業会議所連合会報告(同)議事速記録」
明治四十三年二月「臨時商業会議所連合会報告(同)議事速記録」
大正元年十月「第十九回商業会議所連合会報告(同)議事速記録」
大正三年一月・六月「第二十回(継続)臨時商業会議所連合会報告(同)議事速記録」
大正二年十月「第二十回商業会議所連合会報告(同)議事速記録」

山尾庸三「愛媛県巡察復命書」『地方巡察復命書』上、三一書房、一九八〇年
「留客斎日記」『小野梓全集』第五巻、早稲田大学史編集所編、一九八二年
『松方正義関係文書』第八巻、文書二二二・一〇、一九八七年
『明治軍事史　明治天皇御伝記史料』上、陸軍省編、原書房、一九七九年
「戦後経営意見書」「対支政策意見書」『山県有朋意見書』明治百年史叢書、大山梓編、原書房、一九六六年

『大正初期 山県有朋談話筆記――政変思出草』近代日本史料選書二、伊東隆編、山川出版社、一九八一年
『財部彪日記 海軍次官時代』坂野潤治ほか編、山川出版社、一九八三年
『阪谷芳郎東京市長日記』尚友倶楽部・櫻井良樹編、芙蓉書房出版、二〇〇〇年
『阪谷芳郎関係書簡集』専修大学編、芙蓉書房出版、二〇一三年
『貴族院議員鎌田勝太郎とその資料』小林和幸編著、公益財団法人鎌田共済会、二〇二四年
First Annual Message, WILLIAM HOWARD TAFT, 27th President of the United States: 1909-1913, First Annual Message The American Presidency Project (ucsb.edu).

六 書籍・論文

『証券百年史』有沢広巳監修、阿部康二ほか編、日本経済新聞社、一九七八年
石井裕晶「中野武営と「国民的外交」の推進」『ミニシンポジウム渡米実業団一〇〇年――渋沢栄一と民間経済外交――講演集』渋沢栄一記念財団渋沢史料館編、二〇一一年
石井裕晶『制度変革の政治経済過程――戦前期日本における営業税廃税運動の研究』早稲田大学出版部、二〇一四年
石井裕晶「府県分合方針と第三次香川県の設置過程について」『地方史研究』第七〇巻第一号、二〇二〇年二月
石井裕晶「中野武営と明治神宮」『神園』第三〇号、二〇二三年一一月
五百旗薫『大隈重信と政党政治――複数政党制の起源 明治十四年―大正三年』東京大学出版会、二〇〇三年
伊藤之雄『元老西園寺公望』文藝春秋、二〇〇七年
伊藤之雄『山県有朋』文藝春秋、二〇〇九年
伊藤之雄『原敬――外交と政治の理想』上下、講談社、二〇一四年
伊藤之雄『大隈重信』上下、中央公論新社、二〇一九年
井上潤『渋沢栄一伝』ミネルヴァ書房、二〇二〇年
『明治憲法体制の展開』下、井上光貞ほか編、山川出版社、一九九六年
今泉宜子『明治神宮――「伝統」を創った大プロジェクト』新潮社、二〇一三年
岩本岳「日露戦後の陸海軍拡張問題と大日本国防義会の設立――建艦競争時代における軍財関係」『文学研究論集』第五二巻、二〇一九年

江口圭一『都市小ブルジョア運動史の研究』未来社、一九七六年
大日方純夫『自由民権運動と立憲改進党』早稲田大学出版部、一九九一年
小川功「関西鉄道会社建設期の地元重役による経営改善推進」『滋賀大学経済学部附属史料館研究紀要』第三三号、二〇〇〇年三月
川井裕「外国軍艦の日本訪問に関する一考察――一九〇八(明治四一)年の米国大西洋艦隊を対象として」『戦史研究年報』第一四号、二〇一一年三月
北岡伸一『日本陸軍と大陸政策』東京大学出版会、一九七八年
木村昌人『日米民間経済外交』慶応通信、一九八九年
小林和子「証券取引所――日本における制度論と歴史」『証券経済研究』第二四号、二〇〇〇年三月
佐賀香織「近代における能楽復興」(二〇一九年一一月三日の日本政治法律学会報告に加筆修正)
坂入長太郎『明治後期財政史』酒井書店、一九八八年
坂口筑母「牧野默庵と周辺の人物」『東洋文化』復刊第四四・四五号合併号、無窮会、一九七八年八月
櫻井良樹『大正政治史の出発――立憲同志会の成立とその周辺』山川出版社、一九九七年
櫻井良樹『辛亥革命と日本政治の変動』岩波書店、二〇〇九年
佐々木隆『明治人の力量』日本の歴史21、講談社、二〇〇二年
『渋沢栄一を知る事典』渋沢栄一記念財団編、東京堂出版、二〇一二年
鈴木勇一郎『電鉄は聖地をめざす』講談社、二〇一九年
高田晴仁「福澤諭吉とブールス条例――商法典論争の前史として」『法學研究』第九六巻第一号、二〇二三年一月
千葉功『桂太郎』中央公論新社、二〇一二年
土田宏成「日露戦後の海軍拡張運動について――日本における海軍協会の成立」『東京大学日本史学研究室紀要』第六号、二〇〇二年三月
土田宏成『災害の日本近代史』中央公論新社、二〇二三年
土屋喬雄『日本資本主義史上の指導者たち』岩波書店、一九三九年
長池敏弘「桜井勉の生涯とその事蹟(三)」『林業経済』第二七巻第四号、一九七四年四月
永田正臣『明治期経済団体の研究』日刊労働通信社、一九六七年
中村隆英『明治大正期の経済』東京大学出版会、一九八五年

中邨章『東京市政と都市計画』敬文堂、一九九三年
『産業化の時代』上、日本経済史 四、西川俊作ほか編、岩波書店、一九九〇年
原武史『大正天皇』朝日新聞社、二〇〇〇年
坂野潤治『明治憲法体制の確立』東京大学出版会、一九七一年
坂野潤治『大正政変――1900年体制の崩壊』ミネルヴァ書房、一九九四年
坂野潤治『日本近代史』筑摩書房、二〇一二年
平山昇『鉄道が変えた社寺参詣』交通新聞社、二〇一二年
藤野裕子「一九〇八年悪税反対運動と騒擾――都市民衆をとりまく政治状況の変容」『史観』第一五〇号、二〇〇四年三月
藤野裕子『都市と暴動の民衆史』有志舎、二〇一五年
古川隆久『皇紀・万博・オリンピック』中央公論社、一九九八年
増田知子「海軍拡張問題の政治過程」『年報 近代日本研究』第四巻、一九八二年
松浦正孝『財界の政治経済史――井上準之助・郷誠之助・池田成彬の時代』東京大学出版会、二〇〇二年
松尾尊兊『大正デモクラシー』岩波書店、一九七四年
松尾尊兊「日露戦後における非軍国主義の潮流の一波頭――『東洋経済新報』の場合」『近代日本と石橋湛山』東洋経済新報社、二〇一三年
松尾尊兊「三浦銕太郎」同右
松本三之介『吉野作造』東京大学出版会、二〇〇八年
松元崇『大恐慌を駆け抜けた男 高橋是清』中央公論新社、二〇〇九年
三谷太一郎『日本政党政治の形成――原敬の政治指導の展開』東京大学出版会、一九六七年
宮本又久「明治政治史と商業会議所」『岡山大学法文学部学術紀要』第一〇号、一九五八年
宮本又郎『企業家たちの挑戦』中央公論新社、一九九九年
山口輝臣『明治神宮の出現』吉川弘文館、二〇〇五年
湯浅晃「商業会議所と中野武営会頭」『講座・日本社会思想史2 大正デモクラシーの思想』住谷悦治ほか編、芳賀書店、一九六七年
吉野俊彦『歴代日本銀行総裁論』ダイヤモンド社、一九五七年

関連年譜

西暦(年)	和暦(年)	年齢	関係事項	一般事項
一八四八	嘉永元		1月3日　高松藩勘定奉行中野武憲の長男として生まれる。	
一八五三	六	5		ペリー提督浦賀に来航。
一八五八	安政五	10		日米修好通商条約締結。
一八六〇	七	12		3月　桜田門外の変。
一八六七	三	19		10月　大政奉還。12月　王政復古の大号令。
一八六八	慶應四 明治元	20	1月　鳥羽伏見の戦い。朝廷が高松藩を朝敵とする。土佐藩の高松征討軍が高松に入る。12月　京都で遊学の傍ら公用方に従事。	3月　五箇条の御誓文。
一八六九	二	21	6月　松平頼聰による版籍奉還。9月　松崎渋右衛門事件。	
一八七〇	三	22	藩の守官となって東京深川区に在番。	
一八七一	四	23	1月　大島種と結婚し長男岩太が誕生。7月　廃藩置県により高松藩を廃し高松県を設置。8月　高松県史生。9月　旧高松藩主上京阻止を求める東讃蓑笠事件。11月　第一次香川県設置。	
一八七二	五	24	5月　香川県史生。8月　大蔵省租税寮に出仕。	10月　新橋横浜間鉄道開通。
一八七三	六	25	2月　香川県権大属。2月　名東県設置。5月　愛媛県出仕。7月　権大属。	7月　地租改正条例。10月　征韓論破れ板垣退助、西郷隆盛下野。

一八七四	七	26	12月 内務省地理寮出仕。	2月 佐賀の乱。
一八七五	八	27	5月 地租改正事務局出仕。9月 第二次香川県設置。12月 山形県の地租改正担当。	
一八七六	九	28	4月 佐賀県、三潴県(福岡県)、長崎県の地租改正担当。8月 香川県が愛媛県に併合。	10月 神風連の乱。秋月の乱。萩の乱。
一八七七	十	29	2月 内務省諜報掛(臨時熊本県官心得を兼任)。6月 山口県一等属。12月 九州地方騒擾(西南戦争)鎮圧に貢献し賞金下賜。	1月 西南の役。
一八七八	十一	30	5月 山口県地価再修正の伺い発出。	3月 東京商法会議所設立。5月 東京株式取引所設立。
一八七九	十二	31	5月 内務省山林局事務取扱。9月 父武憲死去。10月 内務省御用掛(准奏任、山林局事務取扱)。	
一八八〇	十三	32		11月 農商務省創設の建議。
一八八一	十四	33	2月 内務権少書記官。3月 地租改正の功により正七位を叙位される。4月 農商務権少書記官。七月 官有財産管理法取調委員。10月 農商務省依願免本官。	4月 農商務省設立。10月11日 大隈重信免官(明治十四年の政変)。10月12日 国会開設の勅諭。10月 自由党結党。
一八八二	十五	34	4月 立憲改進党結党に参加。5月 種死去。10月 河野敏鎌らと修進社を設立。東京専門学校創立。	10月 日本銀行開業。11月 福島事件。
一八八四	十七	36	1月 下津仙と再婚、11月 次男武二誕生。12月 大隈重信、河野敏鎌ら改進党を脱党。	9月 加波山事件。10月 秩父事件。自由党解党。
一八八五	十八	37	2月 改進党事務員に選出。	12月 内閣制度発足。
一八八六	十九	38	3月 三男営三誕生。	
一八八七	二十	39	1月 東京株式取引所肝煎に就任。11月 奈良県独立。愛媛県会議員当選。十州塩田組合紛議に関する建議。	5月 ブールス条例公布。9月 井上馨外相辞任。10月 三大事件建白書提出。大同団結運動。12月 保安条例制

				定。
一八八八	二十一	40	4月 愛媛県会議長に選出。5月 東京株式取引所副頭取就任。12月3日 第三次香川県設置。12月 東京株式取引所副頭取辞任。関西鉄道株式会社社長就任。	2月 大隈重信が伊藤内閣の外相就任。4月 市制・町村制公布。
一八八九	二十二	41	1月 香川県会議員当選。4月 香川新報社設立。	2月 大日本帝国憲法発布。10月 大隈外相遭難。
一八九〇	二十三	42	7月 第一回衆議院議員選挙当選(香川第一区)。	5月 府県制・郡制公布。9月 商業会議所条例。11月 第一回帝国議会召集。
一八九一	二十四	43	1月 東京株式取引所副頭取就任。5月 東京馬車鉄道株式会社取締役就任。7月 東京商業会議所設立、同常議員に就任。8月 尾張徳川家騒動収拾。	
一八九二	二十五	44	1月 東京株式取引所副頭取辞任。	9月 第一回全国商業会議所連合会開催(京都)。
一八九三	二十六	45	5月 改進党の遊説中に神経痛で倒れる。10月 長女芳誕生。	
一八九四	二十七	46	5月 衆議院予算委員長。	7月 日清戦争開戦。＊輸出綿糸の関税撤廃。
一八九五	二十八	47	10月 小田原馬車鉄道株式会社社長就任。	4月 日清講和条約調印。露・独・仏から三国干渉。
一八九六	二十九	48	3月 進歩党結党に参加。	9月 松方正義内閣成立。
一八九七	三十	49	3月 東京商業会議所副会頭就任。4月 本郷元町一丁目五番地に転居。12月 東京電燈株式会社取締役就任。	1月 営業税法施行。3月 貨幣法制定(金本位制)。
一八九八	三十一	50	2月 東京銀塊取引所理事長就任。6月 憲政党結党に参加。11月 憲政本党結党に参加。12月 関西鉄道	6月 第一次大隈内閣成立(初の政党内閣)。10月 大隈総理辞任。12月

			取締役就任。	地租改正条例(増徴)。
一八九九	三十二	51	4月　京浜電気鉄道株式会社相談役就任。	
一九〇〇	三十三	52	1月　東京株式取引所理事長就任。3月　日本興業銀行設立委員。	3月　治安警察法公布。6月　北清事変。9月　立憲政友会創立。
一九〇一	三十四	53	2月　東京商業会議所特別会員就任。	6月　第一次桂太郎内閣成立。12月　足尾鉱毒事件で田中正造直訴。
一九〇二	三十五	54	3月　日本興業銀行設立。6月　取引所令改正勅令公布(限月短縮)。	1月　第一次日英同盟協約締結。
一九〇三	三十六	55	3月　第8回衆議院議員選挙で落選。4月　讃岐鉄道取締役就任。8月　取引所令改正勅令(限月復旧)。	8月　東京電車鉄道の路面電車営業開始。
一九〇四	三十七	56		2月　日露戦争開戦。4月　非常特別税法公布。
一九〇五	三十八	57	4月　東京商業会議所会頭就任。	5月　日本海海戦。7月　桂・タフト覚書成立。9月　日露講和条約調印。日比谷焼打事件。12月　第一次桂内閣総辞職。
一九〇六	三十九	58	5月　石狩石炭株式会社取締役。7月　南満洲鉄道株式会社設立委員。9月　日比谷電車賃値上げ反対運動・電車襲撃事件。東京市電三社が合併し東京鉄道株式会社設立、同取締役就任。	1月　第一次西園寺公望内閣成立。2月　日本社会党結成。3月　鉄道国有法公布。非常特別税存続決定。10月　サンフランシスコ市で日本人学童隔離。
一九〇七	四十	59	3月　東京勧業博覧会。日本大博覧会開催決定。4月　税法整理案審査委員任命。9月　日露戦役の功で勲五等瑞宝章授章。8月　排日問題について米大統領などに警告文打電。12月　フランス政府よりレジオン・ドヌール勲章受章。	2月　日米紳士協約。12月　政府が酒税、砂糖消費税の増徴、石油消費税の創設を決定。
一九〇八	四十一	60	1月　臨時商業会議所連合会「財政ニ対スル建議」。	1月　山県伊三郎逓信大臣・阪谷芳郎

西暦	和暦	年齢	事項	一般事項
			5月　衆議院議員選挙当選(東京市)。6月　日本大博覧会評議員。7月　戊申倶楽部設立、代議士会長に選出。9月　東洋拓殖設立委員。10月　米国代表実業団受け入れ。11月　函館水電株式会社監査役就任。	大蔵大臣更迭。2月　石油消費税、砂糖消費税、酒税等の増税法案が成立。3月　第二辰丸事件により中国で日貨排斥運動発生。7月　第一次西園寺内閣総辞職・第二次桂内閣組閣。10月　米国大西洋艦隊の寄港。
一九〇九	四十二	61	1月　東京鉄道取締役辞任。2月　憲法発布二十周年記念祝賀会(渋沢と尾崎行雄とともに発起人)。3月　非常特別税法中改正法律案(塩専売、織物消費税、通行税三税廃止)否決。商業会議所法改正法成立(強制経費徴収権の剝奪)。5月　東京高等商業学校申酉事件調停。6月　渋沢栄一が第一銀行等を除き実業界から引退表明。8月　韓国銀行設立委員。8〜12月　渡米実業団として訪米。	1月　桂首相と政友会の妥協が成立。10月　ハルピンで伊藤博文が暗殺。
一九一〇	四十三	62	3月　地租、営業税等の減税法案成立。生産調査会委員に任命。3月　戊申倶楽部解散(武営は無所属)。	3月　立憲国民党、中央倶楽部結成。8月　韓国併合条約調印。
一九一一	四十四	63	3月　浅野セメント降灰問題仲裁。4月　広軌鉄道改築準備委員任命。臨時商業会議所連合会(京城)参加のため韓国訪問。8月　勲四等瑞宝章受章。11月　清国考察実業団の訪日中止。12月　東京株式取引所理事長辞任。	2月　南北朝正閏問題。日米通商航海条約調印(関税自主権回復)。3月　工場法公布。8月　第二次桂内閣総辞職・第二次西園寺内閣組閣。東京市が東京鉄道を買収し電気局設置。10月　辛亥革命始まる。
一九一二	四十五 大正元	64	2月　日清生命保険社長就任。8月　明治神宮御造営「覚書」とりまとめ。10月　商業会議所連合会「財政経済に関する建議」。11月26日　東京商業会議所議員協議会で二個師団増師反対決議。11月27日　西園寺首	1月　中華民国建国。7月30日　明治天皇崩御。9月　大喪の礼・乃木希典夫妻殉死。11月　上原勇作陸相が閣議で二個師団増師説明。12月　第二次西

			相を訪問し増師反対申し入れ。	園寺内閣総辞職。憲政擁護大会開催。第三次桂内閣成立。
一九一三	二	65	3月　営業税減税法案が貴族院で審議未了。4月　日米同志会結成。ウィルソン大統領などに排日土地法について打電。乃木会副会長就任。7月　東京商業会議所に山本首相ほか閣僚を招待して午餐会。10月　商業会議所連合会「税制整理建議」。11月　明治神宮造営内定。	2月　桂が立憲同志会の宣言文発表。第三次桂内閣総辞職。第一次山本権兵衛内閣成立。5月　カリフォルニア州で排日土地法成立。6月　山本内閣が行財政整理発表。12月　立憲同志会結成。
一九一四	三	66	1月14日　憲政擁護会の悪税廃止有志大会。1月31日　商業会議所連合会が営業税全廃の決議。2月　衆議院営業税廃税法案否決・減税法案成立。3月　東京大正博覧会。6月　東京市会議長就任。8月　営業税廃税運動中止。10月　国産奨励会幹事。11月　即位の礼。大日本国防義会発会。	1月　ジーメンス事件発覚。3月　第一次山本内閣総辞職。4月　第二次大隈内閣組閣。7月　第一次世界大戦勃発。8月　ドイツに宣戦布告し第一次世界大戦に参戦。
一九一五	四	67	2月　阪谷芳郎市長辞任。巴奈馬太平洋万国博覧会（サンフランシスコ）開催。5月　明治神宮造営局評議員。9月　明治神宮奉賛会理事副会長。11月　勲三等旭日中綬章受章。	2月　阪谷東京市長辞任。3月　衆議院議員選挙（政友会大敗）。5月　加藤高明外務大臣による対華二十一カ条要求最後通牒。6月　奥田義人が東京市長に就任。
一九一六	五	68	1月　商業会議所連合会「時局に関する建議」。2月　日本染料製造株式会社監査役就任。3月　東京市電料金条例成立。4月　経済調査会委員就任。商業会議所法改正（強制経費徴収権の復活）。7月　渋沢栄一が第一銀行頭取退任（実業界引退）。	1月　吉野作造「憲政の本義を説いて其有終の美を済すの途を論ず」発表。10月　第二次大隈内閣総辞職。寺内正毅内閣成立。
一九一七	六	69	3月　理化学研究所理事・評議員就任。4月　日本郵船取締役就任。6月　東京商業会議所会頭辞任。7月	4月　衆議院議員選挙（政友会復活）。

一九一八	七	70	東京市会で三電灯協定成立。9月　早稲田大学維持員就任。10月　東京風水害救済会副会長就任。11月　東洋製鉄株式会社社長。4月　田尻稲次郎東京市長就任。6月　東京市会議長再任。8月　臨時西比利亜経済援助委員会委員。東京臨時救済会副会長就任。9月　田園都市株式会社社長就任。10月3日　早稲田大学終身維持員就任。10月7日　特旨により正五位に被進。10月8日　死去。10月12日　青山葬儀所で葬儀。東京・根津の妙極院に埋葬。	7月　シベリア出兵。7月　米騒動。9月　寺内内閣総辞職。原敬内閣成立。
一九一九	八		4月　高松市浜ノ丁の蓮華寺に分骨。	
一九二一	十		5月　東京商業会議所において中野武営銅像除幕式。	

おわりに

武営と時代を共にした人々の末路は、必ずしも平穏なものではなかった。

あれだけ権力を誇っていた山県は、裕仁皇太子と久邇宮良子女王との結婚に反対し、久邇宮家に婚約辞退を迫ったことが批判され、一切の官職・栄典の辞退を申し出た(宮中某重大事件)。山県は原首相の取り計らいにより大正天皇から慰留されたが、この事件により完全に失脚した。

その原が一九二一年一一月に東京駅で刺殺され、六十五歳の生涯を閉じた。テロによって初めて日本の首相が倒れたのである。

真相は不明である。判決文には、犯人に政友会の腐敗と原内閣への憤りがあったこと、暗殺の約ひと月前に富豪の安田善次郎の刺殺事件が起こったことに対し、犯人を賞賛するような報道が出ていることを見て、原を殺害すれば自分の名前も後世に残せると考えたことから殺意を固めたとある。

ただし、日本史研究者の伊藤之雄は、犯人の背後には原が山県を没落から救ったことに対し、強い敵意を持つ勢力が存在した可能性を示唆している(『原敬 下』)。

原が没した二か月後の二二年一月に大隈が、山県はその翌月の二月に世を去った。巨大な政治家が次々に世を去り、武営が舞台としていた一つの時代が終わった。

第一次世界大戦終結後、国際連盟が結成され、海軍軍縮が行われるなど、世界では緊張緩和が進み、国内では大正デモクラシーの気運が高まり普通選挙制度が実現した。しかし、やがて昭和恐慌や世界恐慌が発生し、世の中は暗くなっていった。

三一年に満洲事変が勃発し、三二年に五・一五事件で犬養毅が陸海軍の青年将校に射殺され、三六年に二・二六事件で高橋是清が陸軍青年将校に射殺された。

重なるテロによって、近代国家となった日本がそれまで辛苦を重ねて発展させてきた政党政治が終焉した。

渋沢は「時勢の益々険悪になり行くのを見ては、故人〔武営〕を偲んで自を鞭撻し、その早き死を惜む次第である」(『七十年』)との感慨を残し、三一年一一月に静かに九一年の生涯を閉じた。

『実業之世界』を発刊し、強烈な個性を持っていたジャーナリストであった野依秀市《のよりひでいち》が、日中戦争が始まる前に、「中野氏は増税の非なる所以を力説して非常に桂内閣〔ママ〕に対する痛撃を加えたのであったが、此の如き事は中野氏以外の財界人では殆どなし得ないであろう。今の時代に中野氏の如き人物がおったならば、それこそ軍部等も恐れず言うべきことを必ず言ったに違いなかろうことを痛感して故人の偉大さを思い出すのである」(『人物は躍る』)と追想している。

その後の日本は知られているとおりである。

そもそも筆者が武営に関心を持ったのは、唯一の伝記であった『中野武営翁の七十年』に何気なく目を通した時、中学校や高校で日本史を教わった時の印象とは異なり、武営が生きた頃の日本には、現代でも耳にしそうな政策課題をめぐり生々しいドラマが繰り広げられていたことに驚き、武営とその時代に惹き込まれたことに始まる。

これを契機に研究を始め、日本史研究者の坂野潤治氏にその成果の一部をお見せしたところ強く出版を勧められ、武営の活動の全貌を明らかにすべく、拙著『中野武営と商業会議所――もうひとつの近代日本政治経済史』(二〇〇四年)を刊行した。そして「軍部と官僚と地主だけで構成されてきた近代日本史にも、ようやく「ブルジョワジー」が姿を現し始めた」との評価をいただいた。

武営は詳細な日記を残していたといわれるが、関東大震災時に邸宅とともに消失した。しかも東京商工会議所には、なぜか武営が会頭時代の史料は一部しか保管されていない。このような研究上の制約があるなかで、世論を動かすことを重視した武営が、雑誌や新聞に活発に意見を発表していたことや、中心的な活動舞台とした商議所連合会の議事録が残っていたことは幸いであった。

在職中に在学した早稲田大学大学院博士後期課程では、営業税の制定から廃止に至るまでの政治経済過程を再考するとともに、制限選挙制度における税制と選挙権に注目し普通選挙制度実現過程を分析して博士論文をまとめ『制度変革の政治経済過程――戦前期日本における営業税廃税運動の研究』(二〇一四年)を発表した。さらに、様々な雑誌に散逸していた武営の主な論考を所収し『中野武営著作集』(二〇一七年)を刊行した。

本書では、その後の各分野での研究成果をできるだけ反映させ、拙著を見直すとともに、限られた紙幅の中ではあるが、改めて武営の人物像とその歴史的背景を明らかにしたつもりである。

最後に、いくつか気になる点を指摘しておきたい。

「歴史とは現在と過去との尽きることを知らぬ対話」(E・H・カー)であるといわれる。武営像は時代によってどのように変遷してきたか、なぜ武営の記憶が失われてきたか。

終戦後、日本の民主主義は米国から導入されたばかりでなく、近代日本にも民主主義が自律的に進展していたことを証したいなどの動機から大正デモクラシーの研究が盛んになった。そこで、武営は陸軍二個師団増師反対や減税運動などを展開し、実業界において大正デモクラシーを牽引した人物であると注目され、中高生向けの一般の歴史書にも紹介されていた。

ところが、本文中にも記載したように、日本史研究者の間で階級闘争史観が隆盛していた一九七〇年前後に、人物の全体像が掘り下げられないまま、武営が「ブルジョアジーの上層を代表する機関」である東商の会頭であった、という理由により中小商工業者に対立する存在と誤解され、大正デモクラシーの研究関心から外れていった。

一方、政党政治史の研究では、『原敬日記』の刊行とその影響が強く、地方に公共事業を中心とする積極政策を推進して衆議院で多数を確保し、藩閥官僚との対立や妥協により初めての本格的政党内閣を実現したとされる政友会の指導者の原と、その政治手法への関心が高まった。また、経済学においても景気対策に財政赤字を容認するケインズ経済学の浸透により、高橋是清が「日本のケインズ」と称され注目を浴びた。

こうした背景から、近代国家となったとはいえ、江戸時代からの官尊民卑の意識が強く残り、軍部の力が強かった時代、実業界の意見を結集して減税や財政整理、規制の撤回を実現するなど、実業界の地位の向上と民間主導による日本経済の発展に力を注いだ武営への関心は、左右双方の視点から失われた。

そして、大正デモクラシーといえば、尾崎行雄や犬養毅、吉野作造などの政治家や学者、ジャーナリズムに光が当てられ、生活に密着した経済の現場から政治を動かし、思想を生み出す根源となる民意に働きかけて大正デモクラシーの風潮を生み出した武営の存在は忘れ去られた。また、戦後しばらく忘れられていた渋沢についても、八〇年代末から研究が現れ始めたが、民間経済外交の分野を除けば、渋沢との関係で武営についての注目が集まることは少なかった。

しかし、九〇年代に入ると、坂野潤治氏が大正政変を中心とする政治史を再検討し、武営が率いた商議所連合会の果たした役割に注目し、改めて近代史に位置付けた。そして、その頃、世界では冷戦とそのイデオロギー対立が終焉するとともにグローバル化が進み、市場経済を重視する方向に転換し始めた。

こうした研究や時代の変化により、忘れ去られていた武営が、どのような背景から何をめざそうとしていたのか理解しやすい環境が戻ってきたように思える。

さて、日清戦争や日露戦争に勝利し軍国的な気運が増していた時代、早くから武営は「恐れるのは武断政治である」、軍部が暴走していけば「国政の前途は、到底暗澹たるを免れない」と指摘し、日本は、平和主義の下で専守防衛に徹し、産業と貿易の振興を通じた経済発展をめざすべきと主張していた。

それは空想的な平和主義ではなく、冷徹な経済の原理や政治のリアリズムに裏付けられた主張であった。現在では当たり前の主張に聞こえるが、この時代の実業界を代表する者が偏武的政治を是正し、軍事中心から経済中心に国家を根本的に変革していくべきと主張し、堂々と問題を提起していた事実と、その意味を問い直してみてもよいのではないだろうか。

武営がめざしたことは必ずしも生存中に実現できたわけではない。むしろできなかったものの方が多い。武営の呻吟《しんぎん》は、将来を見据え正しいと考える方向にものごとを動かしていくこと、特に過去の成功によって形づくられた意識や強くなった力を、時代や状況に応じて大きく変えていくことの難しさを物語っているように思える。

その一方、没後五十年、百年かかりながらも、多くのことが実現してきた。正しいことは、やがて歴史が実現させていくとの希望と勇気が与えられる。

もちろん大きく前提が違うので、武営が直面していた課題と、それに対する処方箋をそのまま現代に当てはめることは決してできない。しかし、時代の問題をどのように認識し、どのように解決していくべきか、武営の人生は、成功も失敗も含めて多くの問題を提起している。

世界を相手にする厳しい競争に勝ち抜けるだけの産業や経済の力をつけることができるか、将来のため目先の利害にとらわれることなく、政治の力で経済と財政、安全保障を両立させることができるか、米国と中国とどのように関わっていくべきか、地方の自治を強め地域の持続的発展を図ることができるか。

武営が提起したこれらの課題は、現代の問題でもある。

最後に、武営が孟子の「富貴も淫する能わず、貧賤も移す能わず、威武も屈する能わず。此れを之れ大丈夫と謂う」という言葉を一生の支えとしていたことについて触れたい。

本文でも取り上げたが、この孟子の言葉は、富の誘惑にさらされたり、権力から圧迫を受けたりするなど、どのような境遇においても、天下の正道の実現のために正々堂々と生きていくという意味である。

この言葉を座右の銘として、武営は人の話をよく聞き、慎重に考え抜いた上で、正しいと確信したことは「千万人といえども我行かん」（『孟子』）との気骨を持って実行した。そして「毫《ごう》も自己の名利を図るの念がなかった」と評されたように、高潔な古武士の精神性を貫き、公平無私に国家や公共を第一とする信念を貫いた。このことが誰の目にも明らかだったからこそ、人々は武営に心服し、逆に武営を恐れたのだろう。

このような精神は、武営が愛した讃岐、そして武営が育った時代の讃岐が培ったものである。

感想は限りないがここで筆をおきたい。

筆者の日本史研究は、前述のとおり坂野潤治先生に扉を開いていただいた。博士課程在学中にご指導をいただいた島善髙《しまよしたか》先生には、温厚で毅然とされたお人柄のもと明確な指針を与えられ、自らの研究テーマを深めることに集中することができた。伊藤之雄先生と北岡伸一先生にはご研究から多くのことを学ばせていただき、折に触れ貴重なご示唆やお励ましをいただいてきた。

そして、筆者が武営に関心を持ち始めた頃に知己を得た櫻井良樹《さくらいりょうじゅ》先生には、本書の草稿に目を通していただき、温かいご助言をいただいた。

筆舌に尽くすことはできないが、それぞれの先生方に心からお礼を申し上げたい。

東京大学時代の小宮隆太郎先生には経済学を、佐藤誠三郎先生には政治学を、国際政治学についてはプリンストン大学時代のロバート・ギルピン先生とバリー・ポーゼン先生にご指導いただいた。松元崇氏と軽部謙介氏には、歴史的視点から現代の政治経済を洞察することを学んだ。

これらの方々のご指導やご教示がなければ、政治と経済にまたがり国際的視野を持って活動していた武営を複眼的に深く理解することはできなかったことは間違いない。

さらに、武営の玄孫の中野肇氏、松平公益会の佐伯勉氏や山下淳二氏をはじめ、「香川県独立の父」をふるさとに復活させた中野武営顕彰会の皆様、香川県立ミュージアムの野村美紀氏、香川大学の國枝孝之先生、愛媛県郷土史家の高須賀康生氏と柚山俊夫氏には、様々なお励ましとご協力をいただいた。

このように長年にわたりご指導、お励まし、ご協力をいただいてきた全ての皆様に深謝申し上げたい。

岩波書店の上田麻里氏には企画の段階から出版に至るまで、丁寧に拙稿に目を通しながら武営をよく理解し、温かくまた的確なご示唆をいただいたことにお礼を申し上げたい。
私事になるが最後にこの場を借りて、時間があれば歴史研究に向かっていた筆者を見守ってくれた妻であり歴史研究者である石井紀子と家族に感謝を伝えたい。

二〇二四年八月

石井裕晶

石井裕晶
歴史研究家.
1956 年生まれ.
東京大学経済学部卒業．1980 年通商産業省入省．在米日本大使館公使，内閣府政策統括官(経済財政運営担当)などを経て 2014 年退官．1986 年プリンストン大学公共・国際関係大学院修士．2011 年早稲田大学大学院社会科学研究科博士後期課程修了．博士(学術)．
専攻——近代日本政治経済史.
著書——『中野武営と商業会議所』(ミュージアム図書)，『制度変革の政治経済過程』(早稲田大学出版部)，
編著書に『中野武営著作集』(早稲田大学出版部)など.

中野武営 渋沢栄一と双璧と呼ばれた男

2024 年 9 月 6 日　第 1 刷発行

著　者　石井《いしい》裕晶《ひろあき》

発行者　坂本政謙

発行所　株式会社 岩波書店
〒101-8002 東京都千代田区一ツ橋 2-5-5
電話案内 03-5210-4000
https://www.iwanami.co.jp/

印刷・三秀舎　製本・松岳社

ISBN 978-4-00-024186-1　　Printed in Japan

人名索引

あ　行

か　行

さ　行

た 行

な　行

は　行

ら　行

わ　行

写真・図版出典一覧

第1章

扉： Wikimedia Commons
写真 1-1：香川大学「香川・時空間デジタルアーカイブ」所蔵
写真 1-2：長野鶴城，八幡白帆・画「百姓一揆に命を投げ出した中野武営」『講談倶楽部』2月臨時増刊「天下無双名講談八番」講談社，1923年所収
写真 1-3：牛窪英喜氏所蔵(香川県立ミュージアム保管)
写真 1-4：「内務省准奏任御用掛中野武営」『明治十二年明治天皇御下命「人物写真帖」――四五〇〇余名の肖像』宮内庁三の丸尚蔵館編，2013年(皇居三の丸尚蔵館収蔵)
写真 1-5：「文部卿河野敏鎌」写真 1-4 に同じ

第2章

扉：『新日本』第3巻第1号，1913年1月
図 2-1：石井裕晶「府県分合方針と第三次香川県の設置過程について」『地方史研究』第70巻第1号，2020年2月
表 2-1：同上より作成
写真 2-1：香川県設置ノ件・御署名原本・明治二十一年・勅令第七十九号，国立公文書館
写真 2-2：『香川新報』第1号，1889年4月10日
写真 2-3，2-4：松平公益会所蔵
写真 2-5：牛窪英喜氏所蔵(香川県立ミュージアム保管)

第3章

扉：『鉄道ピクトリアル』第15巻第5号，鉄道図書刊行会，1965年
図 3-1：『日本国有鉄道史』第2巻，日本国有鉄道編，1970年
写真 3-1：渋沢史料館所蔵
表 3-1：『主税局統計年報書 第40回(大正2年度)』大蔵省主税局編，1914年より作成
写真 3-2：薄田貞敬『中野武営翁の七十年』中野武営伝編纂会，1934年
写真 3-3：『東京株式取引所沿革及統計――自明治十一年至四十年』東京株式取引所編，1908年

第4章

扉：『グラヒック』第2巻第5号，有楽社，1910年3月
写真 4-1：『東京府史 行政篇』第3巻，東京府編，1935年
写真 4-2：国立国会図書館 電子展示会「近代日本人の肖像」
表 4-1：『日本商業会議所之過去及現在』1924年，「商業会議所連合会議事録」(『本邦商業会議所資料』1979年所収)より作成
写真 4-3：新世界新聞編輯局編『巴奈馬太平洋万国大博覧会』第1，新世界新聞社，1913年，国立国会図書館蔵
写真 4-4：「東京商業会議所会頭中野武営君」『実業評論』第98号，1907年3月
図 4-1：「大博延期は絶対反対なり，されど今後の問題は如何にして五十年開設を成功せしむべきかにある」『工業之大日本』1908年10月1日，『明治大正財政史』第3巻，大蔵省編，1938年より作成
図 4-2：石井裕晶『制度変革の政治経済過程』早稲田大学出版部，2014年
写真 4-5：国立国会図書館 電子展示会「近代日本人の肖像」
写真 4-6：松平公益会所蔵

第5章

扉：『時事新報』1912年11月26日
図 5-1：衆議院・参議院編『議会制度百年史』1990年より作成
写真 5-1：国立国会図書館 電子展示会「近代日本人の肖像」
写真 5-2：外務省外交史料館所蔵「歴代外務大臣肖像写真」
図 5-2：『渡米実業団誌』巌谷季雄編，1910年より作成
写真 5-3：渋沢史料館所蔵
写真 5-4：「母国実業団来桑港紀念」はがき
写真 5-5：『ビジュアル大正クロニクル』世界文化社，2012年8月

第6章

扉：蓮華寺蔵(高松市浜ノ町)
写真 6-1：『東京朝日新聞』1915年6月23日
写真 6-2：『国民新聞』1912年8月4日
写真 6-3：『阪谷芳郎東京市長日記』尚友倶楽部・櫻井良樹編，芙蓉書房出版，2000年
写真 6-4：筆者所蔵
写真 6-5：松平公益会所蔵
写真 6-6：『東京朝日新聞』1918年10月7日